Constantin Sander

CHANGE! Bewegung im Kopf

Ihr Gehirn wird so, wie Sie es benutzen.
Mit neuen Erkenntnissen aus
Biologie und Neurowissenschaften

Constantin Sander
CHANGE! Bewegung im Kopf
Ihr Gehirn wird so, wie Sie es benutzen.
Mit neuen Erkenntnissen aus Biologie und Neurowissenschaften
2. Auflage
Göttingen: BusinessVillage, 2011
© BusinessVillage GmbH, Göttingen

Bestellnummern
Druckausgabe Bestellnummer PB-813
ISBN 978-3-86980-013-4

E-Book Bestellnummer EB-813
ISBN 978-3-86980-069-1

Bezugs- und Verlagsanschrift
BusinessVillage GmbH
Reinhäuser Landstraße 22
37083 Göttingen
Telefon: +49 (0)5 51 20 99-1 00
Fax: +49 (0)5 51 20 99-1 05
E-Mail: info@businessvillage.de
Web: www.businessvillage.de

Layout und Satz
Sabine Kempke

Druck und Bindung
AALEXX Buchproduktion GmbH, Großburgwedel

Inhalt

Über den Autor

 **Dr. Constantin Sander** hatte eine mehr-jährige Karriere in der naturwissenschaftlichen Forschung hinter sich, als er in die Wirtschaft wechselte und dann in einem mittelständischen Unternehmen die Marketingleitung übernahm. Kommunikative Prozesse faszinierten ihn schon lange und so absolvierte er neben dem Job zunächst eine Ausbildung zum NLP-Master und später zum integrativen Coach. Er lebt mit Frau und zwei Kindern in Heidelberg, betreibt dort die Coachingpraxis mind steps und berät Firmen im Marketing. Am liebsten geht er mit seinen Klienten in den Wald. *»Dort gibt's keine Wände, sondern Bäume, die fast in den Himmel wachsen. Und daher auch genug Inspiration für die manchmal eingeschränkte Wahrnehmung.«*

Kontakt

mind steps
Dr. Constantin Sander
Telefon: +49 (0) 62 21-72 65-8 19
E-Mail: kontakt@mind-steps.de
Web: www.mind-steps.de

Vorwort

Seit Barack Obama »**Change!**« zum Motto seiner Präsidentschaft gemacht hat, ist Veränderung in aller Munde. Aber wie geht eigentlich Veränderung? Sind wir nicht genetisch festgelegten Mustern und der unausweichlichen Prägung durch unsere Erziehung unterworfen? Können wir uns also überhaupt noch verändern, wenn wir einmal den Schritt in die Welt gemacht haben? Solche Fragen beschäftigen Menschen schon lange. Können wir sie inzwischen besser beantworten?

In der Tat. Unsere Welt ist am Anfang des 21. Jahrhunderts nicht nur gesellschaftlich im Umbruch, sondern es zeichnet sich auch ein neues Verständnis davon ab, wie wir »ticken«. Erkenntnisse aus Biologie und Neurowissenschaften vermitteln uns ein neues Bild unserer inneren Welt. Die Neurobiologie zeigt, welche Bedeutung unbewusste Vorgänge und Emotionen für unser Lernen und unsere Motivation haben. Die Biologie justiert unsere Vorstellung von genetischer Prägung und von den Triebkräften der Evolution neu. Wir lernen dadurch allmählich besser zu verstehen, wie »Change« funktionieren kann.

Dies einem größeren Leserkreis nahezubringen, war die Motivation zu diesem Buch. Es wäre ohne die großartige Hilfe einer Reihe von Menschen nicht möglich gewesen. Prof. Dr. Wolfgang Knörzer, Dr. Andrea Kohlsaat, Rolf Läpple, Petra Spieß sowie Katja und Holger Wagenschein möchte ich für die kritische Durchsicht des Manuskriptes ganz herzlich danken. Christian Hoffmann und Jens Grübner von BusinessVillage sage ich Danke für die Hilfe beim »Feinschliff«. Meiner wunderbaren Frau Tanja danke ich nicht nur für die Anfertigung der Illustrationen, sondern ich danke ihr sowie meinen klasse Jungs Leon und Simon vor allem für das Verständnis und die unschätzbare Geduld, die sie mit mir in den letzten Monaten hatten.

Heidelberg, im März 2010,

Einleitung

Biologie im Business? Was können wir denn von der belebten Natur fürs Business lernen? Und welchen Nutzen haben die Neurowissenschaften für Management, Arbeitseffektivität und Persönlichkeitsentwicklung?

Ist unser Gehirn im Grunde nicht ähnlich konstruiert wie ein Computer? Es wird mit Daten (Wahrnehmungen, Informationen) gefüttert, verarbeitet diese mithilfe bestimmter Programme (genetische Anlagen, Prägungen) und speichert Relevantes auf seiner Festplatte (Gedächtnis). Entsprechend muss man zur Optimierung seiner Funktion das Gehirn doch bei Bedarf nur mit den geeigneten Informationen versorgen – oder in hartnäckigen Fällen einen Coach oder Trainer engagieren, um das Gehirn umzuprogrammieren. Oder?

So in etwa könnte es in einem Management-Handbuch stehen, denn nach ungefähr diesem Muster verläuft ein großer Teil dessen, was im Management und in Weiterbildungen noch immer geschieht. Dieses Bild entstammt der Vorstellungswelt des digitalen Zeitalters. Change Management geht aber anders. Dass unser Gehirn nicht wie ein Computer funktioniert, musste inzwischen schon die Forschung zur künstlichen Intelligenz zerknirscht feststellen, denn es ist ihr bisher nicht gelungen, eine Maschine herzustellen, die auch nur annähernd die Leistungen des menschlichen Gehirns übernehmen könnte. Ein dreijähriges Kind übertrifft mit seinen intelligenten Handlungen locker jedes KI-System. Und das ist nicht durch einen Mangel an Rechenleistung oder Speichervolumen bedingt. Unser Gehirn ist eben keine neuronale Rechenmaschine und kein Massenspeicher, der Milliarden von Bits beliebig abrufbereit hält.

Es liegt auch nur selten an schlechten Datenleitungen oder einer maroden Festplatte, wenn unser Gedächtnis oder unsere Denkleistung versagt. Ebenso wenig lassen sich Menschen von Führungskräften und Beratern mal eben »umprogrammieren«. Und wenn ein Vorgesetzter entnervt feststellt:

»Kollege Fischer bekommt sein Zeitmanagement einfach nicht in den Griff, obwohl der doch schon auf zwei Seminaren war. Will er nicht oder kann er nicht?
...«, dann wird es Zeit, sich vom digitalisierten Denken zu verabschieden und über das Wie der Entwicklung von Menschen nachzudenken. Wie lernen Menschen eigentlich? Was bestimmt ihr Handeln? Und wie ist es möglich, Veränderungen effektiv einzuleiten? Davon handelt dieses Buch.

Das Verständnis der Biologie von der belebten Natur liefert uns Einsichten, wie lernende Systeme funktionieren, wie sie sich verändern und selbst organisieren. Gerade in den letzten Jahren hat uns zudem die Hirnforschung neue Einsichten in unser Denken und Handeln beschert. Die US-Regierung proklamierte das letzte Jahrzehnt des zwanzigsten Jahrhunderts zur Dekade des Gehirns. Absolut nicht zu Unrecht, wie wir inzwischen feststellen konnten. Die neurobiologische Forschung ist zu einer Schlüsseldisziplin der kognitiven Wissenschaften avanciert. Sie hat unser Verständnis davon, wie Menschen »ticken«, grundsätzlich verändert und damit einen Paradigmenwechsel eingeleitet, dessen Folgen wir derzeit nur erahnen können. Langsam nehmen die Erkenntnisse Eingang in die Psychologie, noch langsamer in den Businessalltag.

Wie wir diese Erkenntnisse im wirtschaftlichen Handeln einsetzen können, soll den Kern dieses Buches bilden. Es richtet sich an alle, die im Business etwas bewegen wollen und die sich einen »hirngerechten« und damit effektiven Arbeits-, Führungs- oder Beratungsstil aneignen wollen.

Im ersten Teil des Buches stelle ich Ihnen die biologische Sicht von lernenden Systemen sowie die bahnbrechenden Erkenntnisse der Hirnforschung und deren Auswirkungen auf unser Verständnis von Lernen und Veränderung vor. Was hält Systeme im Gleichgewicht? Welche Rolle spielen unbewusste Prozesse und Emotionen für unser Handeln? Haben wir wirklich keinen freien Willen, wie es einige Neurobiologen behaupten?

Dabei bemühe ich mich um eine verständliche Form und verzichte auf wissenschaftliches Kauderwelsch. Es ist mir als Naturwissenschaftler und Businesscoach ein Anliegen, naturwissenschaftliche Erkenntnisse so zu übersetzen, dass auch interessierte Laien damit etwas anfangen können.

Im zweiten Teil geht es um den Transfer in die Praxis, genauer gesagt um die Anwendung der neuen Erkenntnisse in ausgewählten Feldern des beruflichen Alltags. Entscheiden wir vorwiegend rational? Geht Business überhaupt ohne Emotionen? Warum fällt es uns so schwer, eingefahrene Verhaltensweisen zu ändern, und wie funktioniert es trotzdem? Warum ist Stress gefährlich und was sind die besten Strategien dagegen? Welche Rolle spielt unser Körper für unsere kognitiven Leistungen? Diese Fragen werden uns beschäftigen. Sie werden den einen oder anderen Aha-Effekt erleben und einige der Leser werden sagen: »*Na, das hab ich doch schon immer geahnt …!*« Ihnen wird aber auch sehr schnell klar werden, wie sehr wir in einigen Gebieten umdenken müssen, um Change Prozesse effektiver gestalten zu können.

Und schließlich befasse ich mich mit der Frage, wie sich Beratung ändern muss, um Management besser unterstützen zu können. Dass Coaching eine wirkungsvolle Methode zur Stärkung der Lern- und Leistungsfähigkeit sowie zur Unterstützung der Persönlichkeitsentwicklung ist, hat sich in den letzten Jahren schon herumgesprochen. Dennoch bleiben auch hier Maßnahmen oft auf der Ebene von individueller Beratung zur Verhaltensänderung hängen. Ratschläge, auch gute oder zumindest gut gemeinte, haben häufig eine kurze Halbwertszeit. Man könnte daraus schließen, dass Weiterbildung generell nutzlos und Coaching wohl »Heuchelei« ist, wie es der Trainer und Ghostwriter Richard Gris kürzlich in seinem Buch *Die Weiterbildungslüge* schrieb. Man könnte sich aber auch einmal ansehen, was Berater aus der neurobiologischen Forschung lernen und wie sie die neuen Erkenntnisse nutzbar machen können.

Dieses Buch versteht sich nicht als Kochbuch. Es enthält keine Patentrezepte. Es soll Ihnen verdeutlichen, wie Veränderungsprozesse hirngerecht eingeleitet werden können. Es soll einen Anstoß geben, Management- und Beratungsmethoden zu überdenken, zu verbessern und Neues auszuprobieren.

1. Wie wir wirklich ticken

1.1 Was wir vom Urwald lernen können

Wir hatten die Weisheit und wir haben sie in dem Wissen verloren.
Wir hatten das Wissen und wir haben es in den Informationen verloren.

T. S. Eliot

Als ich zum ersten Mal einen Urwald betrat, um innerhalb weniger Stunden darin fast verloren zu gehen, hatte ich den Eindruck einer faszinierenden, grünen Hölle. Hier herrschte scheinbar das komplette Chaos. Bäume und Sträucher, Farne, Gräser, Moose wuchsen unmittelbar neben mächtigen Baumleichen oder sogar darauf und verteilten sich planlos auf verschiedene Schichten. Frischer Harzduft mischte sich mit dem Geruch vermodernder Blätter. Ein heilloses Durcheinander. Wachstum neben Untergang, Leben neben Tod. Von System war da wenig erkennbar. Wie kann so etwas über Jahrtausende existieren, ohne zu kollabieren? Gibt es einen Funktionsplan dahinter? Und gibt es möglicherweise etwas, was wir von diesem Plan lernen können?

Dass es sich für uns lohnt, einmal hinter den grünen Vorhang zu schauen, ist recht wahrscheinlich, denn die belebte Natur ist das größte, älteste und komplexeste System, das wir kennen. Es ist evolutionär gewachsen, hat längst das Prototyp-Stadium und die Kinderkrankheiten überstanden und besitzt einen Reifegrad, von dem gesellschaftliche Systeme nur träumen können. Es ist nachhaltig kreativ, hocheffektiv, produziert so gut wie keinen Abfall und betreibt Change Management par excellence. Denn selbst nach Katastrophen zeigt es ein atemberaubendes Regenerationsvermögen. Ja, wir können sogar davon ausgehen, dass die Natur selbst uns, die Menschheit, locker überleben wird.

Die Illusion des Gleichgewichts

Allein die Tatsache, dass etwas wie die belebte Natur so lange existiert, lässt doch erahnen, dass es wohl einen Funktionsplan geben muss, oder? Wir sprechen ja deshalb auch so gern vom ökologischen Gleichgewicht. Wenn ich Ihnen jetzt aber sage, dass es keinen ökologischen Funktionsplan gibt, und dass so etwas wie ökologisches Gleichgewicht eine Illusion ist, die niemals real existiert hat, ja dem Bestehen von Ökosystemen eher abträglich wäre, löst das wahrscheinlich bei vielen Lesern zunächst Erstaunen, vielleicht sogar Ablehnung aus. Aber so ist es. Die belebte Natur kennt keinen stabilen Gleichgewichtszustand, sie ist ständig in Veränderung begriffen und unterliegt Phasen des Aufbaus, der Reife, des Verfalls und des Neubeginns und ist dennoch als System stabil.

Das, was wir als Gleichgewicht wahrnehmen, ist lediglich die Momentaufnahme eines Prozesses oder allenfalls ein kurzer Ausschnitt dessen. Ökologische Systeme zeichnen sich durch Prozesse aus, die der ständigen Regulation unterliegen und sich fortwährend verändern. Man spricht von einem Fließgleichgewicht. Das einzige Stabile ist die Veränderung. Der Urwald, den ich damals sah, ist heute ein anderer.

Aber es gibt stabilisierende Prinzipien, welche die nachhaltige Selbstorganisation des Systems Natur sicherstellen. Der Biochemiker Frederic Vester hat mit seinem Konzept der Biokybernetik diese grundlegenden Prinzipien biologischer Systeme dargestellt. Zur Erklärung: Kybernetik ist die Theorie vernetzter, selbstregulierter Systeme. Die Natur ist allerdings nicht nur selbstreguliert, sondern auch selbstorganisiert. Das heißt, sie kann nicht nur regulieren, sondern die Prozesse als solche auch variieren und veränderten Umweltbedingungen anpassen. Das wäre so, als wenn Ihr Auto mit Benzinmotor sich plötzlich in ein Dieselfahrzeug verwandelt – weil Sie versehentlich Diesel getankt haben.

In jüngerer Zeit hat der amerikanische Biologe Stuart Kauffman die These aufgestellt, dass die Selbstorganisation der Materie die entscheidende Triebfeder der Evolution sei. Nach seiner Auffassung lassen sich daher evolutionäre Entwicklungen nicht nach bestimmbaren Gesetzen voraussagen. Er versucht gegenwärtig, diese Erkenntnisse auch auf betriebswirtschaftlicher Ebene nutzbar zu machen.

Systeme sind anders

Was ist das Besondere eines komplexen biokybernetischen Systems? Neben seinem hohen Vernetzungsgrad, seiner Selbstregulation und Selbstorganisation sind vor allem seine Dynamik und Offenheit kennzeichnend. Offenheit ist deshalb von großer Bedeutsamkeit, weil sie die Voraussetzung für Nachhaltigkeit ist. Prozesse in geschlossenen Systemen zeigen nach dem dritten Hauptsatz der Thermodynamik eine Tendenz zunehmender Unordnung bis hin zum Zusammenbruch des Systems. Das Perpetuum Mobile gibt es weder als Baukasten noch auf der Ebene komplexer Systeme. Diese Erfahrung mussten auch die Bewohner des Biosphäre II-Experiments machen, bei dem in den 1990er Jahren versucht wurde nachzuweisen, dass es möglich sei, in einem gewaltigen Glashaus ein abgeschlossenes ökologisches System am Leben zu erhalten. Das Experiment misslang, denn CO_2 und Stickstoff aus Abbauprozessen reicherten sich an und Schädlinge breiteten sich aus.

In selbstregulierten Systemen dominieren nicht einfache Ursache-Wirkungs-Beziehungen, sondern Kreislaufprozesse. Ein Ensemble von **Reglern** puffert über negative Rückkopplungen extreme Entwicklungen ab.

Rückkopplung, oder auch Feedback, bezeichnet eine Regelungswirkung. In Abbildung 1 sind die Wirkungen positiver und negativer Rückkopplungen dargestellt. Beispiele einer negativen Rückkopplung sind zum Beispiel die Regulation der Hauttemperatur durch Transpiration beim Menschen oder

oder Feedback, bezeichnet einen auf sich selbst zurückwirkenden Prozess. Er hat entweder eine prozessverstärkende oder eine -begrenzende Wirkung. Man spricht dann von positiver beziehungsweise negativer Rückkopplung.

das Sinken der Nachfrage nach einer Ware aufgrund sich verknappender Rohstoffe und folglich steigender Preise. Positive Rückkopplungen sind in biologischen Systemen ein Indiz für Fehlfunktionen, da sie das System selbst durch ausufernde Entwicklungen bedrohen, wie zum Beispiel ein wucherndes Krebsgeschwür. In einem marktwirtschaftlichen System sorgen abwechselnde Phasen von vorherrschenden positiven und negativen Rückkopplungen für wiederkehrende Konjunkturzyklen. Rückkopplungen sind keine Besonderheit von Naturprozessen. Im Kasten *Dumm gelaufen* auf der folgenden Seite findet sich ein Beispiel aus der betrieblichen Praxis.

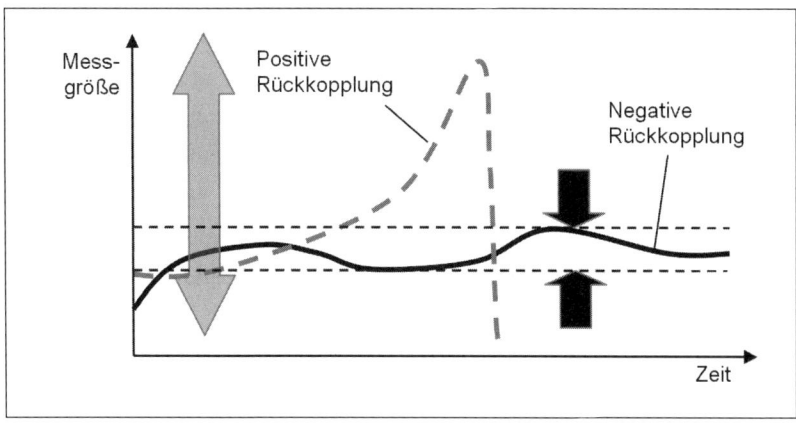

Abbildung 1: Positive und negative Rückkopplungsprozesse. Negative Rückkopplung wirkt begrenzend, positive Rückkopplung verstärkend auf einen Prozess

Wie wir wirklich ticken | 19

Dumm gelaufen

Der Marketingchef der Firma CustomerFirst GmbH entschließt sich, den Absatz seiner Produkte durch Einführung kundenspezifischer Varianten zu erhöhen. Das gelingt zunächst auch hervorragend. Die Kunden sind begeistert, Absatz und Umsatz steigen und damit auch der Umfang der Produktdiversifizierung. Gleichzeitig steigen aber auch die Entwicklungskosten. Damit hatte das Management gerechnet. Es übersah aufgrund mangelnder Prozesskenntnis aber, dass die Entwicklungskosten im Vergleich zum Umsatz überproportional stiegen, was sich natürlich negativ auf den Gewinn auswirkte. Nach einem Jahr sah man sich gezwungen, die Preise der Varianten deutlich anzuheben, mit der Folge eines rapiden Rückgangs des Absatzes. Das Management entschied sich daraufhin, das Angebot kundenspezifischer Anpassungen zurückzunehmen. *»So was funktioniert nicht.«* Am Ende entpuppten sich die Maßnahmen als Strohfeuer mit fatalen Nebenwirkungen. Was war geschehen? Ein selbstverstärkender Kreislauf wurde durch einen zweiten, dämpfenden Kreislauf reguliert, der schließlich zur Wirkungsumkehr des ersten Kreislaufes führte. Dafür war aber nicht einzig die Einführung der Produktvarianten ursächlich, sondern die mangelnde Koordination mit der Entwicklung und die Übersteuerung der Prozesse durch stark wechselnde Preis- und Sortimentspolitik.

In der Natur gehen symbiotische vor parasitären Beziehungen und Klasse geht immer vor Masse. Die Funktion dominiert über die Menge, so dass Prozesse nicht aus dem Ruder laufen und im Übermaß Produkte produzieren, die das System nicht benötigt oder die es sogar gefährden würden. Nicht das Produkt an sich hat also Priorität, sondern sein Beitrag zum Erhalt und zur Entwicklung des Systems. Selbsterhalt ist in der Natur der oberste Zweck. Der chilenische Neurobiologe Humberto Maturana spricht daher auch von Lebewesen als selbsterhaltende oder autopoietische Systeme. Teilsysteme, in denen sich positive Rückkopplungen und damit ausufernde Entwicklungen zeigen, brechen früher oder später zusammen oder werden von ranghöheren Regelungsmechanismen eingedämmt.

Wer hier an den Dot-Com-Hype um die Jahrtausendwende und den Fast-Zusammenbruch des Finanzsystems im Jahr 2008 denkt, ist kein Schelm, sondern hat das »ökologische« Prinzip verstanden, dem auch ökonomische Prozesse unterliegen.

Die Natur ist hocheffektiv. Es wird recycelt, zerlegt und neu zusammengesetzt, wo es geht. Dem kommt entgegen, dass die Grundbausteine vielfach verwendbar und kombinierbar sind. Aus den bekannten 20 Aminosäuren könnten zum Beispiel theoretisch weit mehr Proteine (Eiweiße) zusammengesetzt werden, als es Wassermoleküle auf unserem Planeten gibt. Doch damit nicht genug. Proteine sind multifunktionell. Sie werden unter anderem als Gerüstsubstanzen verwendet, in Form von Enzymen (Biokatalysatoren) sind sie an der Förderung von Stoffwechselvorgängen beteiligt und sie spielen eine Rolle bei der Umsetzung von Information aus dem genetischen Code.

Auch mit Energie wird sorgsam umgegangen. Wie beim Jiu-Jitsu wird Energie aus der Umwelt nicht durch entgegenwirkende, Energie zehrende Prozesse abgeblockt, sondern nach Möglichkeit in Ketten oder Kopplungen mehrerer Prozessschritte genutzt. Bei der Photosynthese gelingt es sogar, mit Hilfe von Sonnenenergie über eine Energiekaskade Wassermoleküle in ihre Grundelemente Sauerstoff und Wasserstoff aufzuspalten. Ein Verfahren wie die Photosynthese technisch umzusetzen, wäre daher eine weitere interessante Aufgabe für die Bionik, die auf anderem Gebiet schon bahnbrechende Entwicklungen ermöglicht hat. Dem Physiker Claus Mattheck gelang es in den 1990er Jahren nach dem Vorbild der Konstruktionsprinzipien von Bäumen und Knochen, mechanisch belastete technische Bauteile unter minimalem Aufwand derart zu optimieren, dass, ebenso wie bei natürlichen Vorbildern, keine ungewünschten Sollbruchstellen mehr auftreten. Er lässt seine Konstruktionen wie Bäume am Computer wachsen (Mattheck 1992).

Jiu-Jitsu-Prinzip

aus der Kampfsportart Jiu-Jitsu abgeleitetes Prinzip, bei dem einwirkende Energie nicht abgeblockt, sondern aufgefangen und umgelenkt wird.

Prima Krise und schlechte Steuerung

Das alles klingt fantastisch und dennoch funktioniert die Natur nicht reibungslos. Es gibt auch hier Krisen und Katastrophen. Insektenkalamitäten erzeugen in den nördlichen Nadelwäldern in wiederkehrenden Zyklen enorme Schäden, durch Blitzschlag ausgelöste Brände vernichten riesige Flächen. Und doch wird selbst dadurch das Ökosystem an sich nicht vernichtet, allenfalls verändert und es haben sich Mechanismen entwickelt, auch Katastrophen noch nutzbar zu machen. Ein Waldbrand schafft Licht und mobilisiert Nährstoffe für eine Regeneration des Bestandes. Ja, die Natur nimmt teilweise sogar groteske Züge an: Die imposanten Bestände von Mammutbäumen in der kalifornischen Sierra Nevada gehören zu den sogenannten Feuerklimax-Gesellschaften. Das bedeutet, sie können sich erst nach einem Brand regenerieren, da ihre harten Zapfen nur unter der Hitzewirkung des Feuers aufspringen und die Samen freigeben. So wird die Katastrophe zur überlebenswichtigen Phase des Systems. Ausgerechnet durch die Waldbrandbekämpfung sind diese Bestände übrigens in Gefahr. Denn es sammelt sich (in Ermangelung kleiner Bodenfeuer) über Jahrzehnte so viel brennbare Biomasse in den unteren Schichten des Bestandes an, dass ein Waldbrand nunmehr verheerende Folgen haben könnte.

Gezielte Eingriffe in ein System bringen also nicht immer das gewünschte Resultat. Noch pointierter lässt sich sogar sagen, dass Einzelmaßnahmen in komplexen Systemen immer mehrere mögliche und selten die gewünschten Folgen haben (siehe Abbildung 2). Vernetztes Denken in komplexen Systemen wurde uns scheinbar nicht in die Wiege gelegt. Es gibt dafür schlichtweg kein genetisches Programm!

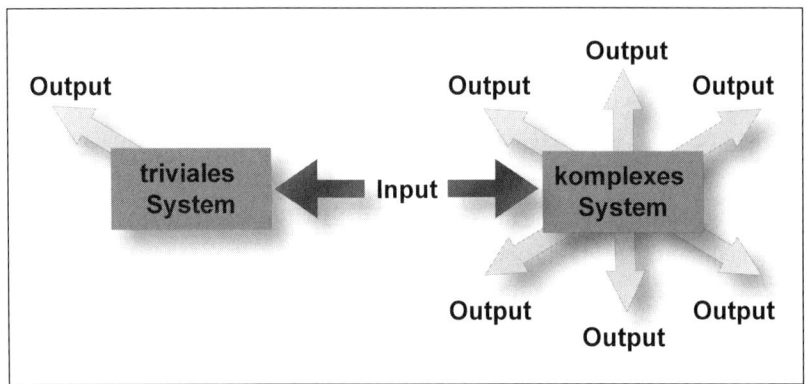

Abbildung 2: Triviale und komplexe Systeme

Die Folge ist, dass wir in komplexen Situationen immer noch die gleichen Fehler machen, die wahrscheinlich unsere steinzeitlichen Vorfahren auch gemacht hätten. Der Psychologe Dietrich Dörner berichtet von einem Versuch mit einem virtuellen Entwicklungsprojekt in »Tanaland«, einem Phantasieland irgendwo in Ostafrika. Die Versuchspersonen hatten diktatorische Vollmachten und konnten von der Einführung eines Bewässerungssystems bis hin zur Verbesserung der Gesundheitsvorsorge und der Elektrifizierung der Siedlungen mit einem ganzen Bündel von Maßnahmen für das Wohlergehen der Menschen sorgen. Der virtuelle Versuchszeitraum sollte zehn Jahre betragen.

Um die Geschichte etwas abzukürzen: Die durchschnittliche Versuchsperson hatte, mit ihren sicher gut gemeinten Eingriffen, nach 88 Monaten eine nicht mehr auffangbare Hungerkatastrophe verursacht. Nur einer einzigen von zwölf Testpersonen gelang es, die Verhältnisse in Tanaland zu stabilisieren (Dörner 1993).

Waren da Dilettanten am Werk, die einfach ihren Job schlecht gemacht haben und es nicht besser konnten? Keineswegs, ebenso wenig, wie das Finanzsystem 2008 nicht durch Manager mangels Qualifikation an den Rand des Abgrunds manövriert wurde. Sie alle haben analytisch gedacht, ihre Handlungen abgewogen – aber dennoch systemisch versagt. Hätten sie es besser tun können? Vielleicht. Wahrscheinlich dann, wenn Ihnen nicht einer oder mehrere »Denkfehler« unterlaufen wären, die Menschen nicht unterlaufen sollten, wenn sie an den Stellrädern komplexer Systeme drehen.

Die häufigsten systemischen »Denkfehler«

Wir schätzen die Dynamik von Entwicklungen oft falsch ein.

Es fällt uns vor allem sehr schwer, nicht-lineare Entwicklungen abzuschätzen. Wir neigen dazu, gegenwärtige Trends fortzuschreiben. In Systemen sind homogene Entwicklungen aber eher unwahrscheinlich. Dies führt zu falschen Erwartungen und Fehlprognosen (siehe Abbildung 3).

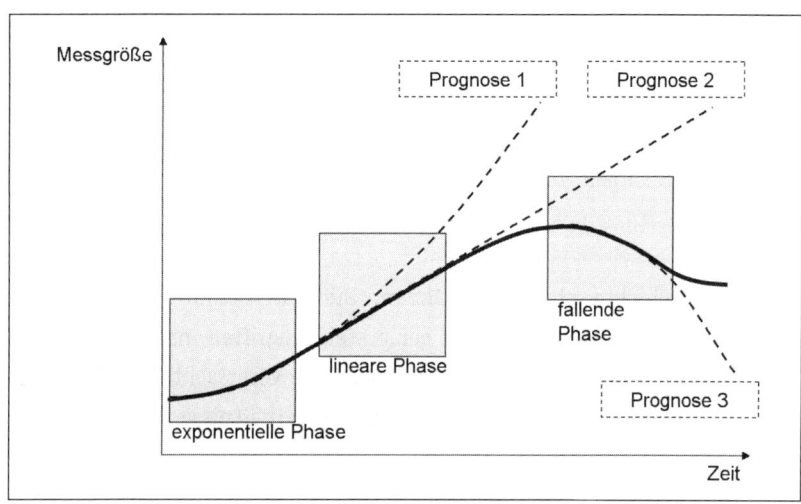

Abbildung 3: Entwicklungen und mögliche Falschprognosen durch Betrachtung kleiner Zeitfenster

Wir denken in Kausalketten von Ursache und Wirkung.
Es fällt uns oft schwer, zu erkennen und zu akzeptieren, dass in einem System vernetzter Regelkreise die Ursache zugleich das Resultat eines oder mehrerer Prozesse ist und Ursache und Wirkung sich nicht immer zweifelsfrei zuordnen lassen. Huhn oder Ei, was war zuerst da? In Systemen dominieren zirkuläre Beziehungen (Abbildung 4). Scheinbar unlösbare Konflikte lassen sich erst dann lösen, wenn wir uns vom Ursache-Wirkungs-Denken verabschieden. Wenn wir dies einmal akzeptiert haben, fällt es uns leichter, gordische Knoten zu lösen.

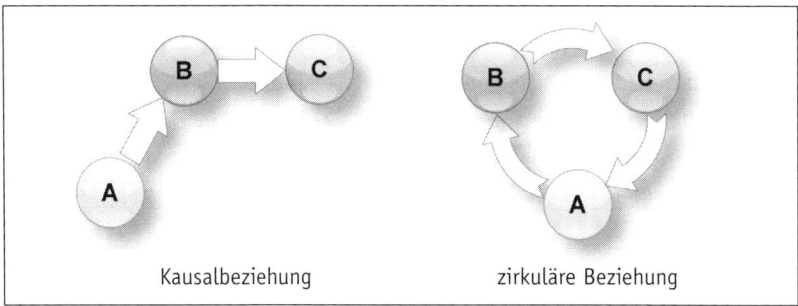

Kausalbeziehung   zirkuläre Beziehung

Abbildung 4: Kausale versus zirkuläre Beziehungen

Wir analysieren den Zustand, nicht aber den Prozess.
Der Zustand ist immer eine Momentaufnahme. Diese sagt isoliert betrachtet nichts über Entwicklungstendenzen des Gesamtsystems aus. Starke Waldschäden infolge eines heißen und trockenen Sommers deuten genauso wenig auf einen Trend hin wie ein Quartalsbericht, der einen Gewinnrückgang ausweist. Solange wir den Prozess nicht verstanden haben, der zu einem bestimmten Zustand geführt hat, macht es gar keinen Sinn, den Zustand zu analysieren. Die Frage lautet nicht: *»Warum herrscht dieser Zustand?«*, sondern: *»Welcher zugrunde liegende Prozess hat zu dem Zustand geführt und welche Tendenz hat der Prozess?«*

Wir fokussieren auf Details, betrachten aber nicht das Ganze.

Der Blick aufs Detail komplexer Strukturen verstellt uns oft den Weg für ein besseres Verständnis der Gesamtheit und ihrer Funktionen. Erst wenn wir zurücktreten und das Ganze betrachten, gewinnen wir Erkenntnis über das System.

Beispiel:

Seit 1919 kannte man bereits die chemischen Bestandteile der DNA, ohne aber deren genaue Struktur aufklären zu können. Anfang der 1950er Jahre forschten auf dem Gebiet des menschlichen Erbguts mit James Watson und Francis Crick zwei junge Wissenschaftler, die hier noch ziemlich unerfahren waren. Ohne sich detailliert mit der Chemie der DNA auseinanderzusetzen, gelang den Newcomern scheinbar spielend die Entdeckung seiner räumlichen Struktur. Damit legten sie die Grundlage der modernen Genetik und Bio-technologie, wofür sie gemeinsam mit Maurice Wilkins 1962 den Nobelpreis für Medizin erhielten.

Wir missachten die Trägheitsgesetze.

Marketingaktionen, die nicht unmittelbar zu verstärkter Nachfrage führen, werden schnell als wirkungslos eingestuft. Strategische Maßnahmen des Managements, die sich nicht kurzfristig auf die Ertragslage des Unternehmens auswirken, gelten als Fehlschlag. In einer Zeit der Beschleunigung sind wir es gewohnt, dass alles ruckzuck geht. Auch systemische Regelungsprozesse können schnell greifen, aber die meisten zeigen eine mehr oder weniger starke Trägheit.

Wir betrachten Entwicklung als einen Prozess stetigen Wachstums.

In der westlichen Hemisphäre hat sich spätestens seit dem Zeitalter der Aufklärung ein grundsätzlicher Kulturoptimismus entwickelt (*»Es muss halt aufwärts gehen.«*). Umso schwerer trifft uns der Schlag, wenn Krisen und Katastrophen uns als Individuum, als Familie, Firma oder Gesellschaft erschüttern. Sie gehören in unserer Wahrnehmung nicht zum System oder stellen es infrage.

Anderen Kulturen, so zum Beispiel dem Buddhismus, ist diese Denkweise fremd. Hier herrschen eher zirkuläre Sichtweisen vor, die Geburt, Leben und Tod als eine wiederkehrende Folge sehen. Dies liegt natürlichen Kreisläufen viel näher, ignoriert aber zu leicht die Möglichkeit evolutionärer Entwicklung.

Kausalistik versus Systemik

Das Denken in einfachen Kausalketten (auf Ursache folgt Wirkung und darauf eine weitere Wirkung usw.) stellt eine Vereinfachung dar, die in sehr vielen Fällen nützlich ist und eine hinreichend gute Grundlage für Entscheidungen bildet. Wir müssen uns aber bewusst sein, dass reine Kausalität in komplexen Strukturen ihre Tücken hat, ja zu fatalen Fehlschlüssen und -entscheidungen führen kann. Die manuellen Eingriffe am Steuerungssystem des Reaktors von Tschernobyl durch die diensthabenden Ingenieure am 26. April 1986 waren eine Verkettung unsystemischer Handlungsweisen. Die Ingenieure betrachteten eher Zustände als Prozesse, dachten in reinen Ursache-Wirkungs-Kategorien, ignorierten Rückkopplungseffekte des Systems und verließen sich schließlich allein auf ihre intuitiven Fähigkeiten. Damit steuerten sie das System in die Katastrophe.

Solche Fehlleistungen haben nicht immer derart schreckliche Folgen, aber wir tun gut daran, die Funktionsprinzipien komplexer Systeme zu verstehen, wenn wir diese beeinflussen und ändern wollen. Tun wir das nicht, müssen wir darauf gefasst sein, dass eben nicht das geschieht, was wir eigentlich wollen. Das Drehen an einer Schraube bewirkt in einem System eben nicht nur die Veränderung einer abhängigen Variablen, sondern modifiziert über Regelkreise auch andere Größen.

Beispiel:

Der Bau des Assuan-Staudamms sorgte für die Elektrifizierung Ägyptens. Er führte aber zu einem Ausbleiben der regelmäßigen Überschwemmung der landwirtschaftlichen Flächen im Niltal. Künstliche Bewässerung und der Einsatz von Kunstdünger wurden erforderlich, was die Kosten der landwirtschaftlichen Produktion nach oben trieb. Zudem nahm die Ufererosion zu und das fortan nährstoffarme Wasser sorgte für einen Rückgang der Sardinen vor der Küste des Nildeltas. Eine Veränderung, viele Wirkungen.

In Tabelle 1 sind die hergebrachten kausal-analytischen und die systemischen Sichtweisen gegenübergestellt.

Kategorie	Kausal-analytische Perspektive	Systemisch-analytische Perspektive
Fokus	Ausschnitt	Gesamtes Netzwerk
Auflösung	Präzise, trennscharf	Ganzheitlich, fließende Übergänge
Kausalität	Deterministisch (Ursache-Wirkung)	Kybernetisch (Vernetzte Regelkreise)
Funktionen	Lineares Denken dominant	Nicht-lineares Denken dominant
Variabilität	Einzelne Einflussfaktoren (Ceteris-paribus-Annahmen)	Multiple Einflussfaktoren
Zeit	Betrachtung von Zuständen	Betrachtung von Entwicklungen
Sicherheit	Experimenteller Beweis	Nützlichkeit des Modells
Prognosen	Präzise Voraussagen	Trendaussagen
Verhalten	Funktional, formell	Zielorientiert

Tabelle 1: Kausal-analytische und systemische Sichtweisen

Gerade die Unschärfe systemischer Betrachtungsweisen und das Vorherrschen von Trendaussagen gegenüber präzisen Prognosen verunsichern die meisten Menschen zunächst, wenn sie mit systemischen Sichtweisen in Kontakt kommen. Wir können uns nun mal in einer rationalen Welt der Klarheit und Präzision besser zurechtfinden. Sollten Sie auch zu dieser Spezies gehören, dann besteht kein Grund zur Beunruhigung. Sie sind in guter Gesellschaft. Wenn Sie sich aber (ganz behutsam, wohlgemerkt) mit dem Gedanken anfreunden können, dass ein System mehr als die Summe seiner Teile ist und Selbstregulation über starre Gesetzmäßigkeit dominiert, dann wird Ihnen leicht verständlich, warum Präzision im Detail oft wenig nützlich ist und exakte Voraussagen kaum mehr möglich sind. Letztere sind nur in einem System geringer Komplexität mit vollständiger Transparenz (zum Beispiel in technischen Produktionsprozessen) noch möglich.

Komplexe Systeme erfordern also systemisches Denken. Aber wie geht das genau? Wie können wir in einer immer komplexer werdenden Welt noch gestaltend wirken? Sie müssen sich mit dieser Frage noch etwas gedulden – oder direkt im Kapitel *Change Management* weiterlesen.

Eines aber schon mal vorab: Auch wenn – oder gerade weil – systemisches Handeln immer Entscheidungen unter Unsicherheit erfordert (wir kennen ja niemals alle relevanten Einflussfaktoren), ist das kein Job für Zweifler, wohl aber für Menschen, die zur Selbstkritik fähig sind. Zweifel und Selbstkritik sind nämlich zweierlei. Ein Zweifler hadert eher mit sich und seiner Kompetenz und scheut sich vor Entscheidungen, ein selbstkritischer Mensch hingehen kennt seine Kompetenz, hinterfragt aber seine getroffenen Entscheidungen, wenn nötig. Der amerikanische Coach Anthony Robbins formuliert das so: *»Erfolg ist das Ergebnis von guter Einschätzung. Gute Einschätzung ist das Ergebnis von Erfahrung, und Erfahrung ist oft das Ergebnis von schlechter Einschätzung.«*

Ja, wir werden uns die Finger verbrennen, wenn wir uns auf das Gestalten von Zukunft einlassen – sei es unsere persönliche Zukunft, die Zukunft unserer Firma oder Organisation. Aber Sie wollen doch Ihre Zukunft gestalten, oder?

Der Darwinismus ist Geschichte

Die Intelligenz der Natur ist vor allem das Produkt der Evolution. Da steckt viel Trial and Error dahinter, auch viel *»survival of the ones who fit«* (*Überleben derjenigen, die sich gut anpassen können*) – und gar nicht so viel *»survival of the fittest«* (*Überleben der Stärksten*). Dies kann gar nicht genug betont werden: Es ist ein populärer Irrtum, dass die Evolution vor allem das Überleben der Stärkeren sichere. Dies kann man beruhigt in die Galerie der Mythen einsortieren. Wäre es so, dann würde die Evolution zwangsläufig zu einer Vernichtung von Vielfalt und nicht zu Diversifizierung, zur Mannigfaltigkeit an Arten, Formen und Funktionen führen. Die moderne Genetik weiß inzwischen, dass Kooperation in der Evolution eine wesentlich wichtigere Rolle spielt, als wir lange angenommen haben. Systeme, die vorwiegend auf Konkurrenz beruhen, wären nicht lange überlebensfähig. Die Evolution hätte also nach kurzer Dauer im Desaster geendet – genauso wie ein Wirtschaftsystem, in dem monopolistische Tendenzen vorherrschten.

Darwin bezog das Grundkonzept seiner Theorie übrigens nach eigener Aussage nicht aus der Natur, sondern aus der Nationalökonomie des 19. Jahrhunderts, also des beginnenden Industriezeitalters. Er selbst wurde damit das Opfer einer gesellschaftlichen Strömung seiner Zeit.

Sogar die Auffassung, dass physiologische Prozesse der genetischen Steuerung unterliegen, ist nur die halbe Wahrheit und entspringt dem gleichen, besser abzulegenden Kausaldenken, das ich schon oben beschrieben habe. Die biologische Forschung hat hier in den letzten Jahren Erstaunliches zutage gefördert: Dass Gene nämlich nicht wie ein fest eingebranntes Programm funktionieren, und Körperfunktionen nicht ihrer alleinigen Kontrolle unterliegen. Gene unterliegen auch umgekehrt der Steuerung durch den Organismus. Der Neurobiologe und Genforscher Joachim Bauer sagt, unser Genom, also die Gesamtheit aller Gene, sei die Klaviatur, auf der unser Organismus spielt. Der Gesamtorganismus und seine Teilsysteme bestimmen, welche Informationen abgelesen und welche unterdrückt werden (Bauer 2008). Nur 1,2 Prozent des menschlichen Genoms enthält übrigens Gene. Der Rest, den man früher für »Junk-Code« hielt, enthält unter anderem Elemente zur Selbstregulation. Der genetische Code ist somit nicht das Betriebssystem unseres Körpers, sondern lediglich ein Teil eines selbstregulierenden Systems.

Die Geschichte der Evolution ist damit vor allem die Geschichte eines kooperativen Systems der Spezialisierung und der Anpassung. Wer geschickt genug kooperiert und sich besser anpassen kann, überlebt. Wir haben nicht die Zeit der Evolution, um die Systeme unseres Umfeldes gut zu gestalten und wir haben vor allem ein Wertesystem, das Verluste gering halten möchte. Aber wir haben auch und gerade unser Gehirn, das es uns erlaubt, nicht nur auszuprobieren, sondern **systematisch** zu denken und zu handeln. Wie wir es am besten nutzen können, werden wir im nächsten Abschnitt dieses Buches sehen.

Kompakt

Die Natur kann uns als Lehrstück dienen, weil natürliche Systeme ein hohes Maß an Kreativität, Effizienz und Nachhaltigkeit aufweisen. Gleichgewicht ist allerdings eine Illusion, Veränderung ist der Normalfall. Nicht starres Festhalten an Prozessen, sondern die fortlaufende Veränderung und Anpassung der Prozesse an die Umweltbedingungen sorgen für die Stabilität natürlicher Systeme. Das wichtigste Grundprinzip ist dabei Kooperation und nicht Konkurrenz. Selbstorganisation ist die Haupttriebkraft der Evolution. Die populäre Variante des Darwinismus (»*survival of the fittest*«) ist mithin Geschichte.

In komplexen Systemen dominieren Kreisläufe über reine Ursache-Wirkungs-Ketten. Vermeintliche »Ursachen« sind also immer auch die Folge von Prozessen. Von linear-kausalem Denken sollten wir uns daher verabschieden. Selbtsorganisation sorgt dafür, dass Entwicklungen selten homogen verlaufen. Berücksichtigen wir das nicht, liegen unsere Erwartungen und Prognosen immer abseits der tatsächlichen Entwicklungen. Erst muss der Prozess hinter einem Zustand verstanden werden, wenn wir Entwicklungen beurteilen wollen.

1.2 Brain 2.0 jetzt installieren?

Gehirn: ein Organ, mit dem wir denken, dass wir denken.

Ambrose Bierce

Wir haben bisher einiges über Systeme erfahren und wenden uns jetzt unserem Gehirn zu. Auch unser Gehirn ist ein hochkomplexes, vernetztes System. Es macht nur circa ein Fünfzigstel unserer Körpermasse aus, verbraucht aber etwa ein Fünftel der Energie des Körpers. Es scheint also für die Funktion unseres Körpers damit etwas auf sich zu haben. Schauen wir uns mal an, wie es funktioniert, damit wir es besser nutzen können.

Das digitale Zeitalter hat unser heutiges, populäres Verständnis von der Funktionsweise unseres Gehirns geprägt. Wir geben Information hinein, verarbeiten diese wie ein Computer mit der vorhandenen Hard- und Software und dann kommt ein, wie auch immer gearteter, gewünschter Output heraus. Wer erfolgreich sein will, muss also nur die richtige Software (Aus- und Weiterbildung) aufspielen und hoch geht's auf der Karriereleiter. Teilweise herrschen aber auch noch ältere Vorstellungen, nämlich solche aus der Welt des Maschinenzeitalters vor. Wir lernen in jungen Jahren viel, arbeiten damit eine Weile, bis dann mit zunehmendem Alter die Maschine Gehirn immer unzuverlässiger und damit nutzloser wird. Keine Weiterbildung mehr für alte Hasen und ab in die Rente!

Was ist da noch dran? Wie arbeitet unser Gehirn wirklich und wie können wir es effektiv nutzen? Mit diesen Fragen wollen wir uns in diesem und den folgenden Kapiteln beschäftigen. Zum Einstieg möchte ich Ihnen einen kleinen Blick in den Aufbau unseres Denkorgans verschaffen. Sie werden dann verstehen, was Mandelkerne neben Seeungeheuern in unserem Gehirn zu suchen haben. Dabei will ich mich aber auf schematische Darstellungen beschränken, da wir uns, ganz im Sinne systemischer Betrachtungsweisen, mehr mit dem Ganzen und mit Entwicklungen beschäftigen und nicht zu sehr mit anatomischen Details und bestimmten Zuständen aufhalten wollen. Um es schon mal vorwegzunehmen: Unser Gehirn ist weder eine simple Rechenmaschine noch ein Computer. Die Tatsache, dass wir (Mathegenies einmal ausgenommen) die Quadratwurzel aus einer zwanzigstelligen Zahl kaum im Kopf berechnen können, dafür aber den berühmten Satz von Kennedy »Ich bin ein Berliner« kaum mit »I am a donut« übersetzen würden, zeigt schon, dass es gewisse Unterschiede zwischen digitaler und neuronaler Informationsverarbeitung geben muss. Das fängt schon beim Aufbau an. Eine Unterscheidung von Hard- und Software kennt unser Hirn nicht. Um aber in der Computersprache zu bleiben, können wir festhalten, dass unser Hirn zwar auch aus mehreren Modulen zusammengesetzt ist, aber diese kommunizieren auf eine ganz andere Weise miteinander als Festplatte, Arbeitsspeicher und Prozessor in einem PC. Aber nun mal der Reihe nach.

Vom Reptil zum Primaten

Man kann sich den Aufbau des Gehirns (lat. cerebrum) vereinfacht als Schalenmodell vorstellen, dessen entwicklungsgeschichtlich älteste Teile (Stammhirn) innen, mit direkter Verbindung zu den Nervensträngen des

Stammhirn ist mit Nervensträngen und Rückenmark verbunden

Rückenmarks liegen, während die neueren Schichten darüber angeordnet sind (Abbildung 5). *Instinkt, Reflexe*

Stammhirn steuert Bewegg = Körp.-Prozess

Stammhirn: → *Verdauung, Bewegg.*

Als der Mensch noch kein Mensch war und noch nicht einmal ein Säugetier, hatte er immerhin schon Organe und einen Bewegungsapparat. Die wollten natürlich sinnvoll gesteuert werden und wollen es noch heute. Das geschieht vorwiegend im Stammhirn, dem entwicklungsgeschichtlich ältesten Teil unseres Gehirns. Es ist auch der innerste Teil und steuert körperliche Prozesse. Sowohl für die Regelung Ihres Verdauungssystems als auch zum Autofahren (wenn Sie es denn einmal können) benötigen Sie wenig mehr als Ihr Stammhirn und allenfalls noch Ihr Kleinhirn. Instinkte und Reflexe sind hier beheimatet, weshalb man diesen Teil des Gehirns auch oft als Reptiliengehirn bezeichnet.

Limbisches System:

Dies ist ein entwicklungsgeschichtlich älterer Teil des Großhirns und zuständig für Stimmungen, Gefühle, Ausdrucksverhalten sowie Anpassungsreaktionen. Zum limbischen System gehören auch der Mandelkern (lat. amygdala), der vereinfacht als das Angstzentrum bezeichnet wird, sowie die beiden Hippocampi, was im Griechischen soviel wie Seeungeheuer bedeutet. Allerdings haben die nichts Ungeheuerliches an sich, sondern sind nur ungeheuer praktisch bei der Bildung von Gedächtnisinhalten. Das limbische System ist typisch für Vögel und Säugetiere, denn erst hier trat es in der Evolution auf.

Großhirnrinde:

Die nur wenige Millimeter dicke Großhirnrinde (lat. cortex) ist typisch für das Gehirn von Primaten, also von Affen und Menschen gleichermaßen. Sie setzt sich aus verschiedenen Lappen zusammen (Stirnlappen, Scheitellappen, Schläfenlappen, Hinterhauptslappen, Insellappen). Die einzelnen

Lappen beherbergen bestimmte funktionelle Zentren. So ist zum Beispiel der präfrontale Cortex im Stirnlappen für die Steuerung bewusster Handlungen zuständig. Neurobiologen sehen hier auch Selbstbild, Motivation, soziale und emotionale Kompetenz sowie die Impulskontrolle beheimatet (Hüther 2006). Das Sehzentrum (visueller Cortex) befindet sich übrigens im Hinterhauptslappen. Der Cortex ist nur der äußere Teil des Großhirns, das sich in die beiden Hirnhälften (Hemisphären) unterteilt. Bei 90 Prozent der Bevölkerung ist die linke Hemisphäre dominant für sprachbezogene Leistungen wie Sprechen, Lesen und Schreiben sowie für intellektuelle Funktionen, die verbale, analytische und mathematische Fähigkeiten erfordern. Unterhalb der Großhirnrinde befinden sich die, als Basalganglien bezeichneten, Kerngebiete des Großhirns, die wesentlichen Anteil sowohl an kognitiven als auch emotionalen und motorischen Funktionen haben.

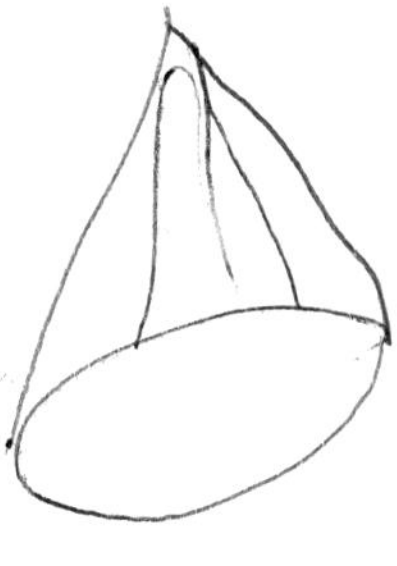

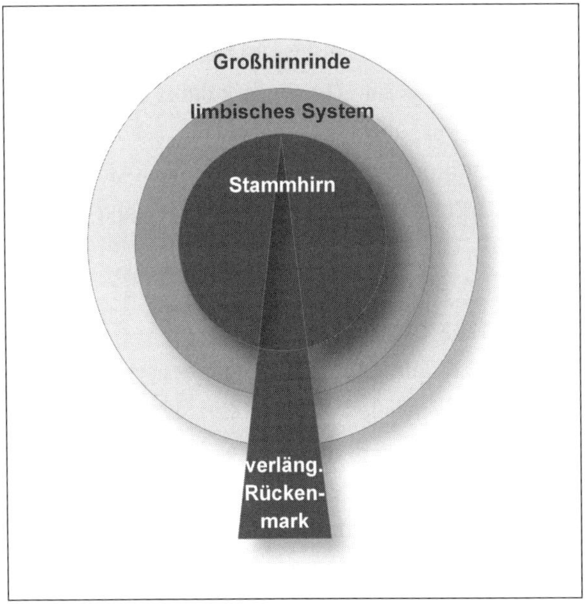

SI

Großhirnrinde

limbisches System

Stammhirn

verläng. Rücken-mark

Abbildung 5:

vereinfachter, schematischer Hirnaufbau (nach Hüther 2006, verändert)

Nicht beschrieben sind in dieser vereinfachten Darstellung das Kleinhirn, das vor allem für die Bewegungskoordination zuständig ist, und das Zwischenhirn. Letzteres enthält neben verschiedenen anderen Funktionen mit dem Hypothalamus ein wichtiges Zentrum für die Regelung des vegetativen Nervensystems und mit dem Thalamus einen wichtigen Filter, welcher nur momentan relevante Informationen an die Großhirnrinde leitet. Der Thalamus entscheidet damit, was uns ins Bewusstsein dringt und was nicht.

Auch wenn sich »einfache« Funktionalitäten in bestimmten Hirnarealen konzentrieren (zum Beispiel Sehen und Hören in den entsprechenden sensorischen Zentren), so lassen sich komplexe Leistungen wie zum Beispiel kognitive Verarbeitungsprozesse, aber auch Gefühle nicht ausschließlich bestimmten Regionen zuordnen. Sie entstehen durch ein Zusammenwirken verschiedener Hirnteile. Auch für das Ich, also die Persönlichkeitsmerkmale, die uns unverwechselbar auszeichnen, ist kein bestimmter Teil unseres Denkorgans verantwortlich.

Über das limbische System und das Zwischenhirn besteht eine Verbindung des Gehirns zum Herz-Kreislauf-System (kardiovaskuläres System) und zum vegetativen Nervensystem, das die Vitalfunktionen unseres Organismus steuert. So erklärt sich, warum emotionale Belastungen und Stressreaktionen auch auf körperliche Funktionen wirken (siehe Kapitel *Stressprävention und Life-Balance*).

»What fires together, wires together«

Zunächst sollten wir uns noch kurz mit der Frage beschäftigen, wie Informationsverarbeitung in unserem Gehirn abläuft. Kern der Informationsverarbeitung im Gehirn sind Nervenzellen (Neuronen) sowie die Verbindungen zwischen diesen, die sogenannten Synapsen. Innerhalb der Nervenzellen verläuft die Leitung von Reizen über elektrische Potenziale. Soweit können wir vielleicht noch eine Analogie zum Computer herstellen. Aber zwischen den Nervenzellen, also an den Synapsen, folgt die Reizübertragung über chemische Botenstoffe, sogenannte Neurotransmitter. Adrenalin, Dopamin, Serotonin und Insulin gehören wohl zu den bekannteren dieser Stoffklasse.

Adrenalin
Dopamin
Serotonin
Insulin

Da kommt natürlich die Frage auf: Ist dieser Weg der Datenübertragung nicht sehr kompliziert und wenig effektiv? Antwort: Ja, was die Leitungsgeschwindigkeit angeht, aber was die Effektivität der Informationsverarbeitung betrifft, ist diese Grundarchitektur des Gehirns eine geradezu geniale Erfindung der Natur. Synaptische haben gegenüber festen Verbindungen nämlich den Vorteil, dass Signale gezielt verstärkt oder gehemmt werden können. Dies geschieht zum einen durch Verstärkung oder Rückbildung der Synapsen und zum anderen durch die aktive Wirkung der Neurotransmitter. Diese Verbindungen funktionieren dann ähnlich wie Widerstände, Dioden oder Transistoren – wenn wir wieder eine Analogie zur Mikroelektronik herstellen wollen. Nur haben wir es mit »plastischen« Schnittstellen zu tun, das heißt, sie können sich verändern.

Über ihre Verästelungen kann sich eine einzige Nervenzelle mit einigen Tausend anderen Nervenzellen synaptisch verknüpfen. Allein dies zeigt das enorme Vernetzungspotenzial des menschlichen Gehirns. Es ist nahezu unbegrenzt. Erst seit kurzem wissen wir, dass nicht nur Synapsen neu gebildet werden können, sondern sogar Nervenzellen nachwachsen können, zumindest in bestimmten Teilen des Gehirns, zum Beispiel dem Hippocampus.

im Hippocampus

Für sich genommen stellt das Gehirn damit schon ein ungeheuer komplexes System dar, für das ebenfalls die im vorigen Kapitel besprochenen Grundsätze komplexer Systeme gelten. Es ist als Teil des zentralen Nervensystems aber darüber hinaus auch mit dem gesamten Organismus vernetzt und bildet mit diesem eine Einheit. Unser Gehirn macht uns zwar aus, denn es ist der Ort unseres Bewusstseins, aber es ist doch nur ein Teil von uns.

NNS steuert Lebensfktionen des Organismus
Vital

Die Trennung von Körper und Geist ist daher eine künstliche, die wir besser aufgeben sollten. Das Gehirn dient auch nicht primär dem Denken, sondern vorwiegend der Aufrechterhaltung und Regulation unserer Körperfunktionen. Wir werden noch darüber sprechen, warum das so wichtig ist und was das konkret für uns bedeutet.

Nochmals: Es gibt in unserem Gehirn keine Unterscheidung von Hard- und Software. Es ist beides zugleich und zudem ständig in Veränderung begriffen. Das lässt sich auf einen einfachen Nenner bringen: Unser Gehirn ist so, wie wir es benutzen. Dabei bilden sich neue Verknüpfungen zwischen Neuronen immer dann, wenn sie gemeinsam erregt werden. Dass dies so ist, vermutete schon Ende der 1940er Jahre der Psychologe Donald O. Hebb: »*What fires together, wires together*« (was gemeinsam feuert, verdrahtet sich). Inzwischen gibt es empirische wissenschaftliche Befunde, die genau das bestätigen. So bilden sich neuronale Netzwerke aus, die es uns erlauben, Muster zu erkennen, Wahrnehmungen zu bewerten und zu lernen, dass das Berühren einer Kerzenflamme schmerzhaft ist. Neuronale Netzwerke sind in allen willkürlichen, unwillkürlichen, bewussten und unbewussten Prozessen aktiv. Es werden ständig neue Vernetzungen gebildet und bestehende verändert oder auch eliminiert (Abbildung 6). Während Sie diese Zeilen lesen und sich damit auseinandersetzen, verändert sich Ihr Gehirn und es wird nach der Lektüre dieses Buches ein anderes sein als vorher. Unser Gehirn ist mithin eine ergebnisoffene Konstruktion. Es ist offen für Veränderungen und ständig in Entwicklung. Unser Gehirn ist also nicht so, wie es uns in die Wiege gelegt wurde, und es degeneriert auch nicht zwangsläufig im Alter. Es ist vielmehr so, wie wir es gebrauchen, was in den folgenden Kapiteln noch deutlicher wird.

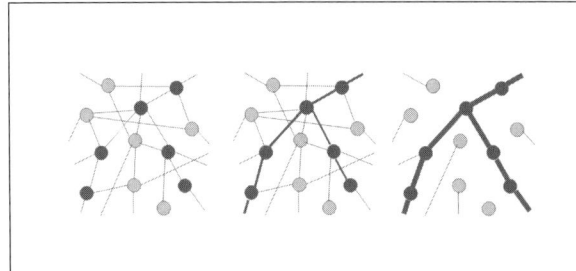

Abbildung 6:
Durch gleichzeitige Erregung von Nervenzellen werden neue Verbindungen gebahnt. Durch wiederholte Erregung werden die Verbindungen verstärkt. Nichtbenutzung anderer Verbindungen führt zum Abbau

Kompakt

Unser Gehirn funktioniert keineswegs wie ein Computer. Es ist Hard- und Software zugleich und ist lebenslang Veränderungen unterworfen (neuronale Plastizität).

Man kann drei wichtige Funktionseinheiten unterscheiden:

Stammhirn: Steuerung körperlicher Prozesse, Reflexe, Instinkte

Limbisches System: Erzeugung von Gefühlen, Stimmungen, Anpassungsreaktionen, Ausdrucksverhalten

Großhirnrinde: Willkürliche Bewegungen, Sprache, Handlungsplanung, Kosten-Nutzen-Analyse, bewusstes Erleben, Denken

Unser Denken und Erleben wirkt über das limbische System auch auf unseren Körper. Informationsverarbeitung verläuft über Nervenzellen (Neuronen) und deren synaptische Verbindungen. Die Reizübertragung wird durch Neurotransmitter gesteuert. Neue Verknüpfungen zwischen Neuronen bilden sich, wenn sie gemeinsam erregt werden (Hebb'sche Regel). So entstehen ständig neue neuronale Netze im Gehirn, die weiter gestärkt, aber auch gehemmt oder sogar eliminiert werden können.

1.3 Wahrnehmung – Konstruktion von Realität

Information entsteht durch Unterschiedsbildung.

Gunther Schmidt

Wir glauben, Wahrnehmung sei doch ganz einfach: Unser Auge projiziert auf die Netzhaut zum Beispiel das Bild einer Katze und unser Gehirn erzeugt dazu die entsprechende Sinneswahrnehmung. Nach diesem Prinzip funktionieren auch unsere anderen Sinnesorgane. Wir sehen, hören, riechen, schmecken und fühlen unsere Umwelt. So wird Realität in unserem Gehirn abgebildet und wir nehmen die Welt mehr oder weniger so wahr, wie sie ist. Ist es so? Schön wäre das oder auch nicht – je nach Standpunkt. Anders herum gefragt: Wie lässt sich erklären, dass wir reflexartig auf etwas reagieren, bevor wir überhaupt wahrnehmen, was das war? Ein plötzlich auf uns zufliegender Ball, der sich uns wegducken lässt, oder beim Wandern ein herunterhängender Ast, den wir nicht gesehen haben, der nun aber unerwartet unseren Kopf streift und uns eben diesen einziehen lässt. Schauen wir genau hin, dann sehen wir, dass der Ast vielleicht nur ein kleines Zweiglein war. Oder: Wie kann es geschehen, dass wir optischen Täuschungen und simplen Zaubertricks erliegen? Und wie ist das mit der oben erwähnten Katze: Woher wissen wir sofort, dass es nicht ein gefährlicher Tiger ist, der gerade zum Sprung ansetzt?

Wie unsere Sinne uns täuschen können

Was beeinflusst unsere Wahrnehmung? Das folgende Beispiel soll das verdeutlichen. Schauen Sie sich einmal die senkrechten Linien in der Abbildung 7 an. Welche der Linien ist länger? Sind beide gleich lang? Wahrscheinlich nicht, oder? Messen Sie also ruhig einmal nach. Ja, nehmen Sie ein Lineal zur Hilfe. Also: Welche Linie ist länger?

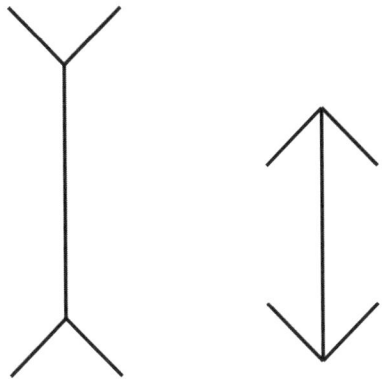

Abbildung 7: Welche Linie ist länger?

Nun, erstaunt? Solch eine plumpe Täuschung durch ein so simples Objekt? Es gibt eine ganze Reihe ähnlicher Beispiele mit entsprechender Wirkung. Können wir also unseren Sinnen nicht vertrauen? Ist die Realität nicht real?

Sehen wir uns einmal an, wie Wahrnehmungsprozesse funktionieren. Denn so einfach wie eingangs dargestellt, ist es nicht. Es stimmt zwar, dass unser Auge auf die Netzhaut Bilder projiziert. Nur sind das zunächst gar keine Bilder, sondern Aneinanderreihungen von Sinnesreizen. Auch das Bild einer Katze auf unserer Netzhaut ergibt zunächst nur ein bestimmtes Muster ohne Sinn. Woher wissen wir nun aber, dass das wahrgenommene Muster eine Katze ist und warum gehen wir beim sich nähernden Tiger in Deckung oder ergreifen die Flucht?

Die Antwort ist relativ banal: Weil wir es gelernt haben. Bewusster Wahrnehmung geht neurobiologisch ein Lernprozess voraus. Wir müssen also erst erfasst haben, was Muster bedeuten, bevor sie für uns »Sinn« ergeben. Sinn ergeben Sinnesreize erst dann, wenn sie mit einem bekannten Muster übereinstimmen oder zumindest Ähnlichkeit aufweisen. Wir können daher nur Dinge erkennen, die wir schon kennen. Dies erfordert aber auch eine Interpretation des Wahrgenommenen. Erst so wird die Katze zur Katze. Und dadurch kommen teilweise auch Sinnestäuschungen zustande, wie beim Vergleich der senkrechten Linien (Abbildung 7), die unser Gehirn unwillkürlich als perspektivisches Bild interpretiert. Deshalb erscheint uns die Linie mit den nach außen gerichteten Pfeilen länger. Sie wird als räumlich näher empfunden. Dieser Prozess läuft implizit, das heißt unbewusst, ab. Wir müssen darin also gar nicht bewusst eine Mauerecke sehen. Unser unbewusstes Wissen erkennt es sofort, auch wenn es in diesem Fall eine Fehlinterpretation ist.

Neuronale Filter und somatische Marker

Es wird noch spannender: Das Bild mit den Linien nehmen wir immerhin bewusst wahr, auch wenn wir es unbewusst falsch interpretieren. Oft erkennt unser Gehirn aber schon Dinge, bevor sie überhaupt im visuellen Cortex, also im Sehzentrum unserer Großhirnrinde, als bewusstes Bild erscheinen. Das geschieht immer dann, wenn potenziell Bedrohliches wie der besagte Tiger sich nähert. Dieser ist nämlich als evolutionär gespeichertes Muster in unseren grauen Zellen eingebrannt und löst blitzschnell, schon etliche Millisekunden bevor sein Bild uns ins Bewusstsein dringt, typische Angstreaktionen aus. Wie das geht? Ein unscharfes Bild der potenziellen Gefahr erreicht vor unserem Bewusstsein unsere Angstzentrale, den Mandelkern, und der entscheidet reflexartig, ob wir nun fliehen, angreifen oder schlichtweg erstarren sollen. Darum zucken wir auch reflexartig zusammen, wenn ein Ball auf uns zufliegt oder ein zuvor nicht wahrgenommener Zweig bei einer Wanderung unseren Kopf streift.

Eine neurologische Stufe darüber entscheidet unser limbisches System, wie es das Wahrgenommene emotional bewerten soll. Also auch nicht akut lebensbedrohliche Erlebnisse werden so kategorisiert und prägen unsere

Interpretation der Realität. Ist etwas gut, schlecht oder bedeutungslos für uns? Von den etwa 100 Megabit Information, die unser Gehirn pro Sekunde erreichten, dringt das in unser Bewusstsein, was momentan relevant erscheint. Der schon erwähnte Thalamus im Zwischenhirn filtert hier rigoros aus. Man spricht von neuronaler Hemmung. So kommt es, dass von dem, was die Rezeptoren unserer Sinnesorgane an Impulsen empfängt, nur ein Teil verarbeitet wird. Und davon erreicht wiederum nur ein Teil unser Bewusstsein. Zudem hat überhaupt nur ein Sechstel der Neuronen in unserem Gehirn Kontakt zur Außenwelt. Der Rest ist mit interner Datenverarbeitung beschäftigt.

Die emotionalen Zentren haben aber nicht nur Kontakt zu den äußeren Schichten des Gehirns, sondern auch zu dem Rest unseres Körpers. Emotionen finden ebenso ihren Ausdruck in körperlichen Reaktionen. Nicht umsonst sprechen wir davon, dass wir »einen flauen Magen« haben, uns etwas »auf die Nieren schlägt« oder »ins Schwitzen« bringt. Dies sind Verbalisierungen körperlicher Signale. Viele dieser Signale nehmen wir allerdings nicht bewusst wahr. Sie sind dennoch messbar, zum Beispiel über den Hautwiderstand. Der portugiesisch-amerikanische Neurobiologe Antonio Damásio nennt sie **somatische Marker**.

Somatische Marker

Im präfrontalen Cortex beheimatetes Signalsystem für die Wahrnehmung von Körpergefühlen. Es beruht auf dem emotionalen Erfahrungsgedächtnis. Ihm wird eine entscheidende Bedeutung für die menschliche Vernunft beigemessen.

Fassen wir also einmal zusammen: Unser Bild der Welt ist nur ein Ausschnitt dessen, was um uns herum geschieht und was wir theoretisch wahrnehmen könnten. Und jede Wahrnehmung wird zudem von unserem Gehirn schon auf der unbewussten Ebene interpretiert. Wenn wir einen Sinneseindruck bewusst wahrnehmen, also ein Bild sehen, ein Geräusch hören, einen Duft riechen oder einen Gegenstand fühlen, dann hat bereits eine Kaskade an internen Datenverarbeitungsschritten stattgefunden, die letztlich das bestimmt, was wir bewusst wahrnehmen. Auch dies ist ein wesentlicher Unterschied zum Computer, der nichts von dem Sinn dieses Textes versteht, den Sie gerade lesen. Ihnen hingegen dürfte es schwerfallen, diesen Text nicht zu interpretieren, während Sie ihn lesen. Unser Gehirn interpretiert immer. Das Beispiel der senkrechten Linien ist vergleichsweise simpel. Nach einem ähnlichen Muster interpretieren wir aber auch Sprache. Unser Gehirn vergleicht blitzschnell und zum großen Teil unbewusst, was zum Beispiel der Satz *»Sie wirken heute etwas abgespannt«* bedeutet. Ist es eine empathische Äußerung, ein Vorwurf, eine Verletzung der Privatsphäre oder eine ganz simple Beobachtung? Es kann alles sein, denn die Information entsteht erst beim Empfänger. Was der Absender dieser Nachricht gemeint hat, können wir allenfalls durch Nachfragen herausfinden.

Von der Wahrnehmung zur Wahrgebung

Das heißt aber auch, dass unsere Wahrnehmung ein neuronales Konstrukt ist. Sie ist nicht die Wirklichkeit, sondern nur unsere unbewusste oder bewusste Interpretation davon. Die ist dann weder richtig noch falsch, sondern schlicht *unsere Wirklichkeit*. Oder metaphorisch ausgedrückt: Unsere Landkarte ist nicht das Gebiet. Der Arzt und Therapeut Gunther Schmidt schlug daher vor, den Begriff Wahrnehmung durch den Begriff Wahrgebung zu ersetzen. Gehen wir dann noch einen Schritt weiter und beziehen bewusste, kognitive Prozesse mit ein, dann wird schnell klar, auf welch weichem Boden unsere Sicht der Welt steht. Im nächsten Kapitel finden Sie ein Beispiel dafür, zu welchen Kapriolen unser Gehirn fähig ist. Oft prägen längst vergessene Vorerfahrungen das, was wir wahrnehmen, empfinden und denken. Uns sind diese Vorerfahrungen aber aktuell kaum bewusst, weil unser Gehirn einen sehr effektiven Prozess der Verarbeitung von Erfahrungen hat. Relevante Wahrnehmungen werden als

Repräsentationen in unserem Gehirn abgespeichert. Das sind bestimmte neuronale Muster, die immer dann aktiviert werden, wenn ein Reiz ausgelöst wurde, welcher dem Reiz ähnelt, der zur Bildung des Musters geführt hat. Dabei ist die Kausalität der Repräsentation irrelevant. Es ist für unser Gehirn also nicht wichtig, was genau zur Bildung des Musters geführt hat. Wichtig ist allein die Relevanz der Repräsentation. Die wenigsten werden sich erinnern, wann sie sich zum ersten Mal an einer Flamme die Finger verbrannt haben, aber Sie wissen dennoch genau, dass Feuer heiß ist und wie es sich anfühlt, wenn man sich die Finger verbrennt. Ähnlich ist es auch mit anderen prägenden Erfahrungen.

Neuronale Repräsentationen

sind neuronale Erregungsmuster des Erlebens, des Handelns und des Fühlens in unserem Gehirn. Jeder Sinneseindruck, jedes Gefühl, jeder Bewegungsablauf findet in Form neuronaler Repräsentationen seinen Ausdruck.

Denken besteht darin, neuronale Repräsentationen als sinnliche Vorstellungsbilder wahrzunehmen, zu verknüpfen und so zu manipulieren, dass eine bewusste Handlungsplanung möglich ist. Hierfür ist vor allem unsere Großhirnrinde zuständig. Wie effektiv uns das gelingt, hängt davon ab, wie effektiv die Kooperation mit anderen Modulen funktioniert. So sind Gefühle eben auch für das Denken wichtig. Auch hierzu später mehr.

Unser Gehirn ist allerdings nicht nur zu Speicherung und Abruf unserer Wahrnehmungen fähig, sondern auch zur Konstruktion fiktiver Bilder durch Modifikation bestehender neuronaler Repräsentationen. Wir sprechen dann von Imaginationen, inneren Bildern oder von tranceartigem Erleben. Dieses imaginative Erleben ist meist unwillkürlich und eher bildhaft-fließend, wohl aber bewusst. Derartige Alltagstrancen erleben Sie ständig, ohne sich dessen bewusst zu sein. Allein wenn Musik oder ein Film in Ihnen ein mehr oder weniger intensives Erleben hervorruft, oder wenn Sie ganz einfach Ihre Gedanken bildhaft auf ein Thema fokussieren, das Sie beschäftigt. Und wenn Sie mit dem Auto eine Ihnen bekannte Strecke fahren, sich aber plötzlich wundern: *»Meine Güte, so weit bin ich schon ...?«*, dann hatten Sie gerade eine gute Trance. Kreativität ist ohne Trancen kaum vorstellbar. Die besten Ideen kommen Menschen nicht durch strukturiertes Nachdenken, sondern eher so nebenbei beim Zähneputzen oder beim Joggen. Beides ist übrigens auch deshalb sehr empfehlenswert. Watson und Crick kam die Idee zur räumlichen Struktur der DNA, der Doppelhelix, beim Betrachten einer Wendeltreppe; Niels Bor sah das nach ihm benannte Atommodell im Traum. Auch dies sind Facetten von Wahrgebung.

Trance

ist jede unwillkürliche, bildhaft-fließende Wahrnehmung, oft auch als nach innen gerichtete Aufmerksamkeit bezeichnet.

Reduktion von Komplexität als Effizienzprinzip

Nun ist all das schon faszinierend genug und man könnte fast meinen, unser Gehirn wäre ein Wunder der Natur. Das ist es auch, aber es arbeitet teilweise viel einfacher, als wir vermuten. Das will ich Ihnen gern an einem Beispiel demonstrieren. Lesen Sie doch bitte einmal folgenden Text. Bemühen Sie sich dabei um flüssiges Lesen:

Das Lseen von Txet ist sciher ein zmielcih koempelxr Vroagng. Wir msüesn aus Gerpupn enizleenr Bchsutbaen Wtroe ekrnenen und deern Bdenuteug vrsetheen. Aebr das ghet acuh onhe die Enahnltiug der rihcetign Riehenoflge der Bubcshtaen. Nur der esrte und ltezte Bcahustbe mesüsn an der rchtgiein Sletle setehn.

Was Ihr Gehirn beim Lesen dieses Kauderwelsch hier macht, ist keinesfalls eine intellektuelle Leistung, sondern schlicht eine Reduktion von Komplexität auf ein notwendiges Maß. Ihr Denkorgan vereinfacht, wo es geht. Wer einmal zweijährige Kinder beobachtet hat, dem wird schnell auffallen, dass diese aus einfachen Piktogrammen Gegenstände und Tiere mit Leichtigkeit erkennen. Und das nicht etwa, weil diese Kinder schon hohe Abstraktionsfähigkeiten besitzen, sondern weil das Herunterbrechen komplexer Formen auf simpelste, aber spezifische Muster die einfachste Methode der Wahrnehmung ist. Unser Gehirn fokussiert dabei eben nicht auf Details, sondern auf modellhafte, prägnante Strukturen.

Warum wir uns so intensiv mit Wahrnehmungen befassen? Weil die Erkenntnis, dass wir unsere Welt eigentlich nicht wahrnehmen, sondern konstruieren, eine wichtige Grundlage für sämtliche Kommunikationsprozesse ist. Wir werden insbesondere in den Kapiteln *Kommunikation und Führung* sowie *Konflikte und Selbstwahrnehmung* darauf zurückkommen.

Kompakt

Wahrnehmung ist nicht die Abbildung, sondern die Konstruktion von Realität in unserem Gehirn. Was und wie wir etwas wahrnehmen, hängt entscheidend von unseren neuronalen Filtern und unseren Vorerfahrungen ab. Wir können nicht wahrnehmen, ohne zu interpretieren. Gefühle spielen eine entscheidende Rolle bei der Bewertung unserer Wahrnehmungen. Neben realen Wahrnehmungen kann unser Gehirn auch fiktive Bilder konstruieren. Wir sprechen dann von tranceartigem Erleben. Über sogenannte somatische Marker koppelt unser Gehirn Gefühle mit einer körperlichen Wahrnehmung. Unser Gehirn betreibt aus Gründen der Effektivität eine Reduktion von Komplexität. Es reduziert komplexe Strukturen auf einfache Muster. So erkennen wir Gegenstände und Personen anhand weniger charakteristischer Merkmale und können Grammatik sogar, ohne sie zu kennen.

1.4 Was Hänschen nicht lernt – alte Paradigmen und neuere Forschung

Die Autorität des Lehrers schadet oft denen, die lernen wollen.

Marcus Tullius Cicero

An der Universität Stanford wurde vor vielen Jahren ein spannendes Experiment durchgeführt, das uns zeigt, zu welchen kognitiven Leistungen unser Gehirn bei der Konstruktion unserer Wirklichkeit in der Lage ist. Ich will Ihnen davon hier berichten, weil ich glaube, dass es geeignet ist, fest verwurzelte Glaubenssätze über unser Bild der Welt zu erschüttern.

Jeweils zwei Personen wurde eine Reihe mikroskopischer Bilder von Gewebezellen gezeigt, anhand derer die Versuchspersonen lernen sollten, woran man gesunde von kranken Zellen unterscheiden kann. Um zu jedem Bild ihr Votum abzugeben, hatten sie zwei Knöpfe vor sich, einen für »krank«, einen für »gesund«.

Wenn eine Versuchsperson zu einem Bild einen Knopf drückte, erhielt es vom Versuchsleiter mit Hilfe von zwei Lämpchen ein Feedback: »richtig« oder »falsch«. Über das Feedback sollte es den Testpersonen nach einer Reihe von Bildern möglich sein, typische Merkmale für krankhafte Zellen zu erkennen. So weit klingt das ganz einfach. Ein spannender Lernprozess. Was die Sache aber verkomplizierte, war zum einen, dass die beiden Personen, die selbstverständlich Laien im Fach Biologie waren, nicht in Kontakt miteinander treten konnten. Zum anderen bekam nur Versuchsperson A das korrekte Feedback mitgeteilt, während Versuchsperson B das Feedback auf die Antworten von Person A erhielt – was aber natürlich keine der Personen wusste. Es war also völlig egal, welche Wahl Person B traf. Sie bekam allenfalls zufällig ein korrektes Feedback auf ihre Beurteilung.

Am Ende des Versuches konnten die Versuchspersonen A mit einer Trefferquote von 80 Prozent erkennen, welche Bilder krankhaft veränderte Zellen zeigten. Dass die Trefferquote der B-Personen wegen des widersprüchlichen Feedbacks zu vernachlässigen war, muss wohl nicht erwähnt werden.

Die Versuchspersonen sollten sich anschließend über ihre Beobachtungen austauschen und die Merkmale für krankes Gewebe herausarbeiten. Es verwundert nicht, dass die A-Personen vergleichsweise einfache Erklärungen fanden, während die Ausführungen der B-Personen sehr kompliziert waren. Was allerdings erstaunt, und damit kommen wir zum Höhepunkt des Versuches: Nicht nur den B-Personen, sondern auch den meisten A-Personen erschienen die komplizierten, aber selbstredend falschen Erklärungsversuche der B-Personen überzeugender als die besseren Erklärungen der A-Personen. Ja, je komplizierte und absurder die Darstellungen der B-Personen waren, umso überzeugender wirkten sie auf die A-Personen. Auf die Frage schließlich, wer wohl bei einer Wiederholung des Versuches besser abschneiden würde, waren alle B-Personen und sogar die meisten A-Personen der Auffassung, dass dies wohl die Versuchsperson B sein würde.

Dass unsere Wahrnehmung schon implizite Deutungen enthält, hatten wir schon im letzten Kapitel gesehen. Obiges Beispiel zeigt, dass unsere Ratio zu noch wesentlich erstaunlicheren (Fehl-)Leistungen fähig ist, als wir erahnen. Interessant ist vor allem, dass Widersprüche nicht zwingend zu einer Korrektur von einmal getroffenen Einsichten führen, sondern oft nur zu einer Verfeinerung der Argumentation, wie aus dem geschilderten Versuch deutlich wird. Auch willkürliche Lernprozesse führen somit nicht unbedingt zu hilfreichen Ergebnissen. Unsere Vernunft funktioniert also nicht immer zuverlässig. Sie verkommt gern zur Rechtfertigung einmal getroffener Entscheidungen und Haltungen mit Hilfe einer Aneinanderreihung nicht-belegbarer Prämissen.

Paul Watzlawick hat obiges Beispiel schon in den 1970er Jahren in seinem Buch *Wie wirklich ist die Wirklichkeit* dargestellt und schreibt in einer Fußnote: *»Mit Hilfe solcher unwiderlegbarer Beweisführungen kommt man schließlich zu Überzeugungen, deren Unerschütterlichkeit nur noch von ihrer Merkwürdigkeit übertroffen wird.«* (Watzlawick 2003, S. 63).

Subprime-Bond-Crash und Lerndefizite

Wie aktuell diese Problematik ist, zeigt uns ein Blick hinter die Kulissen der Finanzkrise des Jahres 2008, welche die Weltwirtschaft an den Rand des Abgrundes geführt hat. Eine zentrale Rolle spielte dabei einer der weltgrößten Finanzversicherer, die AIG. Schon 2005 geriet die AIG wegen Bilanzfälschung und Insiderhandels ins Visier der New Yorker Staatsanwaltschaft. Zwei leitende Angestellte wurden wegen Betrugs verurteilt. Hank Greenberg, der langjährige Chef der Firma und Multimilliardär, musste seinen Posten räumen, was aber das Vertrauen der Finanzwelt in dieses Unternehmen nicht wesentlich anfocht. Über Jahre hat dieser Weltkonzern nicht einfach nur Bankkredite versichert, sondern auch massenhaft ertragreiche Geschäfte mit Subprime-Krediten gemacht, also mit wackeligen Darlehen wenig zahlungskräftiger, kleiner Leute. Um die Risiken abzufedern, wurden teilweise abenteuerliche Konstruktionen gewählt, Kredite massenhaft gebündelt, Finanzpapiere daraus kreiert, die dann wiederum gewinnbringend weiterveräußert wurden. Letztlich entstand ein Geflecht von Geschäften, das selbst ihre Akteure kaum noch überblicken konnten. Im Jahr 2007 belaufen sich die derart aufgehäuften Ausfallversicherungen durch die AIG auf die sagenhafte Summe von 562 Milliarden Dollar. Schon 2005 wurde es der Geschäftsleitung mulmig dabei. Aber um die Zweifel zu zerstreuen, engagiert sie schließlich einen Mathematikprofessor, der meint, aus den Zahlen vergangener Geschäfte und mit Hilfe umfangreicher Algorithmen das zukünftige Risiko derartiger Kreditversicherungen berechnen zu können. Er hält das Risiko für vernachlässigungswert. Selbst das Subprime-Bond-Geschäft hält er für sicher. Der Rest der Geschichte ist bekannt. Die Subprime-Krise bringt im September 2008 das Kartenhaus zum Einsturz. Zu diesem Zeitpunkt ist es der Geschäftsleitung nicht einmal mehr möglich, zu ermitteln, wie hoch die erforderlichen Staatshilfen wohl sein mögen. Sie erhalten schließlich 85 Milliarden Dollar. Die AIG meldet im März 2009 mit über 61 Milliarden Dollar den höchsten Quartalsverlust, den je ein Unternehmen verbucht hat. Im Juli 2009 liegt der Börsenwert der AIG nur noch bei 1,3 Milliarden Dollar.

Wohlgemerkt, hier waren keine Amateure, sondern hochbegabte Manager am Werk, die sich in einem Geflecht von immer weniger durchschaubaren Geschäften verheddert haben, das sie selbst schufen, dessen steigende Komplexität sie für geradezu genial hielten und damit selbst die Rating-Agenturen blendeten. So wurde der Irrwitz zum Erfolgsrezept hochstilisiert. Sie haben sich damit ein System fiktiver Chancen und Sicherheiten gebastelt, dessen Widersprüche in einem immer weiter gesponnenen Netz nicht beseitigt, sondern nur immer unkenntlicher wurden. Man sonnte sich in der Gewissheit, dass ja nichts passieren könne, bis die Finanzblase mit der Realwirtschaft kollidierte.

Die Landkarte ist nicht das Gebiet

Wir konstruieren uns durch Lernprozesse unsere Modelle der Wirklichkeit, innere Landkarten sozusagen. Und innerhalb dieser Modelle der Welt treffen wir die aus unserer Sicht jeweils bestmögliche Wahl, denn die wird von unserem inneren Bewertungssystem festgelegt. Was wir tun, geschieht daher in bester Absicht, auch wenn die Ergebnisse unseres Handelns das nicht immer vermuten lassen.

Dabei ist die Konstruktion von Realität ein ganz alltäglicher Vorgang, kein Unfall und auch keine Störung. Wir können gar nicht anders, weil unsere neuronalen Muster gar nichts anderes zulassen. Und weil unser Gehirn ein lernendes System ist, führt natürlich auch das, was wir kognitiv lernen, nur zu gedanklichen Konstrukten. Kritische Beobachtung, Selbstreflexion und die Gesetze der Logik erlauben es uns zwar glücklicherweise, unsere Welt immer dann zu überprüfen, wenn wir das für hilfreich halten, aber in der Praxis machen wir oft keinen Gebrauch davon oder überlisten unseren Verstand trickreich, wie das Beispiel der jüngsten Finanzkrise zeigt.

Es zeigt auch, in welche Abgründe wir uns selbst führen können. Wie kann es so weit kommen? Ziehen wir den am Anfang des Buches skizzierten systemischen Standpunkt heran, dann wird natürlich schnell klar, dass ein System, das Wachstum als Selbstzweck forciert, nur eine begrenzte Lebensdauer haben kann und insofern darauf aufbauende Geschäftsmodelle nur ein Strohfeuer entfachen können. Aber warum versagen selbst die Menschen derart, die man zu den Eliten unserer Gesellschaft zählt? Wie lernen wir und wie lernen wir richtig, um derartige Fehlleistungen zu vermeiden?

Unsere Vorstellung von Lernen ist selbst im Bereich der professionellen Aus- und Weiterbildung teilweise noch von alten Vorstellungen geprägt. Es herrschen folgende Annahmen vor:

1. Wir lernen in der Jugend und wenden das Gelernte später nur an.
2. Wir lernen durch Vermittlung von Wissen.
3. Lernen ist eine Frage der sachlichen Auseinandersetzung mit einem Thema.
4. Unter Druck lernt es sich effektiver.

In Kompaktseminaren und Crashkursen wird im Zeitalter der Beschleunigung Mitarbeitern und Führungskräften Wissen eingetrichtert, das anschließend auch so abrufbar sein soll. In der Folge stellt sich dann oft Ernüchterung ein, wenn es mit der Umsetzung nicht klappt. Ein Grund dafür ist natürlich, dass punktuelle Bildungsmaßnahmen in einem System noch nicht bedeuten, dass sich im System etwas ändert. Ein weiterer Grund ist, dass

Kompetenzen eben nicht so gebildet werden, wie wir uns das oft vorstellen. Unser Gehirn ist keine Festplatte, auf die man einfach Daten und Programme aufspielen kann, die dann bei Bedarf zur Verfügung stehen.

Von der Festplatte zum Erfahrungsspeicher

Zunächst müssen wir mit dem Irrtum aufräumen, dass Lernen eine Funktion des Alters sei. Unser Gehirn lernt lebenslang und bildet daher auch andauernd neue neuronale Verknüpfungen aus. Wissenschaftler sprechen von neuronaler Plastizität. Genau darin besteht das Lernen auf neuronaler Ebene. Wir lernen, indem unser Gehirn sich verändert und neue neuronale Netze mit unterschiedlich starken Datenverbindungen erzeugt. Und das geschieht ständig, bis zu unserem letzten Atemzug. Unser Gehirn kann gar nicht anders. Im Schlaf wird Erlerntes neuronal gefestigt. Tiefschlaf und Traumschlaf dienen dem Transfer und der Offline-Verarbeitung des Erlernten, so sagt der Hirnforscher Manfred Spitzer. Lernen ist also neurobiologisch betrachtet ein sehr viel grundlegenderer Vorgang, als wir zunächst vermuten. Indem Lernen unser Gehirn auch physisch verändert, gleicht natürlich kein Gehirn dem anderen.

Wir lernen auch nicht vorwiegend durch die Vermittlung von Wissen, sondern durch Erfahrung. Dazu ein Beispiel: Stellen Sie sich vor, Sie würden einem Fahranfänger nur erklären, wie ein Auto funktioniert und wie man es fährt. Halten Sie es für möglich, dass er es dann auch beherrscht, wenn Sie Ihren Job gut gemacht haben? Wohl kaum. Was für das Autofahren gilt, gilt ebenso für Tätigkeiten wie das Projektmanagement oder die Beherrschung von Grammatik. Die entscheidenden Fertigkeiten erlangen wir durch das Tun, durch das praktische Erleben und nicht durch die Vermittlung des Wissens darüber, wie es geht. Lernen ist also nicht primär ein bewusster Prozess. Wenn Sie in der Position sind, Führungsverantwortung zu tragen oder mit der Anleitung und Ausbildung von Mitarbeitern betraut sind, dann werden Ihre Mitarbeiter oder Studenten Dinge vielleicht verstehen, wenn

Sie diese erklären, und diese noch besser begreifen, wenn Sie Ihnen anschaulich und exemplarisch zeigen, was Sie meinen. Den entscheidenden Durchbruch erlangen Sie aber erst, wenn Menschen Dinge selbst erfahren, indem sie in direkten Kontakt mit der Materie kommen, ihre Fertigkeiten daran ausprobieren und durch positive Erfahrungen verbessern können.

Das hat eine neurobiologische Erklärung: Zum einen speichert unser Gehirn nur das ab, was ihm relevant erscheint. Zum anderen tritt eine positive Lernerfahrung nur dann ein, wenn etwas geschieht, das besser ist als unsere Erwartung. Das wiederum liegt darin begründet, dass positive Erfahrungen das Dopamin- oder Belohnungssystem im Gehirn aktivieren. Dopamin ist, wie schon erwähnt, ein sogenannter Neurotransmitter und wird, etwas vereinfacht, auch als Glückshormon bezeichnet. Es sorgt aber nicht nur für gute Stimmung, sondern fördert auch neuronale Wachstumsprozesse, also die Ausbildung neuer Synapsen sowie deren Verstärkung. So entstehen und vertiefen sich neuronale Netze, bis regelrechte Datenautobahnen entstehen. Effektives Lernen geht also nur durch Erfolg und die positive Wahrnehmung dessen. Aber Erfolg können Menschen nur dann haben, wenn sie Dinge selbst tun und erfahren. Unser Gehirn ist ein Erfahrungsspeicher und ein sehr effektiver dazu.

Dies ist übrigens auch der Ansatzpunkt einer Lernmethode, die an der Vanderbilt University in Nashville, Tennessee ganz unabhängig von der neurobiologischen Forschung entwickelt wurde. Sie nennt sich »anchored instructions«, also verankerte Anweisungen, und ist eng verwandt mit dem situativen Lernen. Danach lernen wir immer dann am besten, wenn wir Probleme nicht abstrakt nach Schema F angehen, sondern Lösungsstrategien in realen Situationen oder zumindest real vorstellbaren Situationen selbst erdenken und anwenden können. Die Anker sind dabei Interessen- beziehungsweise Motivationspunkte, also Ansatzstellen, welche das Motivationssystem der Menschen berühren. Dabei wird großer Wert auf narrative, also erzählende Momente gelegt. Geschichten erzeugen konkrete Bilder und machen den Lernstoff damit lebendig. Das erzeugt lebendiges Wissen. Nur was uns »berührt«, bleibt hängen und weniger das, was uns abstrakt vermittelt wird.

Positive Emotionen sind wichtig

Insofern wird auch schnell klar, dass allein die sachliche Auseinandersetzung mit einem Thema keinen effektiven Lernprozess auslösen kann, wie immer noch vermutet wird. Diese Auffassung entspringt zwar dem aufklärerischen Geist, der die Ratio, unsere Vernunft, über unser emotional motiviertes Handeln und irrationale Glaubenssätze stellt. Historisch gesehen war dies ein notwendiger Schritt, um Dogmatik und Willkür des mittelalterlichen Denkens zu überwinden. Es ist, wie Immanuel Kant es formulierte, die Vernunft, welche den Menschen aus seiner selbst verschuldeten Unmündigkeit befreit. Erst präzise Beobachtung, Anwendung der Gesetze der Logik und kritisches Hinterfragen haben schließlich die atemberaubende Entwicklung von Wissenschaft und Technik möglich gemacht. Richtig.

Diese Annahme verkennt aber, dass erst positive Emotionen, so zum Beispiel die Begeisterung für ein bestimmtes Thema oder eine Tätigkeit, effektives Lernen möglich machen. Denn erst diese Emotionen sorgen für eine Kaskade neuronaler Prozesse, welche die Stärkung bestehender und die Bildung neuer Nervenverbindungen fördern. Und so war es nicht die kühle Ratio, sondern vor allem die Neugier, diese Faszination für die Objekte ihrer Forschung und Entwicklungen, welche Persönlichkeiten wie Nikolaus Kopernikus, Albert Einstein und Ferdinand Porsche angetrieben hat. Von Thomas Edison ist die Anekdote überliefert, dass erst sein tausendstes Experiment die Lösung zur Entwicklung der Glühlampe erbrachte. Sein Assistent habe darüber gestöhnt und gemeint, dass dann ja 999 Experimente völlig nutzlos gewesen seien. Doch Edison habe entgegnet, dass er in jedem dieser Experimente gelernt habe, wie man es besser mache und es daher diesen langen Weg gebraucht habe, um schließlich zum Ziel zu kommen. Hätte er es wohl durchgehalten, wenn er sich für dieses Ziel nicht begeistert hätte? Hätte ihn nicht die »gefühlte Wahrscheinlichkeit« schon davon abbringen müssen, weiter zu experimentieren?

Und lernt es sich unter Druck effektiver? Nein, Druck ist ein schlechter Ratgeber in Lernprozessen. Zwar aktiviert Druck die Hirnaktivität, wir lernen unter Druck teilweise schneller. Druck erzeugt aber auch Angst und die ist zum Lernen wenig nützlich, denn Angst wirkt den oben geschilderten Prozessen entgegen. Wir verknüpfen das Erlernte mit negativen Emotionen und erzeugen damit eher eine Neigung zu Vermeidungs- oder Abwehrverhalten. Unter Druck und Angst erworbene Kenntnisse sind immer mit diesen Emotionen verbunden und lassen später wenig Raum für den kreativen Umgang mit dem Erlernten. Angsterzeugender Druck dient eher der Konditionierung von Verhalten und hemmt pro-aktives Handeln. Das ist inzwischen auch wissenschaftlich belegt. Eine ganze Reihe von Untersuchungen zeigt, dass Angst einen ganz bestimmten kognitiven Stil produziert, der das rasche Ausführen einfacher Routinen erleichtert, aber das freie Assoziieren erschwert (Spitzer 2007, S. 164).

Verantwortlich dafür ist der schon erwähnte Mandelkern, der nicht nur unsere Wahrnehmung beeinflusst, sondern ganz massiv unser Verhalten steuert. Je stärker der durch Angst erzeugte Stress ist, umso weniger sind wir in der Lage, durchdachte Entscheidungen zu fällen. Unser Fokus verengt sich und konzentriert sich auf Auswege aus der Angst. Oder anders formuliert: Negative Emotionen dominieren immer über positive Emotionen, da sie der Gefahrenabwehr dienen und damit für das Überleben des Organismus im Zweifelsfall wichtiger sind.

Wir tun also nicht mehr das, was wir eigentlich wollen, sondern das, was den Stress am einfachsten abbaut. Finden wir eine geeignete Bewältigungsstrategie, wird wiederum das Dopaminsystem angeregt und die Strategie wird gespeichert. Das können auch relativ harmlose, aber wenige nutzbringende, kompensatorische Verhaltensweisen sein, wie zum Beispiel Zeitung lesen und Akten sortieren. Im Extremfall erzeugt Angst allerdings derartigen Stress, dass das Gehirn nur noch primäre Strategien zulässt: Angriff, Flucht oder, sofern beides aussichtslos erscheint, Erstarrung. Aggressives Verhalten gegen sich und andere, Suchtverhalten und Psychoterror, dessen perfideste Form im Job das Mobbing ist, können Auswüchse einer angstdominierten Betriebsatmosphäre sein.

Können ohne zu wissen

Kommen wir zurück zu dem, was unser Gehirn leisten kann. Dass unser Gehirn Komplexität nach Möglichkeit reduziert, hatten wir schon gesehen. Es merkt sich vor allem prägnante Muster und weniger komplizierte Formen. Aber auch so komplexe Dinge wie Grammatik lernt unser Gehirn – und das unbewusst. Wie viele Grammatikregeln Ihrer Muttersprache beherrschen Sie? Wahrscheinlich wenige, nicht wahr? Haben Sie schon einmal versucht, einem Ausländer diese Regeln zu erklären? Schwierig? Warum können Sie Grammatik nahezu perfekt, wenn sie diese nur sehr ungenau kennen? Etwa weil Ihr Hirn wie eine Datenbank funktioniert und Sie sich alle denkbaren Fälle gemerkt haben? Wohl kaum, denn das wäre eine zweifellos sehr aufwendige und ineffektive Methode. Sie müssten jeden Einzelfall abspeichern. Die Antwort lautet: Sie können Grammatik, weil Ihr Gehirn sich die grammatikalischen Muster gemerkt hat. So beherrschen Sie die Grammatik Ihrer Muttersprache, ohne dass Sie die Regel kennen.

Neuronale Repräsentationen sorgen dafür, dass wir Muster erkennen und Regeln beherrschen. Dafür sind die Synapsenstärken eingehender Verbindungen an den Neuronen verantwortlich, die durch bestimmte Reize aktiviert werden. Nur so finden wir den Weg zur Arbeit, erkennen unseren Partner und können die Grundrechenarten anwenden. In komplexen Abläufen, wie beispielsweise der räumlichen Orientierung, sind ganze Neuronenpopulationen dafür verantwortlich, dass wir wissen, wo wir sind und wohin wir gehen müssen, um zu einem bekannten Ziel zu kommen. So entsteht eine Vielzahl neuronaler Netze in unserem Gehirn, in denen derartige Muster und Regeln abgespeichert sind. Sie steuern unser Handeln und sorgen dafür, dass wir uns erfolgreich in unserer Umwelt bewegen können.

Wachheit, Fokus und Motivation

All diese Repräsentationen sind erlernt – teilweise unbewusst, teilweise bewusst, denn Lernen ist auf der neuronalen Ebene jeder Prozess, der zu neuen Verschaltungen in unserem Gehirn führt. Dass hier Emotionen eine wichtige Rolle spielen, hatten wir schon erwähnt. Daneben sind die Vigilanz, die selektive Aufmerksamkeit und die Motivation dafür verantwortlich, wie und mit welcher Effektivität wir lernen (Abbildung 8). Mit Vigilanz ist die allgemeine Wachheit des Geistes gemeint, die vom Tiefschlaf über Schläfrigkeit bis hin zu höchster Erregung reicht. Weder im Tiefschlaf noch im höchsten Erregungszustand, der zum Beispiel aus akuter Furcht, tiefer Trauer aber auch überschäumender Freude bestehen kann, sind wir optimal lernfähig. Jeder kennt das aus eigener Erfahrung. Die Pubertät ist eine Entwicklungsphase, in der aufgrund der geradezu tanzenden Hormone das rationale Denken phasenweise ausgeschaltet bleibt. Aus Sicht der Jugendlichen ist das dann aber die Phase, in der die Eltern schwierig werden. Der dem Lernen zuträglichste Zustand an Vigilanz liegt also nicht im Erregungsmaximum, sondern darunter. An der Steuerung der Vigilanz hat übrigens das aufsteigende retikuläre System, ein Teil des Stammhirns, einen entscheidenden Anteil. Da auch hier die Schnittstellen zum Rest unseres Körpers liegen, ist es nicht verwunderlich, dass neben der Tag-Nacht-Rhythmik auch unsere körperliche Befindlichkeit auf die Vigilanz wirkt. Wenn Sie sich körperlich nicht fit fühlen, sind Sie also auch mental weniger leistungsfähig.

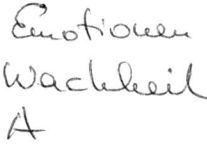

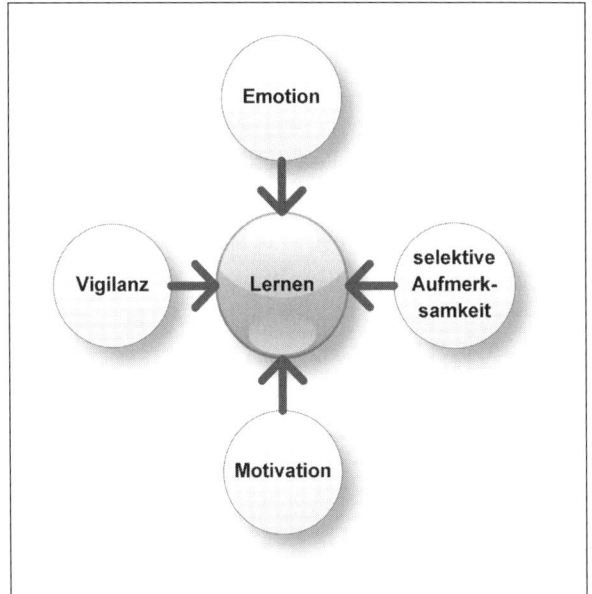

Mit selektiver Aufmerksamkeit hingegen ist der Fokus auf einen bestimmten Gedanken oder eine Handlung gemeint. Psychologische Tests und Verfahren der funktionellen Bildgebung (Hirnscans) konnten zeigen, dass die Informationsverarbeitung unseres Gehirns eine bestimmte Kapazität hat, die je nach Relevanz einen engen oder einen weiten Fokusbereich aufweist. Wenn Sie konzentriert arbeiten, werden Sie das Ticken der Uhr nicht bewusst wahrnehmen und wahrscheinlich auch nicht den Straßenverkehr, wohl aber das Klingeln Ihres Telefons, sofern Ihr Gehirn dem eine ausreichende Relevanz zuordnet. Entscheidend ist aber, dass nicht die Intensität der Reize, die auf Sie einwirken, den Ausschlag für effektiveres Lernen liefert, sondern Ihre Aufmerksamkeit auf diese Reize.

Motivation ist neben Emotionen, Vigilanz und Aufmerksamkeit ein weiterer Schlüsselfaktor für effektives Lernen. Es reicht nicht aus, gut drauf, wach und aufmerksam zu sein, wenn es an einer signifikanten Motivation mangelt. Motivation hat etwas zu tun mit dem **Wollen**. Damit ist die Zugkraft eines ausreichend positiven Handlungsergebnisses gemeint und nicht das Bekämpfen des inneren Schweinehunds, auf den das oft genug reduziert wird. Dabei kommt es nicht darauf an, ob das Ergebnis **objektiv** positiv ist, sondern nur auf unsere innere Bewertung des erwarteten Outputs. Da ich hier den Schlüssel für zahlreiche Fehlentwicklungen, aber auch die Chance für positive Veränderungen sehe, habe ich dem Thema Motivation ein eigenes Kapitel gewidmet. Vorab nur soviel: Motivation gehört zum effektiven Lernen wie der Milchschaum zum Cappuccino.

Kompakt

Unser Gehirn entwickelt sich nicht nach einem festgelegten Bauplan, sondern durch Lernen. Lernen bedeutet die Neubildung und Verstärkung neuronaler Netzwerke. Durch Lernen konstruieren sich Menschen Modelle von Wirklichkeit. Es entstehen **innere Landkarten**. Das geschieht durch Erweiterung und Verknüpfung vorhandener Netze. Diese neuronale Plastizität bleibt ein Leben lang erhalten. Unser Gehirn ist aber keine Festplatte, sondern ein Erfahrungsspeicher. Wir lernen nicht vorwiegend durch die Vermittlung von Wissen, sondern durch positive Erfahrungen. Dies erzeugt Motivation und aktiviert neuronale Aktivität. Angst erzeugender Druck hingegen erzeugt einen bestimmten kognitiven Stil, der die kreative Integration des Gelernten verhindert. Erlerntes speichern wir als implizite Muster ab und können diese später abrufen. So können wir zum Beispiel Autofahren, ohne nachzudenken, und können Grammatik, ohne sie genau zu kennen. Allgemeine Wachheit (Vigilanz), selektive Aufmerksamkeit, Emotionen und Motivation sind wichtige Faktoren für die Lernfähigkeit.

1.5 Spiegelneuronen und kooperative Gene – Schlüssel zum sozialen Handeln

Es gibt kaum ein beglückenderes Gefühl, als zu spüren, dass man für andere Menschen etwas sein kann.

Dietrich Bonhoeffer

Er ist auf dem Vormarsch. Ob beim Online-Banking, auf Web-Marktplätzen oder in sozialen Netzwerken des Internets: Überall ist er präsent und hat uns erfasst, der *User*. Wir alle sind irgendwie und irgendwo zum »User« geworden. Eigentlich wollten wir im Internet nur ein Buch bestellen. *»Bitte registrieren Sie sich erst.«*, teilt uns eine freundliche Messagebox auf dem Bildschirm mit. Anders formuliert: *»Du musst erst User werden!«* Und schwups hat man ein Userkonto und wird so vom Kunden zum »Benutzer«. *»Herzlichen Glückwunsch! Sie haben sich erfolgreich registriert. Ihr Username lautet ...«*

Und als User oder Benutzer darf ich dann natürlich die angebotenen Funktionen des Systems auch benutzen: Online-Überweisungen tätigen, Bücher bestellen, Rasierapparate ersteigern und mich, teilweise unter Pseudonym, in den unterschiedlichsten Web-Communitys tummeln, dort wertschätzende und freundliche, aber auch ätzende und herabwürdigende Statements abgeben – ohne dass ich auch nur einen meiner Diskussionspartner leibhaftig zu Gesicht bekomme.

Kommunikation an der Oberfläche

All dies bedient sich der geschriebenen Sprache. Wohl gemerkt, nicht der Sprache allgemein, sondern dem geschriebenen Wort. Nun ist Sprache ein weit verbreitetes Kommunikationsmittel, auf das wir Kommunikation so oft generell reduzieren, weil es für die meisten Menschen das einzige

Kommunikationsinstrument ist, das sie bewusst einsetzen. In unserem Alltagsverständnis setzen wir daher das gesprochene oder das geschriebene Wort meist mit Kommunikation gleich. Das ist aber ein Trugschluss.

Schon vor vielen Jahren konnte der amerikanische Soziologe Albert Mehrabian in einer Untersuchung nachweisen, dass das Wort, sprich der Inhalt einer Nachricht, nur 7 Prozent der Bedeutung beim Empfänger ausmachte, dagegen die Stimme 38 Prozent und die Körpersprache sogar 55 Prozent. Demnach ist es also weniger wichtig, was wir sagen, sondern es kommt mehr darauf an, mit welcher Stimmfärbung, Betonung, Gestik, Mimik und sonstigem Körperausdruck wir etwas sagen. Denn vor der Entschlüsselung von Worten durch unser Sprachzentrum erfolgt die Wahrnehmung durch unsere Sinne: visuell, auditiv, aber auch kinästhetisch (körperlich) sowie olfaktorisch (riechen und schmecken).

Sprache ist zudem nur ein Werkzeug unseres Ausdruckes, sie ist nicht deckungsgleich mit unseren Gedanken und schon gar nicht mit unseren Emotionen. Unser inneres Erleben kennt keine Sprache im linguistischen Sinn. Das merken wir immer dann, wenn es uns schwerfällt, Freude, Glück, Angst, Trauer und andere Emotionen in Sprache zu übersetzen. Es ist leichter, jemandem die Eckpfeiler des Marketings zu erklären, als ein intensives Gefühl sprachlich authentisch auszudrücken. Und wenn uns das doch gelingt, dann sind es nicht die Worte, sondern der stimmliche und körperliche Ausdruck, mit dem wir unsere Worte unterlegen.

Umgekehrt ist es ebenso. Wie uns inzwischen auch die Neurobiologen bestätigen, lässt sich eine sprachliche Aussage neuronal nicht auf die rein digitale Information reduzieren. Dieser Befund bestätigt das Ergebnis von Mehrabians Untersuchung. Hier trifft sich die Kommunikationspsychologie mit den Neurowissenschaften. Bei jeder sachlichen Aussage schwingt eine emotionale Einfärbung mit. In jedem Fall nehmen wir das auch so wahr. Das muss auch so sein, denn unser Hirn ist nicht vorwiegend zum rationalen Denken da, sondern soll schließlich in erster Linie unsere Körperfunktionen aufrecht erhalten und unser Überleben sichern.

Und genau das macht Kommunikation so schwierig. *»Sie wissen doch, dass ich Ihre Arbeit schätze ...«*, das kann alles heißen, was der Hörer dort hineininterpretiert: von Heuchelei bis Anerkennung. Entscheidend ist zum einen der Ausdruck, mit dem diese Worte gesprochen werden, und zum anderen sind es auf der Empfängerseite die Vorerfahrungen, welche die Interpretation ganz entscheidend steuern. Wohlgemerkt, ich rede hier nicht über einen bewussten Abwägungsprozess, sondern über das sogenannte **Bauchgefühl**, das wir entwickelt haben und das uns mehr steuert, als wir wahrhaben wollen und uns manchmal lieb ist.

Wenn wir nun den Sender einer Nachricht nicht leibhaftig vor uns haben und auch nicht seine Stimme hören, sondern nur seinen Text lesen, fehlen uns die entscheidenden körperlichen Signale des Verfassers. Wir können also nur erahnen, welche Absicht hinter dem Text steht, und das öffnet der Interpretation ein schier unendliches Feld. Daran kranken die meisten On-line-Diskurse und E-Mail-Briefwechsel.

Es kommt letztlich in der Kommunikation darauf an, in welche Beziehung wir uns zu unserem Kommunikationspartner setzen. Die nonverbalen Signale, der stimmliche und körperliche Ausdruck sind hier viel bedeut-samer als das gesprochene und gar das geschriebene Wort.

Wie aber funktioniert das? Was sorgt bei uns Menschen für diese feinen Antennen? Warum können wir **zwischen den Zeilen** lesen? Warum können wir Schmerz und Trauer ebenso nachempfinden wie überschwängliche Freude und Glück? Ist Empathie das Produkt guter Erziehung, oder gibt es etwa Empathiegene? Oder haben wir eine wie auch immer gestaltete biologische

Anlage zum Einfühlungsvermögen? Hier schließt sich nun die Frage an, die schon so viele Menschengenerationen beschäftigt: Sind wir Menschen denn überhaupt eine von Natur aus empathische Spezies oder eher auf den persönlichen Vorteil bedacht und eigentlich egoistische Wesen? Für beides ließen sich genügend Einzelbeispiele bringen, die aber jeweils nichts beweisen können. Erst vor wenigen Jahren und eher durch Zufall ist die neurobiologische Forschung hier ein ganzes Stück vorangekommen.

Empathie und Intuition

Bei der Untersuchung von Affenhirnen mittels funktioneller Bildgebung, also im Hirnscanner, fiel italienischen Forschern schon vor über zehn Jahren auf, dass im Affenhirn bei der Beobachtung der Handlungen anderer die gleichen Hirnareale aktiviert werden, als hätten sie diese Handlung selbst ausgeführt. Griff der Forscher zu einer Nuss, erzeugte das beim beobachtenden Affen das gleiche neuronale Muster wie beim Forscher. Das Verhalten des anderen wird also quasi im Hirn gespiegelt. Und noch mehr: Dem Affen genügen Teilinformationen, um die vollständige Handlung zu spiegeln. Wenn sein direkter Blick zur Nuss verstellt war und er nur eine greifende Hand sehen konnte, die sich in Richtung der Nuss bewegte, wurde das entsprechende Muster im Gehirn erzeugt. Der Affe weiß also genau, was geschieht. Auch wenn eine Handlung nicht beendet wird, feuern diese Neuronen beim Betrachter weiter, als würde sie beendet. Diese Befunde konnte man in zahlreichen weiteren Versuchen bestätigen, auch und vor allem bei Menschen.

Wenn Menschen sehen, wie anderen Schmerz zugefügt wird, nehmen Sie das ähnlich wahr, als würde ihnen selbst der Schmerz zugefügt. Autsch! Die betroffenen Neuronen nannte man Spiegelneuronen, da sie das neuronale Erregungsmuster eines anderen spiegeln. Etwa 30 Prozent der Kommando-Nervenzellen des Vorderhirns scheinen derartige Spiegelneuronen zu sein. Hier wurde eine Tür aufgemacht, hinter der sich eine neue Welt verbirgt.

Eine ganze Reihe von Phänomenen menschlicher Wahrnehmung und Kommunikation ließ sich plötzlich naturwissenschaftlich erklären. Durch die Synchronisation der Wahrnehmung auf neuronaler Ebene sind wir in der Lage, uns in andere hineinzuversetzen. Wir können also das wahrnehmen, was auch sie wahrnehmen, und, bei entsprechender emotionaler Bewertung durch unser limbisches System, auch das fühlen, was sie fühlen. Der Schlüssel zur Empathie war gefunden.

Dank der Spiegelneuronen sind wir auch in der Lage, Intuition zu entwickeln (Bauer 2009). Uns reicht ein Blick, ein Gesichtsausdruck, eine Bewegung, eine bestimmte Körperhaltung oder die Färbung der Stimme unseres Gegenübers, um uns zu erschließen, was in ihm vorgehen könnte. Dies geschieht meist unwillkürlich. Auch hier gilt: Wir interpretieren immer. Auch hier wirken unsere eigenen Vorerfahrungen. Und jetzt wird vielleicht auch klar, warum der rein digitale sprachliche Ausdruck, also die textliche Message einer Nachricht, nur ein Bruchteil dessen ist, was Kommunikation ausmacht. Über die Spiegelung des anderen in uns erhalten wir Zugang zu einer **Meta-Ebene** der Wahrnehmung (= außerhalb des Systems liegende Betrachtungsebene). Wir können dadurch weit mehr erfassen, als wir verbal wahrnehmen. Hier finden wir damit auch zugleich die neurobiologische Erklärung für emotionale Intelligenz. Metaphernhafte Sprache, Humor, Ironie und Fantasie wären ohne Spiegelneuronen wohl undenkbar. Spiegelneuronen sind auch verantwortlich für die gedankliche Vorwegnahme (sinnspezifische Antizipation) eines Zielzustandes. Dieser korreliert mit dem tatsächlichen Erleben.

Unser Gehirn als soziales Konstrukt

Die Spiegelneuronen lösen die Barriere zwischen Menschen und liefern uns die wichtige Erkenntnis, dass wir uns nicht wesentlich von anderen Menschen unterscheiden. Wir nehmen wahr wie sie und wir fühlen wie sie. Einfühlungsvermögen ist daher kein abstraktes verstandesmäßiges

Konstrukt, sondern ist in unserem Gehirn verankert. Und es ist damit etwas, was uns Menschen zum Menschen macht.

Dies hat aber nichts mit der neurobiologischen Unterlegung von Ethik zu tun, sondern ist innerhalb einer Spezies von kulturell hoch entwickelten Gemeinschaftswesen unverzichtbar. Menschen sind wie alle Gemeinschaftswesen auf Kooperation angewiesen. Manfred Spitzer formuliert das so: *»Wenn Menschen Gemeinschaftswesen sind, dann kann Kooperation nicht die Ausnahme, Letalmutante oder das Resultat von ideologischer Indoktrination sein. Kooperation ist vielmehr der Normalfall. Und wenn dem so ist, dann muss es Mechanismen geben, die Kooperation herstellen und aufrechterhalten, denn Kooperation heißt immer auch Verzicht und Teilen – impliziert also Verhaltensweisen, die wir als Kind noch nicht beherrschen, sondern vielmehr erst im Laufe des Lebens lernen müssen.« (Spitzer 2007, Seite 317).*

In die gleiche Kerbe schlägt Gerald Hüther, wenn er sagt, unser Gehirn sei ein soziales Konstrukt. Wir wären nichts ohne die Gemeinschaft, würden weder den aufrechten Gang noch eine Sprache beherrschen. Mehr noch: Lernen an sich ist ohne soziales Umfeld unmöglich. Wir verdanken all das, was wir können und was wir sind, den uns umgebenden Menschen und den Erfahrungen, die wir durch sie machen konnten. Das Individuum ist mithin eine Illusion. Es kann ohne Gemeinschaft als Mensch nicht existieren.

Dies führt uns auch zu einem erweiterten Begriff von Intelligenz, den schon Daniel Goleman beschrieben hat. Intelligenz setzt sich zusammen aus:

- **kognitiver Intelligenz:** Anwendung logischer Kombinatorik zur Lösung komplexer Probleme. Beinhaltet: präzise Wahrnehmung der Umwelt, rationales Denken, Abstraktionsvermögen, sprachliche Ausdrucksfähigkeit

- **emotionaler Intelligenz:** Anwendung empathischer Fähigkeiten zur Lösung komplexer Probleme. Beinhaltet: präzise Wahrnehmung emotionaler Vorgänge bei sich und anderen, Achtsamkeit (Mindfulness), Selbstregulation

Die kognitive Intelligenz bildet nur die äußere Schale unserer menschlichen Fähigkeiten. Dort ist sie auch neuronal angesiedelt, nämlich im Frontallappen des Großhirns. Die emotionalen Aspekte von Intelligenz hingegen bilden den inneren Kern unserer Kompetenzen. Daher ergibt sich ein Bild wie in Abbildung 9. Im Kapitel *Embodiment* werden wir noch sehen, dass kognitive und emotionale Intelligenz untrennbar miteinander verbunden sind.

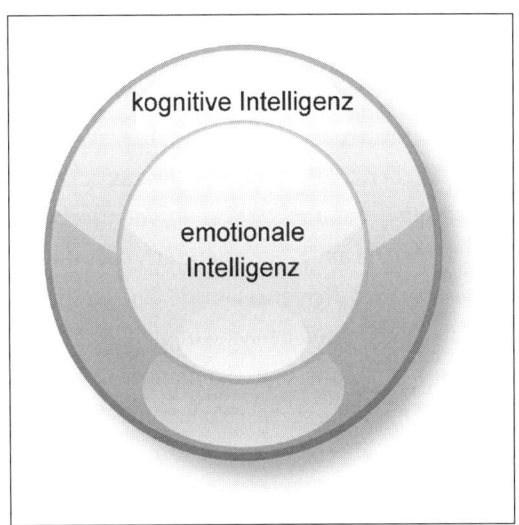

Abbildung 9:
Kognitive und emotionale
Intelligenz wirken zusammen

Lernen aus der Beobachtung anderer ist ein weiterer Aspekt, der erst durch Spiegelneuronen ermöglicht wird. Wir können durch sie andere Menschen **modellieren**, das heißt erfolgreiche oder erfolglose Verhaltensweisen anderer übernehmen.

Hätte uns die Natur also kein differenziertes System von Spiegelneuronen beschert, welche eine Grundlage für Empathie und Kooperation bilden, dann hätten wir als Gemeinschaft so nicht überleben können. Unsere evolutionäre Entwicklung hätte auf der Stufe der Affen ihr Ende gefunden. Wie wir schon im ersten Kapitel gesehen haben, kann ein System nur überleben, wenn seine Regelungsmechanismen systemerhaltend funktionieren. Das können sie aber in einem hoch entwickelten Gehirn nur, wenn es auf neuronaler Ebene quasi eine gemeinsame Sprache gibt, die alle verstehen. Das, was wir Empathie nennen, ist eine solche Sprache. Die Spiegelneuronen sind das neuronale Korrelat, die biologische Basis dazu. Nur auf dieser Grundlage ist eine Entwicklung erst möglich, die nicht nur der Erhaltung der Art dient, sondern zu enormen kulturellen Leistungen fähig ist. Sie ist daher Grundvoraussetzung menschlicher Kultur. Der Neurowissenschaftler Vilayanur Ramachandran sieht die Spiegelneuronen sogar als Voraussetzung für die Anfänge der menschlichen Sprache an. Er argumentiert, dass die für die Entwicklung der Sprache zuständigen Nervenzellen denen der Handlungssteuerung und damit den Spiegelneuronen benachbart sind. Nur durch eine ausgeklügelte Synchronisation der Sinne und Handlungen zwischen Individuen hat sich wohl auch differenzierte verbale Kommunikation entwickeln können.

Verständlicher wird das vielleicht dann, wenn wir uns aus systemischem Blickwinkel verdeutlichen, was diese Synchronisation der Sinne bedeutet. Kommunikation ist keine Einbahnstraße, sondern unsere Wahrnehmungen lösen bei uns in der Regel – bewusst oder unbewusst, verbal oder nonverbal – Feedback aus. Das wiederum kann von unserem Gegenüber wahrgenommen werden und dort wiederum Reaktionen hervorrufen. So entsteht eine Resonanz zwischen Individuen. Wenn das gut **schwingt**, sprechen wir auch gern davon, dass wir mit jemandem »auf einer Welle liegen«. Im Sprachgebrauch der Neurolinguistischen Programmierung (NLP) wird dies auch als **Rapport** bezeichnet.

Neurolinguistisches Programmieren (NLP)

befasst sich mit der Struktur individueller Erfahrung, insbesondere mit deren Wirkung auf psychische Muster (neuro), auf Sprachmuster (linguistisch) und auf Verhaltensmuster (Programmierung) sowie mit deren Wechselwirkung. Es versucht im Coaching, Menschen neue Erfahrungen durch veränderte Wahrnehmungen, Neubewertung von Erfahrungen (Reframing) und Übernahme nützlicher Strategien (Modellieren) zu ermöglichen. NLP arbeitet dabei mit gezielten Kommunikationstechniken und Körperarbeit. Ziel ist es, das Erleben besser zu steuern und das Verhalten auf eigene Ziele und Werte hin auszurichten. NLP ist sehr stark ressourcenorientiert und arbeitet auf Basis der inneren Landkarte von Menschen.

Guter Rapport lässt sich beobachten (siehe Abbildung 10). Achten Sie einmal darauf. Ein paar Beispiele: Die Gäste der Talkrunde sitzen mit übereinander geschlagenen Beinen im Halbkreis, die übergeschlagenen Beine weisen in die gleiche Richtung. In der Kneipe sitzen sich zwei Menschen, die sich intensiv unterhalten, mit gleicher oder spiegelsymmetrischer Körperhaltung gegenüber. Ihr Gegenüber gähnt, und Sie, davon angesteckt, tun das Gleiche. Und kaum ändert jemand die Sitzhaltung, tut das vertraute Gegenüber innerhalb kurzer Zeit das Gleiche. Man nennt diesen Vorgang Pacing. Die Stimmfärbung nähert sich an, die Atemfrequenz ... und ruckzuck haben Sie sich verliebt, oder? Soweit muss es nicht kommen, aber gerade bei Frischverliebten ist intensiver Rapport ein für Außenstehende gut erkennbares Merkmal, was da abgeht. Für die Akteure ist der Rapport dabei meist unbewusst oder zumindest unwillkürlich. Hier regiert eher der **Bauch**.

Abbildung 10:
Rapport zeigt sich auch in ähnlicher oder gespiegelter Haltung

Rapport

Zustand der vertrauensvollen Übereinstimmung zwischen Menschen. Wenn man »auf einer Welle schwingt«, hat man guten Rapport. Rapport entspricht neuronaler Resonanz.

Oft ist es aber auch umgekehrt: Um zu viel Empathie und damit Nähe zu vermeiden, grenzt man sich durch eine andere Körperhaltung vom Gegenüber ab. Man kann sich so immer noch unterhalten, aber ein wirklich angenehmes oder vertrautes Gesprächsklima entsteht da nicht. Da ist eine heftige emotionale Auseinandersetzung auf Augenhöhe manchmal vorzuziehen, denn auch auf dieser Ebene lässt sich Rapport herstellen. Aber auf Augenhöhe und nicht von oben nach unten sollte es schon sein.

Guter Rapport ist die Voraussetzung für empathische Kommunikation. Und Kommunikation scheitert manchmal genau an diesem Punkt. Wer seinen Gesprächspartner verstehen will, sollte sich auf ihn einstellen können. Wenn das nicht auf Anhieb gelingt, ist bewusstes und achtsames Pacing (nicht Nachäffen!) eine gute Möglichkeit, um die nötige Resonanz zu erzeugen. Probieren Sie das doch mal aus. Nicht lockerlassen, wenn es nicht gleich gelingt. Und vor allem: Schön locker dabei bleiben.

Sind Gene egoistisch?

Nun haben wir eine ganze Menge von Empathie, empathischer Kommunikation und ihren neuronalen Grundlagen gehört. Wie passt denn das zu der auf Konkurrenz getrimmten Welt? Es klang schon im ersten Kapitel an: Die populistische Variante des Darwinismus hat uns die Legende aufgetischt, dass das Recht des Stärkeren in der Natur regieren würde und dem Menschen ein Aggressionstrieb eigen sei. Vor einigen Jahren machte dann noch die Hypothese vom angeblich **egoistischen Gen** die Runde. Gene sind aber keine statischen biologischen Programme, die nach Dominanz des sie tragenden Organismus streben und schon gar keine **egoistischen Instanzen** des Organismus. Sie sind von ihrem Design her auf Kommunikation, Kooperation und damit auch auf Veränderung ausgelegt und unterliegen der Selbstorganisation ebenso wie Umwelteinflüssen. Kommunikation und Kooperation ist ein auf allen Ebenen des Organismus vorherrschendes biologisches Prinzip.

Doch um hier Missverständnissen vorzubeugen: Es kann keinen Zweifel daran geben, dass Aggression eine dem Menschen mögliche Form des Verhaltens ist. Sie ist auch teilweise überlebenswichtig, nämlich dann, wenn akute Gefahr droht. Aggression ist also nicht etwa unnatürlich oder dem menschlichen Wesen fremd. Aber sie ist eben kein **Trieb**, der, gleich dem Fortpflanzungstrieb, als biologisches Programm eine wie auch immer geartete Dominanz entfalten würde.

Aber zurück zum User: Das Web 2.0, Blogs, Newsgroups, soziale Netzwerke – das alles sind hervorragende Errungenschaften der digitalen Welt, welche uns völlig neue Perspektiven eröffnen. Aber sie sind, das dürfte spätestens jetzt klar geworden sein, kein vollwertiger Ersatz für die direkte Kommunikation von Mensch zu Mensch und unter Menschen. Denn nur bei der direkten Kommunikation können wir alle Sinne einsetzen, dadurch mehr wahrnehmen und mehr Resonanz erzeugen. Diese Erkenntnis sollte auch jene zum Nachdenken bringen, die meinen, vor allem ihre Klickrate in den Suchmaschinen des Web erhöhen zu müssen, um mehr Resonanz auf ihre Angebote zu erhalten. So manches Telefonat oder Gespräch unter Leibhaftigen wirkt besser als eine E-Mail, denn authentische Kommunikation ist mehr als der Austausch von Worten.

Kompakt

Unser Gehirn ist ein soziales Konstrukt. Es ist in seiner Funktionsweise auf Kooperation ausgelegt. Egoistische Gene gibt es nicht. Spiegelneuronen sind der Schlüssel zu Empathie und sozialem Handeln, aber auch zu Intuition und Kreativität. Sie erlauben uns, Handlungen anderer Menschen nachzuvollziehen oder zu erahnen, aber auch deren Gefühle wahrzunehmen. So können wir zu anderen Rapport aufbauen. Spiegelneuronen bilden damit auch die neuronale Grundlage für emotionale Intelligenz. In der Kommunikation spielen Stimme und Körpersprache daher eine überragende Rolle für die Bedeutung des gesprochenen Wortes. Schriftliche Kommunikation kann das nicht ersetzen.

1.6 Nix bemerkt? Die erneute Entdeckung des Unbewussten

Wir kennen uns nie ganz, und über Nacht sind wir andre geworden,
schlechter oder besser.

Theodor Fontane

Es ging mit mir durch. **Es** sollte halt nicht sein. **Es** ist gar nicht so einfach. Haben Sie mal auf die vielen **es** in unserer Sprache geachtet? **Es** ist ein geflügeltes Wort und **es** ist daher gar nicht verwunderlich, dass Sigmund Freud, der berühmte Wiener Nervenarzt und Begründer der Psychoanalyse, das Es zum Inbegriff des Unbewussten gemacht hat. **Es** macht etwas mit uns, was das **Ich** vielleicht so gar nicht wollte. Nun, die Zeiten von Freud sind lang vergangen und zwischenzeitlich war das **Es** in der Psychologie aus der Mode gekommen. In einem Zeitalter, in dem die Kognitionen, also die Denkprozesse und das Verhalten, im Fokus standen, hatte man herzlich wenig übrig für etwas, das sich so schlecht erfassen ließ wie das Unbewusste, dieses nebulöse Etwas aus der Steinzeit der Psychologie. Der Mensch ist halt ein rational gesteuertes Wesen, bei dem die Ratio mal besser und mal schlechter funktioniert. Basta. Am besten man befasst sich mit dem messbaren Verhalten und den Denkprozessen dahinter. Das lässt sich empirisch, also durch Experimente und Beobachtungen, beschreiben und ist darum auch viel wissenschaftlicher als das Herumstochern im imaginären **Es**. So sahen und sehen das die empirischen Psychologen.

Sigmund Freud reloaded?

In den letzten Jahren haben die Neurowissenschaften empirisch zeigen können, dass sich in unserem Kopf so manches tut, was zunächst nichts mit bewussten Denkvorgängen zu tun hat, wohl aber auf unser Denken und Handeln wirkt. Das klang ja schon bei der Darstellung von Wahrnehmungsprozessen an. Möglich wurde das insbesondere durch die sogenannte funktionelle Bildgebung, bei der man dem Gehirn sozusagen bei der Arbeit zusehen kann. Mit einem Hirnscanner, einem funktionellen Magnetresonanztomografen (fMRT), wird sichtbar, welche Hirnregionen aktiv werden, wenn der Proband bestimmte Wahrnehmungen macht oder Handlungen ausführt.

Schon vor dieser Zeit, Ende der 1970er Jahre, hatte der amerikanische Neuropsychologe Benjamin Libet festgestellt, dass bei geplanten Handlungen die Aktivierung des motorischen Cortex, also des bewegungssteuernden Zentrums im Großhirn, der bewussten Handlungsabsicht um einige Hundert Millisekunden vorauseilt. Das bedeutet: Wir handeln bereits, bevor uns die Handlungsentscheidung bewusst wird. Unbewusste dominieren bewusste Vorgänge (siehe Abbildung 11). Man könnte das noch mehr pointieren und sagen, das unbewusste Es agiere bereits, wenn das **Ich** irrigerweise meint, eine Entscheidung getroffen zu haben. Einige Hirnforscher folgerten daraus, dass wir die Sklaven nicht-bewusster Prozesse in unserem Gehirn seien und unser Bewusstsein lediglich in der Illusion der Existenz eines freien Willens lebe, den es eigentlich gar nicht gebe. Dieses Hirngespinst verfolgte uns in den letzten Jahren bis in die Tagespresse. Später, im zweiten Teil dieses Buches, im Kapitel *Entscheidungen*, werde ich ausführen, warum ich diese simple Kausalistik für falsch halte.

Ein positiver Nebeneffekt: Spätestens durch diese Debatte waren nun auch wieder die unbewussten Vorgänge in unserem Gehirn im Fokus. Unabhängig von der Frage nach dem freien Willen besteht unter Neurowissenschaftlern Konsens darüber, dass **Es** uns mehr steuert, als uns bisher bekannt war. Im Folgenden will ich Ihnen verdeutlichen, warum das so ist, warum das gut so ist und was das konkret gerade für Veränderungsprozesse bedeutet.

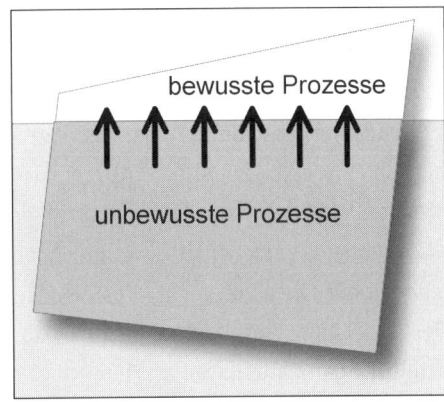

Abbildung 11:
Unbewusste Prozesse machen den größten Teil der Hirnaktivität aus und dominieren unser Verhalten. Unser Bewusstsein ist nur die Spitze des Eisbergs

Der Autopilot steuert manchmal besser

Machen wir einmal ein kleines Gedankenexperiment: Stellen Sie sich einmal vor, Sie setzen sich in Ihrem Auto hinters Lenkrad (das dürfen Sie in diesem Gedankenexperiment auch ohne Führerschein). Lassen Sie einmal ihr Bewusstsein fahren: Sie taxieren zunächst das Zündschloss, um den Winkel genau zu bestimmen, mit dem Sie den Schlüssel dort einführen müssen. Nachdem Ihnen das mittels Ihrer gezielt eingesetzten Feinmotorik gelungen ist und nachdem Sie die Zündung durch Drehen des Schlüssels (rechts herum und vorher die Kupplung treten) gestartet haben, lassen Sie gaaanz langsam die Kupplung kommen, bis Sie einen leichten Widerstand spüren (haaalt nicht so schnell) und sich das Fahrzeug in Bewegung setzt. Geben Sie dabei gefühlvoll Gas, aber nicht zu viel, damit Sie nicht gleich einen Hopser nach vorn machen. Ja, gut so und nun machen Sie sich bereit, in den zweiten Gang zu schalten. Also die rechte Hand zum Schaltknüppel, dabei mit der anderen Hand das Fahrzeug weiter auf der Fahrbahn halten ... Wie in Ihrer ersten Fahrstunde? Genau. Erinnern Sie sich noch an die Schlenker und Hopser? Aber so fährt niemand mehr, wenn er auch nur ein wenig Routine hat. Und wenn doch, dann müsste er nach spätestens zehn Minuten schweißgebadet eine Pause machen. Warum das so ist? Weil bewusste Handlungssteuerung ein neuronal sehr umständlicher, energiezehrender und langsamer Prozess ist. Und das kann sich ein evolutionär erfolgreiches System nicht leisten. Stattdessen geschieht Folgendes: Wenn unser Gehirn die typischen Handlungsabläufe erst einmal gelernt hat, also entsprechende neuronale Verknüpfungen gebildet hat, dann schaltet es quasi auf den Autopiloten um. Ihr Bewusstsein entscheidet dann nur noch darüber, ob Sie links oder rechts abbiegen oder dem von rechts kommenden Fahrzeug Vorfahrt gewähren. Den Rest macht Ihr motorischer Cortex in Kooperation mit Ihrem Klein- und Mittelhirn ganz allein. Sie starten mit der Zündung also auch das neuronale Programm Autofahren. Und wenn Sie das Modell wechseln, müssen Sie an diesem Programm lediglich noch ein paar Variablen und Parameter anpassen. Alles ganz einfach. Aber Vorsicht: In einem Flugzeug funktioniert das Programm Auto nicht.

Nun ist Autofahren ein recht simples Beispiel und auch neuronal relativ wenig aufregend. Es geschieht beim Autofahrer nämlich im Gehirn nicht besonders viel, weil es ein relativ einfacher Koordinationsvorgang ist, den vor allem unser Klein- und Mittelhirn spielend drauf haben, wenn einmal erlernt. Viele von Ihnen haben so etwas schon geahnt, ich weiß. Ähnliches gilt für das Laufen und das Zähneputzen. Auch hier hat Ihr Bewusstsein nicht viel zu tun.

Was die Beispiele verdeutlicht haben sollten: Es gibt explizite Abläufe, also solche, die der bewussten Steuerung unterliegen, und implizite Abläufe, also solche Vorgänge, die anhand erlernter Programme automatisch ablaufen. Diese können im Beispiel der Bewegungskoordination willkürlich sein (wir merken ja schließlich, was wir tun, und können das auch bewusst steuern), aber in vielen anderen Fällen gelingt das nicht so einfach. Das gilt insbesondere für solche Vorgänge, bei denen die Unmittelbarkeit zwischen implizit ablaufendem Programm und den Programm bildenden Zusammenhängen nicht gegeben ist. Will heißen: Wir handeln unwillkürlich einem bestimmten Muster folgend, das wir schwer oder gar nicht steuern können. Das muss kein Problem sein, aber manchmal ist es das eben doch. Wenn Sie zum Beispiel während einer Firmenpräsentation vor Aufregung kaum ein Wort herausbringen oder es einfach wieder einmal nicht geschafft haben, den Projektbericht pünktlich fertigzustellen. Hier drängen sich implizite Handlungs- beziehungsweise Vermeidungsprogramme in den Vordergrund.

Effizienz schlägt Verstand

Rufen wir uns in Erinnerung, wie neuronale Programme entstehen: Durch positive Erfahrungen werden erfolgreiche Muster abgespeichert. Es ist so, als wenn Sie sich immer wieder einen Weg durch den Wald bahnen müssen. Irgendwann haben Sie einen Trampelpfad getreten, auf dem es sich dann wesentlich schneller laufen lässt, als sich wieder und wieder einen neuen Weg zu bahnen. So in etwa bilden sich auch neue Verknüpfungen und schließlich mehr oder weniger komplexe neuronale Programme in Ihrem Gehirn. Und irgendwann ist Ihnen auch nicht mehr präsent, warum Sie gerade so und nicht anders durch den Wald laufen. Denn für Ihr Gehirn ist weniger relevant, warum etwas funktioniert, sondern dass es funktioniert. Nur wenn sich an einer Stelle im Wald ein missmutiger Bär aufhält, um den Sie einen großen Bogen machen müssen, werden Sie das sicher in Erinnerung behalten.

So in etwa bilden sich neuronale Programme. Dort, wo Sie auf eine bekannte Situation treffen, werden Sie auch unwillkürlich Ihnen bekannte Muster abrufen. Dann steuert quasi Ihr innerer Autopilot. Ihre Handlungsabläufe laufen zunächst unbewusst, da der unbewusste Verarbeitungsmodus (impliziter Modus) wesentlich schneller als der bewusste (explizite) Modus abläuft und zudem in der Lage ist, mehrere Prozesse parallel zu bearbeiten. Letzteres kann Ihr Bewusstsein nicht. Sie werden kaum ein engagiertes Beratungsgespräch führen können, wenn Sie gleichzeitig ein Kreuzworträtsel lösen. Ihr Unbewusstes ist somit ein echter Multitasker, während Ihr Bewusstsein noch mit serieller Datenverarbeitung beschäftigt ist. Ich weiß, dass jetzt einige Leser einwenden werden, dass sie gleichzeitig telefonieren und E-Mails lesen könnten. Vergessen Sie es! Bei Ihrem Telefonat werden dabei nicht mehr als stereotype Floskeln herauskommen. Gleichwohl sind wir in der Lage, in schneller Folge unseren Fokus zu wechseln. Nur Zeit gewinnen wir damit keine.

Wir sollten uns vergegenwärtigen, dass unbewusste Vorgänge in unserem Gehirn die Regel sind, bewusste Vorgänge demgegenüber eher zurücktreten. Dazu gehört die Aufrechterhaltung der Lebensfunktionen. Auch motorische Abläufe, wenn wir sie erst einmal beherrschen, sind überwiegend implizite Programme. Selbst im Schlaf ruht unser Gehirn nicht, es legt sogar für unsere psychische und physische Gesundheit extra eine Nachtschicht ein. In Versuchen konnte man feststellen, dass es für uns im Schlaf Aufgaben erledigt, die tagsüber nicht abgeschlossen wurden und dass Lernprozesse unbewusst weiterlaufen, auch tagsüber und auch, wenn wir gleichzeitig ganz andere Dinge machen.

So konnte man zum Beispiel zeigen, dass Menschen Kreativitätsaufgaben wesentlich besser lösen, wenn sie sich nicht sofort nach der Aufgabenerteilung bewusst damit auseinandersetzen, sondern sich zunächst anderweitig beschäftigen. *»Ich schlafe mal drüber«* ist neurobiologisch sehr sinnvoll, wenn es darum geht, eine schwierige Aufgabe zu lösen. Ihr Gehirn kommt auf diesem Weg meist sogar zu besseren Ergebnissen, da es all das implizite Wissen, dass Sie gespeichert haben, eher parat hat, als Ihr Bewusstsein. Überhaupt sollten Sie sich an den Gedanken gewöhnen, dass Sie viel mehr wissen und können, als Ihnen bewusst ist. Denken Sie an das Beispiel der Grammatik zurück. Auch dies ist implizites Wissen.

All das ist uns ja nicht bewusst und gerade darum fällt es uns so schwer, das zu begreifen: »*Unbewusste Vorgänge? Also, ich habe davon noch nix bemerkt* ...« Und dennoch: Wir könnten gar nicht ohne sie. Implizite Muster entfalten Dominanz, weil sie bereits das bewiesen haben, was explizite Muster erst beweisen müssen: Sie sind erfolgreich oder waren es zumindest, denn sonst wären sie nicht vorhanden. Insofern stehen sie in der neuronalen Hierarchie auch meist über den expliziten Abläufen. Das ist effektiv und schont Ressourcen. Sie ändern ja schließlich auch nicht täglich Ihren Weg zur Arbeit oder tauschen ständig Ihre Arbeitsgeräte. Aber dieser Programmablauf birgt natürlich auch Risiken. Wenn implizite Programme nicht mehr erfolgreich sind, haben wir ein Problem. Dies kann sich in zweierlei Hinsicht zeigen:

1. Entweder unser Wahrnehmungsmuster, das ja immer mit Interpretationen verknüpft ist, ist wenig nützlich, da es die Situation nur unzureichend oder gar falsch erfasst, oder/und
2. unser Reaktionsmuster führt zu unerwünschten Ergebnissen oder verursacht Nebenwirkungen, die nicht hinnehmbar sind.

In jedem Fall ist es nun unser Bewusstsein, das hier korrigierend eingreifen kann. Dass dies nicht immer reibungslos funktioniert (woher sollten Kommunikationsberater sonst auch ihre Existenzberechtigung beziehen?), liegt oft darin begründet, dass wir unsere Wahrnehmung von Realität mit der Realität selbst verwechseln. Unsere Welt ist aber nicht, wie sie ist, sondern so, wie wir sie uns gestalten. Es ist aber, zugegeben, schwer vermittelbar, dass die Wahrnehmungen anderer stark von unseren Wahrnehmungen abweichen können, ohne dadurch falsch zu sein. Denn die Prozesse, die unserer Interpretation von Realität zugrunde liegen, sind größtenteils unbewusst, was bedeutet, dass wir sie nur schwer steuern können. Wie wir damit dennoch konstruktiv umgehen können, werden wir im zweiten Teil dieses Buches näher beleuchten.

Wir können auch anders

Einen weiteren Aspekt wollen wir aber noch betrachten und schließen damit an den eingehenden Ausführungen über systemisches Denken an: Es handelt sich um die Monokausalitis unseres Bewusstseins, wie es der Hirnforscher Ernst Pöppel nennt. Durch den begrenzten Fokus unseres Bewusstseins neigen wir dazu, uns immer wieder auf die Suche nach der **einen** Ursache zu begeben, anstatt Netze zu knüpfen. Wir hatten im ersten Kapitel schon gesehen, warum einfacher Kausalismus in systemischen Zusammenhängen wenig hilfreich ist. Hier lassen sich Ursache und Wirkung nämlich nur noch sehr eingeschränkt bestimmen und nur unter Bedingungen, in denen wir eben unseren Fokus verengen.

Interessanterweise sind unsere impliziten, also unbewussten neuronalen Programme nicht auf einfache Kausalität fixiert. Sie sind daher auch wenig logisch, können mit Widersprüchen und mit Unregelmäßigkeiten hervorragend leben, was sich wieder sehr gut am Beispiel der Grammatik erklären lässt: Grammatik hat sich ebenso wie Sprache nicht entlang logischer Regeln entwickelt, sondern ist selbst das Resultat von Kommunikation. Wenn Sprachwissenschaftler Grammatik systematisieren und grammatikalische Regeln entwickeln, dann ist das ein kognitiver, also verstandesmäßiger Überbau, ein Konstrukt, das zwar das Erlernen einer Fremdsprache erleichtert, aber immer wieder an seine Grenzen stößt. Dies ist auch ein gutes Beispiel dafür, dass es Strukturen gibt, die auch jenseits von Kausalität und Logik existieren können. Logik ist in vielerlei Kontexten ein außerordentlich hilfreiches Instrument und unverzichtbar immer dann, wenn es um verstandesmäßiges Verstehen geht. Aber wir können eben auch anders. Oder besser gesagt: **Es** kann auch anders.

Was bedeutet das alles nun für Veränderungsprozesse? Change Prozesse, die sich nur mit der sichtbaren äußeren Schale befassen, greifen meist zu kurz, da sie einen wesentlichen Teil handlungsbestimmender Faktoren in den Köpfen von Menschen außer Acht lassen. Solange wir nicht mehr Licht in die impliziten Programme unseres Gehirns bringen, werden Change Coaching und Change Management daher nur begrenzte Reichweite entfalten können.

Kompakt

Unser Denken und Verhalten ist zum größten Teil von unbewussten (impliziten) Prozessen dominiert. Das ist der Effizienz neuronaler Aktivität geschuldet, denn das Unbewusste bearbeitet zahlreiche Prozesse parallel im Hintergrund und entlastet damit unser Bewusstsein, das eine begrenzte Kapazität hat und nur seriell arbeiten kann. Das Unbewusste enthält auch unser Erfahrungswissen. Es kann daher schwierige Aufgaben teilweise besser und vor allem kreativer lösen. Es kann aber auch hinderlich sein, wenn unbewusste Erfahrungsmuster für gegenwärtige Situationen wenig nützlich sind. Für Change Prozesse bedeutet das: Nur durch Einbeziehung unbewusster, aber teilweise dominanter Muster kann tiefgreifende Veränderung gelingen.

1.7 Motivation und ihr neurobiologischer Ursprung

Der Geist ist kein Schiff, das man beladen kann,
sondern ein Feuer, das man entfachen muss.

Plutarch

Als ich in einem meiner Workshops zum Projektmanagement die Bedeutung der Motivation als wesentlichen Faktor für das Gelingen eines Projektes hervorhob, hielt mir ein Teilnehmer entgegen, dass das doch nun nicht auch noch ein Thema sein könne, mit dem man sich als Projektmanager beschäftigen müsse. *»Also, bei uns kann ich mit so etwas wie Motivation nicht kommen. Dafür haben wir keinen Kopf.«* Andere wiederum nehmen die Bedeutung der Motivation für betrieblichen und persönlichen Erfolg sehr wohl wahr und buchen Seminare bei Motivationstrainern, die damit die Leistungsbereitschaft der Teilnehmer steigern sollen. Das funktioniert bei entsprechend professionellen Trainern auch ganz gut, aber wer an so einem Training einmal teilgenommen hat, sollte kritisch prüfen, wie lang die Halbwertszeit der Wirksamkeit des Trainings war: eine Woche, zwei Wochen, ein Monat?

Schweinehund und Tiger

Beide geschilderten Haltungen gehen am Wesen der Motivation vorbei. Während die einen die Bedeutung von Motivation für erfolgreiches Handeln gering schätzen (*»Wieso, die Motivation bekommen meine Mitarbeiter doch monatlich aufs Konto«*), erkennen die anderen die Relevanz von Motivation zwar an, gehen allerdings davon aus, dass sich Menschen von außen motivieren ließen (*»Die brauchen nur einen Schubs und dann läuft das schon ...«*). Letzteres ist, wie uns Neurowissenschaftler inzwischen glaubhaft versichern, leider kaum möglich. Jedenfalls nicht nachhaltig. Hier ist in der Praxis ein Paradigmenwechsel erforderlich, der berücksichtigt, wie Motivation auf der neuronalen Ebene entsteht.

[handschriftliche Randnotiz: keine Motivation vorab]

Aber nun der Reihe nach: Ohne Motivation geht gar nichts! Wären Sie gänzlich demotiviert, würden Sie morgens nicht einmal die Beine aus dem Bett schwingen können und Ihnen würden im Extremfall sogar die lebensnotwendigen Tätigkeiten wie Essen und Trinken schwerfallen. Sie würden auch gar keinen Sinn darin erblicken, irgendetwas zu tun. Depression ist ein solcher Zustand, der zudem mit einem starken Gefühl der inneren Leere verbunden ist. Die Zeit schrumpft auf einen Nullpunkt zusammen: Bewegung ist unmöglich oder extrem anstrengend.

Motivation ist die Grundlage jedes proaktiven Handelns und macht den Unterschied zwischen einem bewegungslosen und einem bewegten Zustand. Proaktiv bedeutet, dass Menschen aus eigenem Antrieb handeln und nicht durch Eselstreiber **motiviert** werden. Motivation setzt also etwas in Bewegung, schafft einen Handlungsreiz. Und das hat mit Kategorien zu tun, die in unserem immer noch kognitiv dominierten Weltbild wenig Platz haben: Gefühle und Emotionen. Erst diese messen einer Sache nämlich Bedeutung bei und sind damit der Gradmesser der Relevanz für unser Gehirn und deshalb natürlich auch für unser aktives Handeln. Was Sie **kalt lässt**, werden Sie nicht weiter verfolgen. Was Sie hingegen **fesselt** oder worauf Sie **abfahren**, wird hingegen alles verdrängen, was für Ihr Gehirn eine geringere Relevanzstufe hat. Im Englischen sind die Begriffe Bewegung und Gefühl sprachlich nah beieinander: motion and emotion.

Woran aber bemisst sich, was für unser Gehirn relevant ist und was nicht? Dass dies nicht unbedingt die bewussten Ziele sind, können Sie inzwischen erahnen, denn diese stehen in der neuronalen Hierarchie nicht oben, auch wenn wir das immer wieder glauben. Zweifel kommen uns erst, wenn wir mal wieder den Punkt des **Aber-ich-hatte-mir-das-doch-eigentlich-fest-vorgenommen** erreicht haben. Haben Sie sich auch zum letzten Jahreswechsel gute Vorsätze gemacht? Was haben Sie davon tatsächlich umgesetzt? Ist es dann nicht wieder der so beliebte innere Schweinehund, dem wir die Schuld geben können, wenn es mal wieder nicht so geklappt hat? Mein Tipp: Sie sollten nicht den Fehler begehen, dieses arme Tier ständig zu treten, zu quälen oder gar zu vertreiben, wenn Sie nicht unglücklich werden wollen. Wecken Sie lieber den Tiger in Ihnen.

Was uns antreibt

Es sind nicht Ihre vordergründigen, sondern die unbewussten, impliziten Ziele, welche Ihr Handeln dominieren. Und wenn Sie mal wieder meinen, dass Ihr innerer Schweinehund stört, dann könnte das ein Hinweis darauf sein, dass Ihre bewussten, expliziten und unbewussten, impliziten Ziele offensichtlich differieren. Und das hat nun mit dem zu tun, was Psychologen die Bedürfnisstruktur nennen. Da dies ganz wesentlich für das Verständnis von Motivation und Veränderungsprozessen ist, werde ich hier ein wenig ausholen.

Unser Gehirn ist bemüht, einen Zustand zu erreichen, der uns ein Gefühl von Wohlbefinden verschafft. Das ist sozusagen das innere ökologische Gleichgewicht. Der Psychologe Klaus Grawe bezeichnet diesen Zustand als Konsistenz. Er sieht darin das oberste Grundprinzip psychischen Funktionierens (Grawe 2004). Dieses innere ökologische Gleichgewicht kann erst erreicht werden, wenn unsere Grundbedürfnisse ausreichend befriedigt sind. Das sind die Bedürfnisse nach Bindung, nach Lustgewinn/Unlustvermeidung, nach Orientierung und Kontrolle sowie nach Selbstwertschutz/Selbstwerterhöhung. Je besser wir diese Grundbedürfnisse befriedigen können, umso höher ist unser inneres Gleichgewicht. Bleiben sie unerfüllt, entsteht Inkonsistenz, wir geraten aus dem psychischen und teilweise auch aus dem physischen Gleichgewicht.

Konsistenz nach Grawe

Konsistenz bezeichnet die Übereinstimmung beziehungsweise Vereinbarkeit aller gleichzeitig ablaufenden psychischen und neuronalen Prozesse. Je besser es Menschen gelingt, ihre Grundbedürfnisse zu befriedigen, umso höher ist ihr Konsistenzniveau. Motivationale Konflikte (sich ausschließende Ziele) und Blockaden von Annäherungsstrategien durch Vermeidungsstrategien führen zu Inkonsistenz.

Das Bedürfnis nach Bindung leuchtet unmittelbar ein. Da wir als Menschenkinder unfertig in diese Welt geboren werden, also zunächst auf die Bindung zu schützenden und versorgenden Menschen existenziell angewiesen sind, ist Bindung ein primäres Bedürfnis, das wir nicht aufgeben können, ohne psychisch und sogar physisch Schaden zu nehmen. Dies setzt sich später im Streben nach sozialer Anerkennung fort. Wir entwickeln ein Bedürfnis nach Selbstwertschutz und nach Selbstwerterhöhung. Die Bedeutung dieser sozialen Bedürfnisse wird immer noch grundlegend unterschätzt. In der vor allem in der Wirtschaftsliteratur noch oft zitierten Bedürfnispyramide von Abraham Maslow tauchen sie erst an dritter Stelle auf. Nach heutiger vorherrschender Auffassung von Neurowissenschaftlern sind sie aber essenziell: Soziale Herabstufung und Mobbing stellen daher massive Eingriffe in die Persönlichkeit und die psychische Gesundheit von Menschen dar. Wir können ohne soziale Bindungen und soziale Anerkennung nicht leben.

Das Bedürfnis nach Orientierung und Kontrolle klingt sehr nach Psychologensprache und leuchtet als Grundbedürfnis zunächst nicht unbedingt ein. Was ist damit gemeint? Klarer wird das vielleicht, wenn wir uns den Gegenpol anschauen: Hilflosigkeit, Abhängigkeit, Verwirrtheit. Jeder Mensch hat ein Bedürfnis danach, sein Leben selbst im Griff zu haben, Dinge erfolgreich zu regeln, Handlungsspielräume zu haben und über sich selbst hinauszuwachsen. Der Soziologe Aaron Antonovsky bezeichnet dieses Bedürfnis als das Streben nach Kohärenz und das dazugehörige Gefühl als Kohärenzgefühl. Tabelle 2 beschreibt die Voraussetzungen dafür.

Kohärenzgefühl nach Antonowsky	
Das Gefühl der Verstehbarkeit.	Wir nehmen unsere Umwelt und die an uns herangetragenen Aufgaben als nachvollziehbar, geordnet und strukturiert wahr und nicht als chaotisch, unerklärlich und willkürlich.
Das Gefühl der Handhabbarkeit.	Wir haben einen kaum erschütterbaren Glauben daran, dass wir Schwierigkeiten und Probleme bewältigen können und wir sind in der Lage, die Ressourcen zu aktivieren, die wir dafür benötigen.
Das Gefühl der Sinnhaftigkeit.	Wir empfinden unser Leben als sinnvoll und sehen einen Wert darin, an uns gestellte Aufgabeen zu bewältigen: Wir nehmen diese mehr als Herausforderungen denn als Lasten wahr.

Tabelle 2: Voraussetzungen für das Gefühl von Kohärenz

Antonovsky sieht im Gefühl der Kohärenz die Voraussetzung für eine optimale, psychische und auch physische Gesundheit. Antonovsky wusste, wovon er sprach, denn er hatte Menschen untersucht, die in den Konzentrationslagern der Nazis überlebt hatten. Immerhin fast ein Drittel von ihnen war auch nach diesem durchgestandenen Grauen nach wie vor psychisch wie körperlich gesund. Ein unerschütterlicher Glaube daran, dass das Leiden einen Sinn hat, dass es eine wie auch immer zu überwindende Herausforderung ist und dass es in irgendeiner Form auch verstehbar ist, hatte diese Menschen gerettet. Nebenbei bemerkt, befasst sich ein ganzer Forschungszweig, die Resilienzforschung, mit derartigen Themen.

Schließlich, und das dürfte kaum erstaunen, zählt Grawe auch das Bedürfnis nach Lustgewinn und Unlustvermeidung zu unseren Grundbedürfnissen. Natürlich wollen wir angenehme Erfahrungen machen und unangenehme Erfahrungen lieber vermeiden. Dies überlagert alle anderen Grundbedürfnisse und ist gewissermaßen ihr gemeinsamer Nenner.

Wenn es unter die Haut geht

Um unsere Grundbedürfnisse zu befriedigen, entwickeln wir Strategien, welche zu ihrer Stillung nützlich sind. Grawe spricht von motivationalen Schemata (Abbildung 12). Das sind Muster des **hin zu** oder des **weg von**, entsprechend spricht man von Annäherungs- und Vermeidungsschemata. Werden die motivationalen Ziele erreicht, entsteht psychische Kongruenz. Wir befinden uns dann im Gleichgewicht. Das gelingt aber nur durch Annäherungsstrategien. Nur durch ein **hin zu** fühlen wir uns gut. Oder besser noch: Wir haben ein Flow-Erlebnis, wie es von dem amerikanisch-ungarischen Psychologen Csikszentmihalyi beschrieben wurde. Dann gehen uns Dinge unter die Haut, sie berühren uns und versetzen uns in eine angenehme Unruhe, in der Lernpotenzial steckt und die uns zu weiterem Handeln motiviert. Kurzum: Es macht dann einfach Spaß!

Vermeidungsstrategien schützen uns demgegenüber vor Bedrohungen der
Bedürfnisbefriedigung. Diese Kompetenz ist ein wichtiges Regulativ, um
den Verlust des inneren Gleichgewichts zu vermeiden. Sie sind aber nicht
geeignet, uns voranzubringen, denn es herrscht die Angst vor und wir sind
nicht mehr in der Lage, positive Bewältigungserfahrungen zu machen. Wir
lassen dann unsere Ressourcen verkümmern und nehmen uns die Chance
der Entwicklung. Die Aufschieberitis ist zum Beispiel ein sehr beliebtes
Vermeidungsschema. Durch Vertagen vermeiden wir Unlust an einer Aufgabe, die uns nicht schmeckt. Das kann aber zu Konflikten mit einem Annäherungsziel, zum Beispiel der Anerkennung durch das Team oder den
Chef, führen und eventuell sogar ein höheres Ziel, nämlich das berufliche
Fortkommen, gefährden.

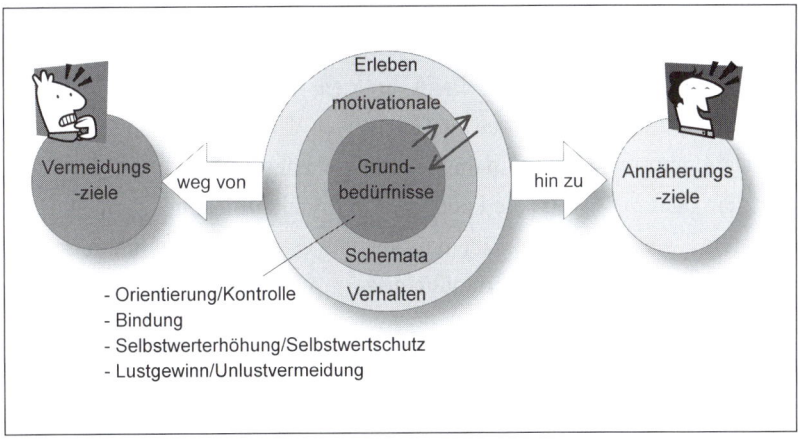

Abbildung 12: Grundbedürfnisse und motivationale Schemata (nach Grawe 2004)

Motivationale Schemata entstehen durch Bahnung neuronaler Verknüpfungen, also durch Lernprozesse. Es sind erfolgreiche Bewältigungsstrategien, welche unser Gehirn, genauer gesagt unser Dopaminsystem,
mit Erfolgs-, Glücks- oder **Flow**-Erlebnissen belohnt und damit als Erfolgs-
rezepte abspeichert. Anders formuliert: Wenn es uns gelingt, eine Aufgabe, ein Problem oder einen Konflikt zu einem guten Ergebnis zu bringen,
registrieren wir diese positive Erfahrung als geeignete Strategie. Machen
wir wiederholt diese Erfahrung oder ist diese Erfahrung sehr intensiv, dann
verinnerlichen wir sie und speichern sie dauerhaft als nützliches neuronales Muster ab.

Das sind dann die vielfältigen Aha-Erlebnisse, die wir im Laufe unseres
Lebens immer wieder erfahren. Entsprechend haben wir auch motivationale
Schemata zuhauf entwickelt, verfeinert und erweitert. Und wir rufen diese
implizit ab, wenn sich uns gleiche oder ähnliche Herausforderungen stellen.
Motivationale Schemata sind individuell und daher oft nicht einfach über-
tragbar auf andere Menschen. Was den einen motiviert, kann den anderen
völlig unberührt lassen oder sogar ängstigen.

Problematisch wird es immer dann, wenn unvereinbare Ziele miteinander
kollidieren oder wenn Annäherungsschemata schlicht nicht zum gewünschten Ergebnis führen. Dann entsteht ein psychisches Ungleich-
gewicht. Wir sind dann weit entfernt vom Flow-Gefühl und beneiden
vielleicht unsere Kollegen, denen scheinbar alles spielend von der Hand
geht. Ein häufiger Fall ist die Kollision von Annäherungs- mit Vermeidungsschemata, wie schon oben am Beispiel dargestellt. Das ist dann so, als
würden Sie mit angezogener Handbremse Auto fahren. Sehr energiezehrend
und verschleißintensiv.

Wiederholte Misserfolge begünstigen schließlich Vermeidungsstrategien. Anstatt proaktiv weiter ein Annäherungsziel anzusteuern, versuchen Menschen dann weitere Verletzungen ihrer Grundbedürfnisse durch Vermeidungsverhalten zu umgehen. Sie erreichen damit zwar ihre Annäherungsziele nicht, gehen aber auch kein Risiko ein, erneut verletzt zu werden oder auf die Nase zu fallen. Ein Kind, das immer wieder gehindert wird, eigene positive Erfahrungen bei der Lösung von Herausforderungen zu machen, wird früher oder später wahrscheinlich aufgeben und ebenso auf Vermeidungsstrategien umschalten wie ein Angestellter, dessen Arbeitsergebnisse ignoriert, ständig kritisiert oder konterkariert werden. Dies ist auf die Dauer nicht nur frustrierend für den Betroffenen, sondern kann auch gesundheitliche Konsequenzen haben. Grawe warnt, dass eine andauernde, nachhaltige Verfehlung motivationaler Ziele oder eine andauernde Behinderung durch widerstreitende motivationale Strategien zu einer schwerwiegenden Beeinträchtigung des psychischen Gleichgewichts und zu psychischen Störungen (zum Beispiel Depression, Angststörung) führt. Neurobiologisch lassen sich diese Symptome sogar in Form von Schäden in der Hirnstruktur nachweisen. Soweit sollte es nicht kommen.

Den Tiger wecken

Wie können wir uns denn nun motivieren? Hilft Feuerlauf oder Meditation, Extremsport oder Sex? Die Antwort lautet: Es hilft so ziemlich alles, was Menschen ganz konkrete, positive Lebenserfahrungen vermittelt. Das nennt man dann intrinsische Motivation, denn sie erfolgt durch proaktives Handeln: und selbst erfahrenes positives Feedback. Wohlgemerkt: Es geht um eigene Lebenserfahrungen, keine Selbsttäuschungen und keine Motivationsvideos.

Sie können sich Motivation nicht durch andere vermitteln lassen oder anlesen. Das wäre extrinsische Motivation, oder zumindest ein Versuch derselben, und ist wenig hilfreich, da sie das Belohnungssystem in Ihrem

Gehirn allenfalls kurzzeitig und auf ganz andere Weise aktiviert. Es verschafft Ihnen vielleicht gespiegelte positive Wahrnehmungen, aber keine nachhaltigen eigenen Erfahrungen, die es lohnen würde abzuspeichern. Außer einem Strohfeuer wird nichts daraus. Auch positives Denken hat nur eine begrenzte Reichweite. Zwar spricht nichts dagegen, sich positive Gedanken zu machen, aber wenn die mit der konkreten Wahrnehmung eines etwaigen Problems im Widerspruch stehen, wird die psychische Ökologie (Konsistenz, Kohärenz) eher vermindert. Daher auch hier Fehlanzeige, was eine hilfreiche Strategie betrifft. Eine rot lackierte Ente wird nicht zum Ferrari. Auch wenn Sie das irgendwann selbst glauben sollten, werden Sie spätestens dann in die Realität zurückgeholt, wenn Sie gegen Michael Schumacher antreten wollen.

Gerald Hüther sagt: *»Gefühle sind wichtig.«* Emotionen machen den Unterschied zwischen: *»Das bedeutet mir etwas«* oder *»Das macht mir Spaß«* und *»Das berührt mich nicht«* oder sogar *»Das macht mir Angst«*. Gefühle sind der geistig-seelische und körperliche Ausdruck unserer inneren Ökologie. Sie sind damit essenziell für unsere Bereitschaft, etwas zu tun oder zu unterlassen – aber auch für das **Wie** unseres Handelns. Registriert das Großhirn, dass ein Ereignis den Erwartungen widerspricht, setzt im Gehirn eine Folge von Reaktionen ein, die schließlich im limbischen System eine Angstreaktion auslösen können. Wird eine erfolgreiche Bewältigungsstrategie gefunden, so wird diese infolge der Anregung des Dopaminsystems als solche gespeichert. Auch und gerade die erlernte Problemlösungskompetenz ist daher ein guter Motivator. Wer also zum Beispiel als Manager mit Führungsverantwortung seinen Mitarbeitern die Chance der eigenverantwortlichen Lösung von Problemen lässt, kann damit mehr bewirken als das beste Motivationstraining. Es sind die bewältigten Herausforderungen, welche motivieren, nicht der gut gemeinte Schubs oder übertragene Routinearbeiten. Nur so kann unser Gehirn das tun, was es am liebsten macht: lernen.

Wichtig: Motivatoren sind ausschließlich solche Strukturen, in denen Herausforderungen die Chance haben, erfolgreich bewältigt zu werden. Erst das weckt positive Erwartungen und erzeugt schließlich Neugier auf neue Herausforderungen. Eine Spirale des Flows entsteht (Abbildung 13). Flow bedeutet ein Höchstmaß an psychischer Konsistenz, wir fühlen uns von Glück erfüllt. Lust und das Gefühl der Kohärenz (»Ich kann und will das schaffen!«) spielen eine wesentliche Rolle bei der Aufrechterhaltung des Kreislaufes. Lust ist die Triebkraft der Neugier und das Kohärenzgefühl ist unabdingbar für die erfolgreiche Bewältigung von Herausforderungen. Dieser Kreislauf ist also kein Perpetuum mobile, sondern braucht entsprechende Ressourcen.

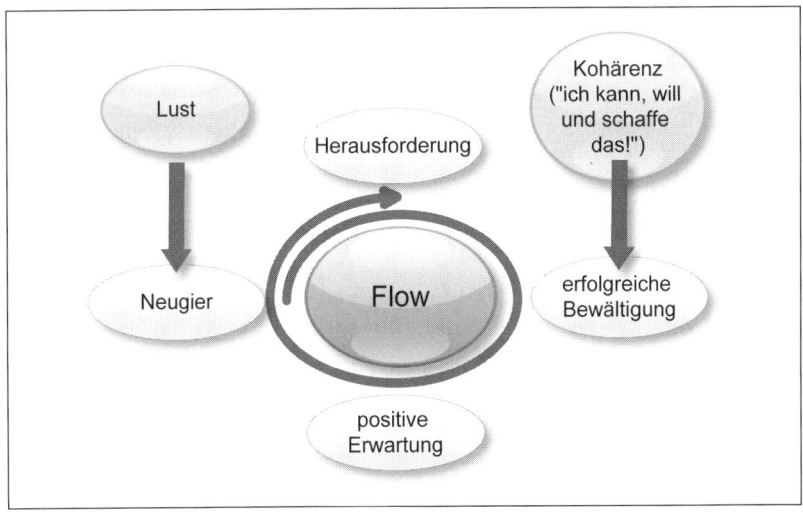

Abbildung 13: Der Flow-Kreislauf nach Hüther 2006 (verändert)

Ressourcen können positive Erfahrungen in der Vergangenheit oder zugkräftige Ziele sein. Wenn es Ihnen einmal gelungen ist, eine ähnliche Herausforderung erfolgreich zu bewältigen, dann haben Sie in Ihrem Gehirn schon das Lösungsprinzip als entsprechenden Schaltkreis angelegt und brauchen nur noch einen **Trigger**, um den zu aktivieren. Auch hier gilt wieder: **motion follows emotion.** Was Sie innerlich positiv berührt, setzt etwas in Bewegung und drängt nach Umsetzung, denn unser neuronales System drängt nach Verbesserung unserer inneren Ökologie. Das geht übrigens auch mit imaginierten Zuständen. Aus diesem Grund sind auch Ziele entsprechende Motivationsquellen. Mit Zielen und Ressourcen werden wir uns im Kapitel *Selbstmanagement* noch näher beschäftigen.

Exkurs: Der Lockruf des Geldes

Noch ein Wort zu Anreizsystemen. Diese sind als Motivatoren immer noch im Gespräch. Da wir bereits festgestellt haben, dass Menschen grundsätzlich keine rationalen Nutzenmaximierer sind, können Anreizsysteme, die auf rein monetären Anreizen beruhen, nur eine begrenzte Reichweite entfalten. Die Konditionierung von Mitarbeitern allein mit Hilfe von finanziellen Vorteilen gehört deshalb ins Museum des Personalmanagements. Es gibt auch empirische Befunde, welche diese als fragwürdig erscheinen lassen. Schon in den 1960er Jahren fand eine Forschergruppe um den Arbeitswissenschaftler Frederic Herzberg heraus, dass Faktoren wie Entlohnung, Arbeitsbedingungen und Arbeitsplatzsicherheit nur die Entstehung von Unzufriedenheit am Arbeitsplatz verhindern können (Herzberg nennt sie Hygienefaktoren), aber selbst nicht motivierend wirken. Als Motivatoren und damit die Arbeitszufriedenheit erhöhend, so Herzberg, wirken hingegen Faktoren wie Verantwortung, Erfolg und soziale Anerkennung.

Das gilt selbstverständlich auch für die jüngst wieder in die Diskussion geratenen Boni von Spitzenmanagern. Schon vor vielen Jahren stellte der renommierte Managementexperte John Collins in einer vergleichenden Analyse von Spitzenunternehmen fest, dass sich kein signifikanter Zusammenhang zwischen Managerboni und Unternehmenserfolg zeigte. Im Vergleich zu einer Kontrollgruppe erhielten die Manager der Spitzenunternehmen zehn Jahre nach deren **Take-off** sogar etwas geringere Gehälter als die Manager der weit weniger erfolgreichen Kontrollgruppe. Collins resümiert, dass angemessene Bezüge und Anreize für Manager zwar wichtig, aber keine Motivationsfaktoren sind.

Das bestätigt, was die Neurowissenschaften inzwischen über motivationale Schemata von Menschen herausgefunden haben. Positive Erfahrungen, die nah an unserer Bedürfnisstruktur liegen, sind die effektivsten Motivatoren. Es sind also die intrinsischen Motivationsfaktoren, welche gegenüber den extrinsischen Faktoren eine überragende Wirkung entfalten. Letztere besitzen zwar den Charme der (scheinbaren) Einfachheit und leichteren Messbarkeit, unterliegen aber dem Irrtum des Kausalismus, also des einfachen Ursache-Wirkungs-Denkens, das in etwa nach folgendem Muster funktioniert: *»Ich gebe Input, nämlich einen Anreiz (oder was ich dafür halte) und erwarte den beabsichtigten Output (Motivation, bessere Leistung).«* Es sind aber nicht die Motivationstrainer oder die Anreizsysteme, welche Menschen nachhaltig motivieren, sondern es sind Lebens- und Arbeitsbedingungen, in denen Menschen sich entfalten können, Verantwortung übernehmen, eigene und gemeinsame Erfolge ernten und entsprechende soziale Anerkennung genießen können.

Hier können Anreizsysteme sogar kontraproduktiv wirken, nämlich dann, wenn sie das subjektive Gefühl der Selbstbestimmung vermindern und ein Gefühl von Fremdbestimmung erzeugen. Es stellt sich ein Verdrängungseffekt ein, bei dem die extrinsische Motivation der intrinsischen Motivation entgegenwirkt, wie die Schweizer Wirtschafswissenschaftler Bruno S. Frey und Margit Osterloh feststellten (Frey und Osterloh 2000). Sind denn nun Anreizsysteme völlig nutzlos? Keinesfalls, denn es ist ein Ausdruck der

Fairness gegenüber Mitarbeitern, diese angemessen am Erfolg des Unternehmens teilhaben zu lassen. Nur sollten diese Anreize eben nicht fälschlicherweise zu Motivatoren umgedeutet werden.

Kompakt

Motivation ist die Grundlage proaktiven Handelns. Entscheidend für unsere Motivation sind aber nicht unsere bewussten (expliziten), sondern vor allem unsere unbewussten (impliziten) Ziele. Prägend dafür sind unsere motivationalen Schemata, welche der Befriedigung unserer Grundbedürfnisse (Orientierung/ Kontrolle, Bindung, Selbstwertschutz/Selbstwerterhöhung, Lustgewinn/Unlustvermeidung) dienen. Erreichen wir unsere Annäherungsziele, stellt sich ein psychisches Gleichgewicht ein (Konsistenz). Annäherungsziele aktivieren im Gehirn das Belohnungssystem (intrinsische Motivation) und erzeugen positive Emotionen. Vermeidungsziele unterbinden positive Erfolgserlebnisse und wirken dem Belohnungssystem entgegen. Fortgesetzte positive Bewältigungserfahrungen hingegen setzen eine Flow-Spirale in Gang. Eine Motivation von außen (extrinsische Motivation) ist neuronal nicht nachhaltig.

1.8 Von der Autobahn abgekommen? Wie wir neue Trampelpfade treten können

Wer immer tut, was er schon kann, bleibt immer das, was er schon ist.

Henry Ford

Lassen Sie uns zunächst noch einmal resümieren. Neuronale Netze, also die Verknüpfungsstrukturen in unserem Gehirn, entstehen nicht nach einem festgelegten Bauplan, sondern sind das Ergebnis unserer Erfahrungen, ebenso wie die Art und Weise unserer Erfahrungsverarbeitung von den schon angelegten Mustern in unserem Gehirn beeinflusst wird. Unser

Gehirn ist so, wie wir es benutzen, und je mehr wir es konstruktiv benutzen, umso mehr kann es sich verändern – und das lebenslang. Bei all dem spielen implizite, also unbewusste Prozesse und Gefühle eine wesentliche, ja sogar dominierende Rolle. In der Wechselwirkung zwischen uns und unserer Umwelt entwickelt sich ein unverwechselbares Ich. Wir sind durch unsere Umwelt geprägt und wir selbst erzeugen in uns die Art und Weise der Wahrnehmung unserer Umwelt.

Dies sind vielleicht die bedeutsamsten Entdeckungen, die uns die Neurowissenschaften in den letzten Jahren geliefert haben. Beziehen wir die Erkenntnisse der Biologie und Ökologie mit ein, welche uns aufzeigen, dass vernetzte, selbst regulierte Systeme nicht mehr den Regeln einfacher Kausalbeziehungen und linearer Prozesse folgen, sondern ihre Dynamik aus einem Ensemble miteinander verknüpfter Prozesse beziehen, so eröffnet sich uns eine neue Sichtweise der Welt. Diese neue Weltsicht macht Änderungen in unserem Denken und Handeln erforderlich, wenn wir uns den Herausforderungen einer immer komplexer werdenden Welt stellen wollen.

Wie wir im vorigen Kapitel gesehen haben, ist Motivation der Motor unserer persönlichen Entwicklung, vom Kindesalter bis ins hohe Alter. Solange wir es schaffen, die Flow-Spirale in Bewegung zu halten oder immer wieder aufs Neue in Gang zu setzen, halten wir unsere psychische Ökologie auf einem hohen Niveau und haben die besten Chancen, uns weiterzuentwickeln. Unser Gehirn lässt das zu, ja fordert das geradezu heraus, denn es hat eine programmoffene Konstruktion und tut nichts lieber, als sich weiterzuentwickeln. Wir sind nicht die Sklaven unserer Gene oder des Unbewussten, sondern wir sind selbst Herr unserer Entwicklung. Und die wird maßgeblich dadurch bestimmt, wie wir unser Gehirn benutzen.

Mit dem Kopf durch die Wand – zehn Zentimeter neben der offenen Tür

Na denn, also einfach Gas geben und ab geht die Reise durch ein glückliches, erfülltes und erfolgreiches Leben, Herausforderungen annehmen, motiviert bewältigen und auf zu neuen Ufern! Ganz easy, stimmt's? Und was, wenn wir auf unserer Vollgas-Tour von der Autobahn abgekommen sind und im Schlamm feststecken? Oder wenn wir immer wieder gegen die Wand rennen, vielleicht nur zehn Zentimeter neben der offenen Tür? Sind wir dann immer noch hoch motiviert? Wieso folgen wir so oft den gleichen Strategien, obwohl sie nicht funktionieren? Sind wir im Grunde nicht schlauer als die Fliege hinter der Glasscheibe, die sich beim Versuch, nach draußen zu gelangen, zu Tode verausgabt?

In diesem Kapitel geht es um Störungen, Blockaden, Frustrationen, Ängste und die Strategien dagegen. Störungen sind ein Zeichen dafür, dass es uns nicht gelungen ist, das zu erreichen, was uns echtes Wohlbefinden verschafft. Anders ausgedrückt: Unsere psychische Ökologie ist dann aus dem Lot. Unser Dopaminsystem ist in diesem Fall entweder arbeitslos oder wird mit kompensatorischen Aktivitäten bei Laune gehalten: Fernsehen, Computerspiele oder noch schlimmer: Alkohol oder andere Drogen. Die sind übrigens neuronal sehr effektiv, aber überhaupt nicht empfehlenswert. Irgendein schlauer Kopf hat einmal gesagt: *»Es gibt Menschen, die haben Ziele, und andere, die haben Lieblingssendungen.«* Wir haben die Wahl zwischen Selbstverwirklichung und kompensatorischer Ablenkung – und nicht zwischen Sekt oder Selters, wie manche meinen. Fernsehen und Alkohol, auch in höherer Dosierung, sind sehr geeignete Mittel, unserem Gehirn einen Streich zu spielen. Sie täuschen ihm, zumindest kurzzeitig, Bedürfnisbefriedigung vor – bis zum bösen Erwachen und dann wird oft eine höhere Dosierung erforderlich.

Die Nützlichkeit des Irrtums

Das, was wir tun, tun wir deshalb, weil es sich in irgendeinem Zusammenhang einmal als nützliche Strategie erwiesen hat. Wir erinnern uns: Unser Gehirn speichert nur das als nützliches Verhaltensmuster ab, was zur Aufrechterhaltung unserer Lebensfunktionen und zur Erreichung eines höheren Gleichgewichtsniveaus (Konsistenz) beiträgt oder zumindest eine Verringerung unserer inneren Ökologie, also Inkonsistenz, verhindert. Grundsätzlich ist also das, was wir tun, nicht schlecht. Aber es kann im konkreten Zusammenhang völlig inadäquat und sogar kontraproduktiv im Hinblick auf unsere Annäherungsziele sein. Unser Handeln ist dann in Bezug auf Problembewältigung ein Misserfolg, unsere Strategie erweist sich als ungeeignet. Wir empfinden dies meist als Belastung. Jetzt bieten sich drei Wege an:

1. Wir entwickeln eine neue Bewältigungsstrategie, die sich erfolgreich erweist und stabilisieren damit unser psychisches System, erreichen also wieder ein höheres psychisches Gleichgewicht.
2. Wir setzen meist schon bewährte Vermeidungsstrategien **(weg von)** und/oder kompensatorische Strategien (*»Man gönnt sich ja sonst nix!«*) ein. Diese schützen uns zwar temporär vor einer weiteren Destabilisierung (Inkonsistenz), sind aber nicht geeignet, das Problem erfolgreich zu lösen und damit unsere psychische Ökologie zu verbessern.
3. Sämtliche höheren Strategien versagen, uns entgleitet die Kontrolle, Stress entsteht, tiefere Schichten unseres Gehirns übernehmen das Regime und lösen Stressreaktionen aus: Verteidigung, Flucht oder Erstarrung dominieren.

→ keine Flow-Spirale

Andauernde negative Bewältigungserfahrungen laufen Gefahr, in einen Teufelskreis zu führen. Hüther nennt ihn Circulus vitiosus. Probleme werden nicht mehr als Herausforderungen, sondern als Belastungen empfunden, ein geringes Kohärenzgefühl (*»Das schaffe ich doch sowie nicht!«*) befördert Self-Fulfilling Prophecies, die dann zum tatsächlichen Scheitern führen. Dies wiederum weckt negative Erwartungen *(»Hab ich doch gewusst …«)*, Unlust macht sich breit und fördert zukünftig Vermeidungsstrategien *(»Ich lass das dann besser mal …«)*. Auch dies sind erlernte und alles andere als ineffektive Strategien, schützen sie uns doch vor weiteren Enttäuschungen und Verletzungen.

Genau aus diesem Grund fällt es uns aber oft so schwer, uns zu verändern. Unser bewusstes Ich sagt uns vielleicht: *»Da läuft was falsch«*, aber wir bewegen uns weiter auf den eingefahrenen Bahnen – eben weil unser Unbewusstes Es den bewährten neuronalen Autobahnen oft mehr vertraut, als neuen Trampelpfaden, die erst noch getreten werden müssen. Wenn zum Beispiel ein Kind erfahren hat, dass es nur geliebt wird, wenn es die Erwartungen der Eltern ohne Widerspruch erfüllt, wird es auch als Erwachsener dazu tendieren, Erwartungen von Autoritätspersonen kritiklos zu erfüllen und unter Umständen sogar Herabsetzungen der Person hinnehmen. Das kindliche Verhalten war nützlich, vielleicht sogar notwendig, das Verhalten des selbstständigen Erwachsenen ist es nicht mehr und schadet dem Individuum mehr, als es nützt. Dennoch schätzt auch der erwachsene Mensch die Gefahr einer Emanzipation von derartigen Abhängigkeiten oft als ungleich größer ein als die Chance, die damit verbunden ist. Die notwendige Veränderung, so sehr sie vielleicht sogar gewünscht wird, bleibt aus.

Dabei, und das macht die Sache kompliziert, kommt es gar nicht darauf an, dass das, was unser Denken und Handeln prägt, auf realen Geschehnissen beruht. Allein der Glaube, dass es so sei, reicht vollkommen aus, um neuronale Muster zu prägen. Unser Gehirn unterscheidet nicht zwischen real und irreal, sondern allenfalls zwischen der Intensität von Reizen. Eine tiefe emotionale Verletzung wirkt nicht deshalb so tief, weil das Verhalten eines anderen Menschen das zwingend so ergibt, sondern weil das Verhalten eine Reihe an neuronalen Reizen auslöst, die bereits vorgebahnt ist, die aber bei anderen Menschen zu gänzlich anderen Reaktionen führen kann. Paul Watzlawick hat in seinem grandiosen Buch *Anleitung zum Unglücklichsein* sogar aufgezeigt, was wir tun können, um unser Gehirn genau in dieser Richtung zu trainieren.

Stärken stärken

Sind wir also unverbesserlich? Sollten wir aufhören, uns verändern zu wollen? Keineswegs, denn es gibt zwei Quellen, die es uns ermöglichen, unser Denk- und Verhaltensprogramm zu ändern oder zu erweitern. Dies sind zum einen unsere inneren Bedürfnisse, also unsere Antriebe, Leidenschaften und Sehnsüchte. Diese bilden die motivationalen Schemata. Und dies ist zum anderen unsere Fähigkeit zur Imagination, also unsere lebendige Vorstellungskraft davon, wie unsere Welt aussehen sollte. Sich auf das zu besinnen, was uns antreibt, was uns wirklich wichtig ist, was uns innerlich berührt, ist eine Voraussetzung dafür, dass wir uns verändern und unsere Ziele erreichen können. Tun wir das nicht, oder stehen unsere vordergründigen Ziele sogar im Widerspruch zu unseren wichtigsten Bedürfnissen, werden wir unsere Ziele nur unzureichend, oder gar nicht erreichen. Was wir nicht wirklich aus tiefstem Herzen wollen, hat auch keine Attraktivität und strebt nicht nach Umsetzung.

Da wir uns schon oft mit **unserem** Problem befasst haben, sei es zum Beispiel das ständig misslingende Zeitmanagement oder die Angst vor Prüfungen, stellt sich die Frage, warum wir es bisher nicht oder nur unzureichend gelöst haben und wie wir es besser machen können. Die Antwort wiederum liegt in der Wirkungsweise unseres Gehirns: Der Fokus auf ein Problem festigt die neuronalen Bahnen, welche das Problem und alle damit verbundenen negativen Empfindungen hervorrufen. Wir erhalten allenfalls eine immer differenziertere Problemsicht, sind aber immer weniger in der

Lage, das wahrzunehmen, was sich jenseits dessen an Möglichkeiten ergibt. Und vor allem: Wir erhalten uns die mit dem Problem verbundenen negativen Emotionen. Wir entwickeln zum Schutz Vermeidungsstrategien, verzetteln uns in Nebensächlichkeiten und bewegen uns **weg von** anstatt **hin zu** etwas. Dabei ist die Sicht des Problems oft genug schon das Problem an sich, denn sonst hätte es uns ja den Weg zur Lösung gewiesen.

»Die Lösung des Problems ist, wenn das Problem verschwindet«, sagte der Philosoph Wittgenstein. Es kann aber nur dann verschwinden, wenn es uns gelingt, das Problem durch eine Lösung zu ersetzen. Oder aus Sicht des Gehirns: Wir müssen die alten neuronalen Bahnen durch neue ersetzen. Die Intention *»Ich will weg von ...«* kann zwar ein Ansporn zur Veränderung sein, führt Sie aber nicht weiter, solange in Ihrem Gehirn keine alternativen, nützlicheren Strukturen bestehen, welche das alte Muster ersetzen könnten. Bildlich gesprochen: Solange nur die Autobahn da ist und nicht einmal ein ausbaufähiger Trampelpfad, werden Sie die Autobahn benutzen. Wer es gewohnt ist, bei Druck in kompensatorische Beschäftigungen zu flüchten, wird diesen Weg immer bevorzugen, solange er keine besseren Strategien entwickelt hat, um sich Herausforderungen zu stellen.

Es ist völlig zwecklos und eher kontraproduktiv, unliebsame Muster zu bekämpfen. Bedenken Sie, dass jedes Ihrer neuronal gebahnten Muster in irgendeinem Kontext für Sie sinnvoll ist, denn sonst hätten Sie es nicht gelernt. Es ist in jedem Fall eine Bewältigungsstrategie, auch wenn Sie die als problematisch empfinden. Ein neuronales Vakuum aber ist biologisch nicht vorgesehen und wäre fatal. Gerade deshalb wird im Coaching mit NLP schon lange Wert darauf gelegt, alte Muster zunächst als nützlich zu akzeptieren, um dann gesündere Muster zu finden, welche die Funktion der alten Muster übernehmen können. Sie werden alte Muster nur ablegen können, wenn sie nicht mehr benötigt werden und etwas Neues, Besseres an ihre Stelle tritt. Das ist ein Lernprozess. Und den fördern Sie mit positiven Erfahrungen.

Positive Erfahrungen wiederum können Sie nur machen, wenn Sie ein zugkräftiges Annäherungsziel verfolgen, das attraktiv genug ist, um Sie nicht beim ersten Hindernis stolpern zu lassen.

Die Aktivierung von Annäherungsschemata setzt unser neuronales Belohnungssystem in Gang, welches unsere Hirnaktivität positiv stimuliert und uns wacher, motivierter, freundlicher stimmt. Daraus folgt: Gelingt es uns zu klären, was wir wirklich wollen und daraus klare Annäherungsziele (*»Was will ich bis wann erreichen?«*) zu formulieren, sind wir auf dem richtigen Weg, befinden uns aber meist noch auf der kognitiven Ebene. Schaffen wir es darüber hinaus, uns den Zielzustand sinnlich vorzustellen, also uns zu vergegenwärtigen, wie es sich **anfühlt**, wie es aussieht, sich anhört, wenn wir diese Ziele erreicht haben, geben wir unserem Unbewussten einen unschätzbaren Input, mit dem es arbeiten kann. Warum ist das so? Weil sinnliche Wahrnehmung immer über den Bewertungsfilter des limbischen Systems verläuft und das, was wir wahrnehmen, mit Gefühlen und Emotionen anreichert. Diese geben unseren Wahrnehmungen Bedeutsamkeit. Und genau das – wir hatten das bereits gesehen – ist essenziell, wenn es um Motivation geht.

Blockaden lösen

All das hört sich relativ einfach an, aber Veränderungsprozesse fallen Menschen oft genug sehr schwer. Sie kennen sicher Beispiele aus Ihrem eigenen Leben, wo Sie wollten, aber nicht konnten. Das kann mehrere Ursachen haben. Oft dominiert Angst vor dem ungewissen Ausgang unser Verhalten. Wir wissen gut, was wir haben, und jede Veränderung könnte bedrohlich sein. Oder konkurrierende Ziele blockieren die Veränderung. Anderen Menschen wiederum stehen selbstbeschränkende Glaubenssätze im Weg. *»Ach, das können andere doch viel besser als ich ...«* Also verändern wir lieber nichts. Bewusstes Wollen hilft da nicht weiter. Erst wenn Sie Ihrem Unbewussten, genauer gesagt, den Anteilen, die Ihren inneren

Wünschen am nächsten sind, das beste Futter liefern, werden Sie den Mut aufbringen, sich vom Problem weg hin zu Lösungen zu bewegen.

Effektive Veränderung geht also nur, wenn wir sämtliche Ebenen unseres neuronalen Apparates in den Prozess der Veränderung mit einbeziehen: unsere Grundbedürfnisse und motivationale Schemata, Emotion und Kognition, bewusste und unbewusste Prozesse, Fähigkeiten, Glaubenssätze, Werte und das, was wir als Identität bezeichnen, unser unverwechselbares **Ich** sowie dessen soziale Einbindung.

Robert Dilts, Experte in Verhaltenstechniken und Mitentwickler des Konzeptes des NLP, hat ein ganzheitliches Modell entwickelt, das sich für Veränderungsprozesse auch in meiner Beratungspraxis als sehr hilfreich erwiesen hat. Dilts nennt es die logischen Ebenen (siehe Abbildung 14). Es bedient sich der Macht innerer Bilder (Dilts 1993). Die Assoziation mit einer tatsächlich erlebten Situation, aber auch, und das ist das Spannende, mit einem gewünschten, imaginierten Ereignis gelingt über dieses Modell sehr gut. Inzwischen ist diese Technik, wie zahlreiche andere Vorgehensweisen der neurolinguistischen Programmierung, neurobiologisch gut erklärbar.

Sie können dieses Modell einmal selbst für sich ausprobieren. Suchen Sie sich einen gewünschten Zustand, ein für Sie erstrebenswertes Annäherungsziel. Sie sollten die Ebenen am besten auch räumlich durchlaufen, also jeweils einen Schritt nach vorn tun. Fangen Sie mit der untersten Ebene an. Wichtig ist dabei, dass Sie auf jeder Ebene eine möglichst präzise sinnliche Vorstellung davon bekommen, was Sie wahrnehmen. Je präziser Ihre Vorstellung, umso besser ist der Grad der Assoziation mit dem gewünschten Zustand. Sie werden wahrscheinlich feststellen, dass Ihnen auf einigen Ebenen die Assoziation besser gelingt als auf anderen Ebenen. Dies zeigt Ihnen, wo Ihnen erforderliche Ressourcen derzeit nicht zugänglich sind und eventuell noch Verbesserungsbedarf besteht. Alles in

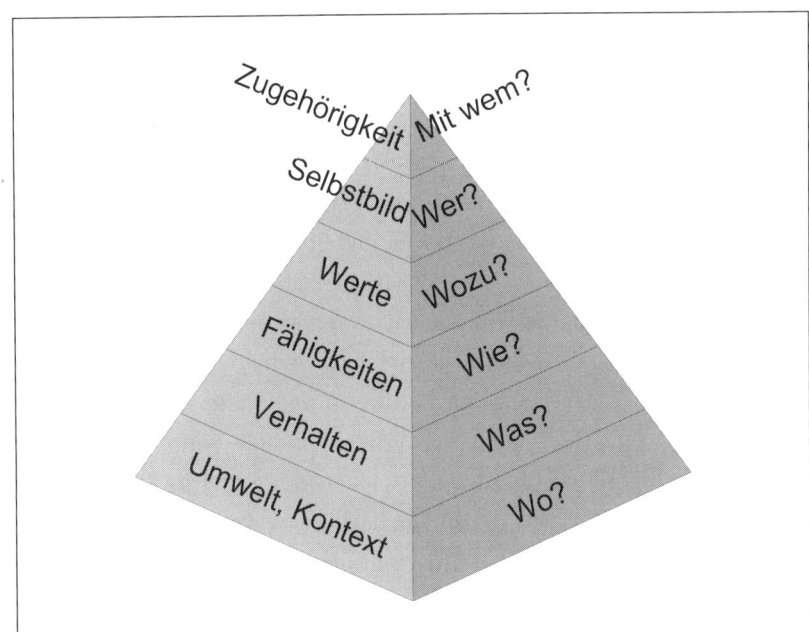

Abbildung 14: Logische Ebenen nach Dilts 1993

allem sollte es Ihnen aber gelingen, einen bestimmten Ziel-Zustand gut zu assoziieren.

- **Umwelt:** Stellen Sie sich vor, wo Sie sich bei Erreichung Ihres Ziels befinden. Beziehen Sie dabei alle Submodalitäten (Farben, Licht, Strukturen, Geräusche, Gerüche etc.) und andere Menschen mit ein.
- **Verhalten:** Was genau tun Sie im Zielzustand? Was konkret tun Sie, wie bewegen Sie sich und wie kommunizieren Sie mit anderen Menschen?
- **Fähigkeiten:** Wie genau tun Sie die Dinge, was zeichnet Ihr Handeln so besonders aus?
- **Werte und Glaubenssätze:** Warum tun Sie die Dinge so, wie Sie sie tun? Was sind Ihre inneren Überzeugungen und Haltungen?
- **Selbstbild:** Wie nehmen Sie sich wahr und wie genau fühlen Sie sich?

- **Soziale Zugehörigkeit:** Mit wem fühlen Sie sich verbunden, welcher Gruppe von Menschen fühlen Sie sich zugehörig?

Was hier geschieht, ist ein erster Schritt zur Ressourcenaktivierung und damit ein ganzes Stück **Annäherungspriming**, wie das Psychologen nennen. Insbesondere Werte, Haltungen und Glaubenssätze, wenn sie denn emotional verankert, also mit deutlich wahrnehmbaren Gefühlen verbunden sind, entfalten eine starke Wirksamkeit, wenn es um die Erarbeitung von Annäherungszielen geht. Denn es ist zwecklos, Verhalten ändern zu wollen, wenn wir die zugrunde liegenden Haltungen und Werte nicht verändern. Unser Wertesystem (hier nicht zu verwechseln mit ethischen Normen) definiert, was für uns wichtig ist und was nicht. Werte sind die Polarisationspunkte unserer Psyche, aus denen wir handlungsleitende Orientierungen, Haltungen und Glaubenssätze entwickeln. Diese wiederum bedingen unser Verhalten.

Das Verhalten folgt der Haltung

Jeder Mensch hat Strategien entwickelt, um Werte über Haltungen in Verhalten umzusetzen, um damit seine Bedürfnisse zu befriedigen. Diese Strategien sind variabel und darum auch individuell verschieden. Wer zum Beispiel den Wert »Ich möchte beachtet werden« realisieren möchte, könnte folgende Haltungen entwickeln:

- *»Andere sollen sich zurückhalten, ich will die erste Geige spielen.«*
- *»Ich genieße das Bad in der Menge, und ich fühle mich mit dem Publikum verbunden.«*
- *»Mich erfüllt es mit Freude, wenn Menschen mir vertrauen.«*

Und je nachdem, welche dieser Haltungen dominiert, könnte die betreffende Person eine Karriere als (Macht-)Politiker, als Schauspieler oder als Arzt oder Therapeut anstreben. Für alle drei stehen verschiedene Wahrnehmungen im Vordergrund, obwohl sie alle den gleichen Wert anstreben. Dieses Beispiel soll verdeutlichen, wo Veränderungsprozesse ansetzen können. Haltungen und Werte sind bessere Ansatzpunkte als deren Ausdruck: das Verhalten. Wenn wir es dann noch schaffen, die erforderlichen Ressourcen zu aktivieren, ist nichts unmöglich, außer wir zweifeln daran oder die Ökologie des Systems gerät ins Wanken.

Kompakt

Unser Gehirn wird so, wie wir es benutzen. Jedes Verhaltensmuster hat sich daher in irgendeinem Zusammenhang einmal als nützlich erwiesen. Stoßen wir mit unserem Erleben und Verhalten an Grenzen, finden wir entweder eine neue Bewältigungsstrategie, entwickeln also ein neues Muster – oder wir verwenden Vermeidungsstrategien beziehungsweise kompensatorische Techniken, die uns kurzfristig Bedürfnisbefriedigung versprechen. Versagen sämtliche Strategien, entsteht Stress. Die Entwicklung motivationaler Ziele, die Stärkung von Ressourcen und Potenzialen sowie die Auflösung von Blockaden sind hilfreiche Ansätze bei der Bewältigung von Problemen und sind damit auch Erfolg versprechende Ansätze in Veränderungsprozessen. Dabei stellen Bedürfnisse, Werte und Haltungen (und damit das Warum der Änderung) bessere Hebel dar als das Verhalten allein.

2. Evolutionäre Sicht der Veränderung

2.1 Entscheidungen – Bauch oder Kopf?

Nur die Dinge, die prinzipiell unentscheidbar sind, können wir entscheiden.

Heinz von Foerster

Ein Gefangenendilemma

Max und Moritz haben mal wieder etwas ausgefressen. Man konnte ihnen diesmal aber direkt nichts nachweisen. Es gab nur Indizien. So entschied sich das Gericht, den beiden, die in getrennten Zellen einsaßen, ein Angebot zu machen: Wenn einer der beiden gesteht, würde er freigesprochen, der andere müsste dann aber mit der Höchststrafe rechnen – fünf Jahre Schwerstarbeit in Meister Müllers Mühle. Gestehen beide, müssen beide dort nur vier Jahre schuften. Gesteht aber keiner, würden die Delinquenten aufgrund der Indizien ein paar Stockhiebe von Lehrer Lämpel bekommen. Wie nun entscheiden? Sollen die beiden darauf vertrauen, dass der jeweils andere auch den Mund hält? Dann gibt es nur die Stockhiebe. Aber was, wenn der andere quatscht? Oder doch besser gestehen, und darauf vertrauen, dass der andere es nicht tut?

Diese Art von Entscheidungsdilemma ist ein Klassiker der Spieltheorie. Es gibt keine beste Lösung, denn die hängt jeweils von der Reaktion des anderen ab. Dilemmata dieser Art erscheinen uns zunächst ungewöhnlich, sie sind aber fast alltäglich, wie wir noch sehen werden. Und damit wären wir auch schon mitten im Thema.

Wie gehen wir mit an sich unentscheidbaren Situationen im Alltag um? Was trifft in uns eigentlich die Entscheidung? Können wir überhaupt frei entscheiden oder ist unser freier Wille nur ein Hirngespinst? Und falls wir frei entscheiden können: Was können wir tun, um zu besseren Entscheidungen zu kommen?

Ohne Entscheidungen geht es nicht. In einer sich verändernden Welt kommen wir gar nicht umhin, Entscheidungen zu treffen, wenn wir nicht zurückbleiben wollen. Entscheidungen schaffen neue Realitäten. Mit ihnen reproduzieren wir uns und unsere Umwelt immer wieder aufs Neue. Es sind Lernprozesse und Voraussetzung für Veränderung sowie Entwicklung. Entscheidungen machen damit den Unterschied zwischen Stillstand und Bewegung. Wer sich verändern will, muss auch entscheiden können. Das gilt für Sie als Einzelperson ebenso wie für Organisationen. Der Soziologe Niklas Luhmann bezeichnet Entscheidungen als das Wesensmerkmal von Organisationen. Durch Entscheidungen wird Kommunikation erst verbindlich.

Tun wir, was wir wollen, oder wollen wir nur das, was wir ohnehin tun?

Die Neurobiologie geriet vor einigen Jahren ins Rampenlicht, als zwei Vertreter der Zunft, Wolf Singer und Gerhard Roth, die These vertraten, dass der Mensch gar nicht frei entscheiden würde, sondern unbewusste Prozesse, die vor allem vom limbischen System generiert würden, unser Handeln bestimmen. Demnach tun wir nicht, was wir wollen, sondern wir wollen, was wir tun. Ich bin darauf zuvor schon einmal kurz eingegangen, möchte diese Diskussion hier aber noch einmal aufgreifen, da sie ganz wesentlich für die Frage ist, ob gewollte Veränderung überhaupt eine Chance auf Erfolg hat oder ob wir schlichtweg die Sklaven unserer unbewussten Hirnprozesse sind. Träfe Letzteres zu, dann könnten Sie dieses Buch getrost beiseitelegen und sich an den Gedanken gewöhnen, dass Ihr Leben in determinierten Bahnen verläuft, die Ihnen die Evolution zugedacht hat.

Macht also **Es** mit dem **Ich** einfach, was es will? Der Gedankengang dazu ist einfach. Wenn es stimmt, dass Handlungsreize bereits entstehen, bevor wir meinen, diese Handlungsentscheidung bewusst getroffen zu haben, dann liegt der Gedanke nahe, dass wir durch unbewusste Prozesse geleitet sind und nicht durch unsere Kognitionen. Wirklich? So schnittig diese These daherkommt, es wird dabei gern vergessen, dass Benjamin Libet, auf dessen Forschung diese Behauptung ursprünglich zurückgeht, hier mit einem relativ einfachen Experiment gearbeitet hat. Der Versuchsleiter forderte die Probanden auf, den Finger zu heben. Die bewusste Handlungsentscheidung erfolgte dabei jeweils 300 bis 700 Millisekunden nach dem Bereitschaftspotenzial. Unbewusste Prozesse können bewussten also vorauseilen. Soweit ist das unstrittig. Daraus aber den Schluss zu ziehen, dass sämtliche bewusste Prozesse, also auch die Entwicklung höherer Denkstrukturen und die Entwicklung eines freien Willens, dem Diktat unbewusster Prozesse unterliegen, ist nichts weiter als eine Vermutung und alles andere als folgerichtig.

Dieser Vermutung liegt außerdem simpler Kausalismus zugrunde, der so in einem selbstorganisierenden, lernenden System wie unserem Gehirn nicht existiert. Wären unsere Kognitionen reine Sklaven impliziter Prozesse, dann stünden unsere bewussten Denkprozesse als Regulativ grundsätzlich infrage. Komplexes, zielorientiertes Handeln wäre dann wohl kaum noch möglich und die Entwicklung höherer Kultur schon gar nicht. Wir wären in der Evolution schlichtweg Schimpansen geblieben, mit denen wir ja immerhin über 98 Prozent unseres Genoms teilen. Die enorme Plastizität unserer Großhirnrinde erlaubt uns aber gerade, die Macht der Gene und der Gewohnheit zu überwinden und über uns selbst hinauszuwachsen – eine Fähigkeit, die in der belebten Welt bisher nur uns Menschen zuteilgeworden ist. Höhere Intelligenz ist daher keine Selbsttäuschung, auch wenn unbestreitbar ist, dass unsere Kognitionen oft genug als Überbau für Entscheidungen herhalten, die tiefere Hirnschichten vorbereitet haben. Nur können wir auch das reflektieren und folglich auch kontrollieren – wenn wir wollen!

Der Homo oeconomicus hat ausgedient

Das zweite große Fass, das wir ebenfalls schon früher in diesem Buch angezapft haben, ist die Frage, wie egoistisch und wie rational wir handeln. Sind wir in unseren bewussten Entscheidungen auf unseren persönlichen Vorteil bedacht und verfolgen wir dieses Ziel unter Anwendung logischer Denkweisen? Nach alldem, was uns die Neurowissenschaften bisher an Ergebnissen geliefert haben, können wir zumindest sagen, dass es für keines von beiden ein biologisch festgelegtes Programm gibt. Wir hatten gesehen, dass Menschen eine natürliche Ausstattung zur Kooperation haben und dass wir gar nicht so kognitiv gesteuerte und damit berechenbare Wesen sind, wie wir selbst glauben.

Ein eindrucksvolles Experiment, das inzwischen in einer Vielzahl von Kulturkreisen durchgeführt wurde (immer mit vergleichbaren Ergebnissen), stützt diese Auffassung. Es nennt sich Ultimatumspiel und geht so: *Ein Interviewer spricht zwei Personen an, die zufällig zusammen sind, zum Beispiel in einem Restaurant. Er bietet der einen Person zehn Euro an, die sie entweder behalten oder mit der anderen Person teilen kann. Bedingung: Die zweite Person muss die Entscheidung der ersten Person akzeptieren. Akzeptiert sie die Entscheidung nicht, geht das Geld zurück an den Interviewer.*

Folgt man rational-ökonomischer Logik, würde der Besitzer der zehn Euro dem anderen vielleicht ein oder zwei Euro anbieten, denn das Geld ist ja geschenkt und die andere Person kann froh sein, überhaupt etwas zu bekommen. Umgekehrt müsste die andere Person das so eigentlich akzeptieren, denn sonst ginge sie ja komplett leer aus.

Erstaunlicherweise geschieht das aber nicht. Zum einen lehnen die meisten Personen Angebote ab, die sie als unfair empfinden, und das sind angebotene Anteile, die deutlich zu ihren Ungunsten von einer Pareto-Aufteilung abweichen. Umgekehrt liegen die meisten Angebote auch nicht weit von einer

Pareto-Aufteilung entfernt. Es gibt also offensichtlich ein Regulativ, das uns Menschen gemeinsam ist und das eben nicht allein dem persönlichen Vorteil dient, sondern das der Kooperation den Weg bereitet. Seit der Entdeckung der Spiegelneuronen kennen wir auch die neurowissenschaftliche Basis dafür.

In Untersuchungen mit funktioneller Bildgebung konnte belegt werden, dass in Entscheidungssituationen das limbische System aktiviert ist, Emotionen also immer eine Rolle spielen. In einem interessanten Versuch an der Stanford University mit Börsenmaklern im Hirnscanner konnte vor einigen Jahren gezeigt werden, dass das innere Bewertungssystem unseres Gehirns sogar besser makeln kann, als das rational abwägende Frontalhirn der Versuchspersonen. Und um dem Ganzen noch eins draufzusetzen: In einem sehr amüsanten (allerdings unwissenschaftlichen) Test hat man prominente Models gebeten, Börsentipps zu geben, und hat dann die Erfolgsquote mit der von professionellen Analysten verglichen. Die Models erreichten die höheren Gewinne. Fast könnte man meinen, Intuition wäre selbst an der Börse der beste Ratgeber.

Der schon im ersten Teil des Buches erwähnte Neurobiologe Damásio bringt es auf den Punkt, indem er sagt, René Descartes habe sich geirrt. Die Aussage »Ich denke, also bin ich« müsse ersetzt werden durch »Ich fühle, also bin ich« (Damásio 1997). Er sagt, unser Körper sei »die Bühne der Gefühle«, und konnte nachweisen, dass die schon erwähnten somatischen Marker als Bewertungssystem für Entscheidungen unerlässlich sind. Fehlt infolge Krankheit die emotionale Bewertungsgrundlage für Entscheidungen, neigen betroffene Menschen zu kurzsichtigen Handlungen, auch wenn diese ihnen mittel- und langfristig Nachteile bringen. Erstaunlich war, dass die von Damásio untersuchten Patienten in ihren kognitiven Leistungen nicht beeinträchtigt waren und teilweise sogar eine überdurchschnittliche Intelligenz aufwiesen, aber dennoch nicht mehr in der Lage waren, zielorientiert und

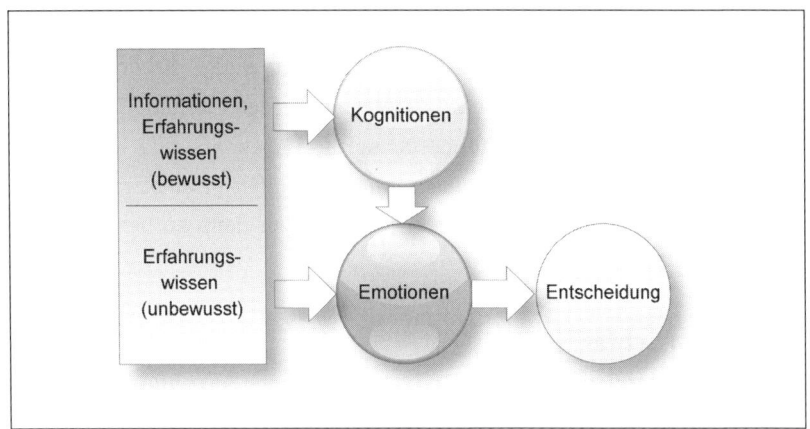

Abbildung 15: Entscheidungen verlaufen immer über den emotionalen Filter

planerisch zu handeln. Was war ihnen widerfahren? Die für die Verarbeitung von Emotionen zuständigen Bereiche im präfrontalen Cortex waren derart geschädigt, dass die Patienten Gefühle kaum noch wahrnahmen.

Damásio schließt daraus, dass Vernunft beides benötigt, den Verstand und das Gefühl. Vernünftige Entscheidungen laufen durch den emotionalen Filter (siehe Abbildung 15). Vernunft lässt sich also nicht auf die reine Ratio reduzieren. Das rein rational handelnde Wirtschaftssubjekt, der **Homo oeconomicus**, ist damit nichts weiter als ein lebensuntaugliches Auslaufmodell der Wirtschaftstheorie und gehört endgültig abgeschrieben. Marketing- und Verkaufsstrategien, die lediglich auf den Kundennutzen abzielen (wer definiert den eigentlich?), laufen ins Leere, wenn sie nicht berücksichtigen, dass emotionale Programme des Kunden (!) meist die entscheidenden Gründe für eine Kaufentscheidung sind. Kunden kaufen nicht, was sie brauchen, sondern das, was sie implizit oder explizit wollen. Letzteres herauszufinden und zu verstärken, gehört zu den Basisqualitäten eines guten Verkäufers.

Menschen lassen sich also weit mehr von Gefühlen und unbewussten Prozessen leiten, als wir bisher geglaubt haben. Einige haben es schon viel früher geahnt. John Maynard Keynes, einer der größten Wirtschaftswissenschaftler des 20. Jahrhunderts, sagte einmal: *»Es gibt nichts, was so verheerend ist, wie ein rationales Anlageverhalten in einer irrationalen Welt.«* Und damit wären wir bei der Frage, wie wir denn zu besseren Entscheidungen kommen können.

Kreativ im Schlaf

Die meisten Entscheidungstheorien beruhen auf der Anwendung logischer Schlüsse oder Wahrscheinlichkeitsberechnungen unter der Bedingung rationalen Verhaltens aller Akteure. Sie sind nützlich, wenn es darum geht, eine nach rationalen Gesichtspunkten optimale Entscheidung zu entwickeln. Sie versagen aber, wenn es darum geht, Entscheidungen vorauszusagen, da Menschen hier eben nicht rein rational handeln, wie wir eben gesehen haben. Das liegt daran, dass unser emotionales Bewertungssystem keine in mathematischen Funktionen beschreibbaren Beurteilungskriterien kennt. Unser Gehirn kennt nur attraktive, belanglose, unattraktive oder sogar bedrohliche Zustände. Und diese Bewertung verläuft intuitiv anhand gespeicherter neuronaler Muster, unserem Erfahrungswissen.

Auch wenn intuitive Entscheidungsprozesse mathematisch nicht erfassbar sind, beruhen sie dennoch auf Empirie und sind daher eben manchmal intelligenter als unsere Ratio, die sich mangels verfügbarer bewusster Erfahrung leicht irren kann. Unser Gehirn ist ein Erfahrungsspeicher hoher Komplexität. Selbst Ängste beruhen ursächlich auf nützlichen neuronalen Verknüpfungen. Vor Jahren ließ sich eine unter Höhenangst leidende Patientin mit Hilfe einer Verhaltenstherapie behandeln, bei der auch Fallschirmspringen zum therapeutischen Repertoire gehörte. Die Therapie endete tödlich: Sie stürzte ab. Gefühle, auch Ängste, sind also sicher nicht immer hinderlich.

Nebenbei bemerkt arbeitet im Gegensatz zu unserem Bewusstsein der implizite Verarbeitungsmodus einfach im Hintergrund. In psychologischen Tests mit Kreativitätsaufgaben ließ sich nachweisen, dass Menschen zu besseren Lösungen kommen, wenn Sie eine Problemstellung erst einmal sacken lassen, sich mit etwas anderem beschäftigen und erst später an die Aufgabenstellung gehen. Warum das so ist? Weil Ihr Gehirn schon klammheimlich an der Lösung arbeitet, während Sie noch die Zeitung lesen oder Kreuzworträtsel lösen.

Nun sollte uns das aber nicht zu der Auffassung verleiten, dass intuitive Entscheidungen immer gute Entscheidungen sind. Intuitive Entscheidungen versagen natürlich in den Bereichen, wo es uns an Erfahrungswissen mangelt. Ein Flugzeug mit dem Erfahrungswissen eines Autofahrers steuern zu wollen, wäre fatal. Um eben das zu verhindern, haben wir unsere Vernunft als Kontrollinstanz.

Null Problemo

Wann fällt es uns leicht, zu entscheiden? Immer dann, wenn die Sache klar ist und es eigentlich nichts zu entscheiden gibt. Dann sind folgende Voraussetzungen erfüllt:

- Wir haben ein klares Annäherungsziel (eindeutig motiviert, sinnlich vorstellbar, keine Zielkonflikte): **Know what you want!**
- Das Ergebnis unserer Entscheidung ist genau genug abschätzbar (große Gewissheit und geringes Risiko): **Know what you get!**
- Das Ergebnis ist besser als ein anderes: **Know the difference!**
- Der Weg zum Ergebnis ist bekannt und begehbar (relevante und überschaubare Informationen verfügbar): **Know the track!**

Sind diese Bedingungen erfüllt, haben wir kein Entscheidungsproblem. Wir wissen ja, was wir wollen und wie wir es am besten bekommen. Unser Entschluss ist alternativlos und daher ist eine Entscheidung unter sicheren Randbedingungen auch keine echte Entscheidung. Sie weist uns aber den Weg, in welche Richtung wir ein Entscheidungsproblem transformieren sollten, um es lösbar zu machen.

Entscheidungsprobleme

Echte Entscheidungen sind immer durch Unsicherheit gekennzeichnet. Wir wissen nicht, oder zumindest nicht genau, was wir bekommen, wenn wir uns entscheiden. Und gerade hier schaltet sich unser emotionales Bewertungssystem ein, denn mit Unbekanntem kann unser Gehirn wenig anfangen. Es geht in den **Pass auf!**-Modus. Wir müssen also die Unsicherheit reduzieren, dem Unbekannten eine Struktur geben, damit unser Gehirn es mit bekannten Mustern vergleichen und bewerten kann. Nur so können wir entscheiden.

Was also macht uns nun in der Entscheidungs-Praxis besonders Kopfzerbrechen? In Tabelle 3 sind die aus meiner Sicht häufigsten Entscheidungsprobleme dargestellt.

Die Kraft innerer Bilder

Entscheiden können wir nur, wenn wir Kriterien zum Entscheiden haben. Nehmen wir als Beispiel eine Speisekarte. Aus einer Speisekarte, in der nur beliebige Zahlencodes ohne bekannte Bedeutung aufgelistet sind, können wir zwar wählen, aber nicht bewusst entscheiden. Also benötigen wir zusätzliche Informationen. Vor allem brauchen wir aber Bewertungsmaßstäbe als Entscheidungsprämissen. Ohne die macht eine Entscheidung im wahrsten Sinne des Wortes keinen Sinn. Wenn wir zwar Beschreibungen der Gerichte hätten, aber nicht die geringste Vorstellung davon, welche der zur Wahl stehenden Gerichte uns schmecken könnten, können wir immer noch

Problem	Beschreibung	Handlungsoption
Prämissen fehlen	Kriterien für die Entscheidung sind nicht vorhanden	Ziele festlegen, Informationen sammeln
Überfrachtung	Zu viele Informationen überfluten Ihr Gehirn und verhindern eine klare Strukturierung (Zeitfenster!)	Informationsmenge reduzieren
Ungewissheit	Sie können die Folgen Ihres Handels nicht abschätzen (systemisches Chaos)	Strukturieren, Modellbildung
Risiko	Die erwarteten Ergebnisse Ihrer Entscheidung sind zwar wahrscheinlich, aber nicht sicher (systemische Unschärfe)	Modellverbesserung, testen
Dilemma	Egal, wie Sie sich entscheiden, es gibt immer eine unerwünschte Folge	Reframing, Wechsel der Perspektive

Tabelle 3: Entscheidungsprobleme und mögliche Lösungsansätze

nicht bewusst entscheiden. Wir haben dann keine Messlatte, kein Gefühl für das, was wir entscheiden.

Wir müssen der Entscheidung also gedanklich vorgreifen, um entscheiden zu können. Entscheidungen sind insofern, das betont auch Luhmann, ein zirkulärer Prozess. Ohne Prämissen geht nichts.

Aber zirkuläres Denken bereitet vielen Menschen Probleme. Ich will das an einem weiteren Beispiel, einer einfachen Rechenaufgabe, verdeutlichen: *Wenn ein Sack Äpfel ein Kilogramm und noch einmal so viel wie der halbe Sack wiegt, wie viel wiegt dann der ganze Sack Äpfel? Intuitiv antworten die meisten Menschen: eineinhalb Kilogramm. Doch diese Antwort ist falsch, wie*

Nachrechnen zeigt (der Sack muss 2 kg wiegen, denn die Differenz wäre dann 1 kg und das ist genau die Hälfte des Gewichtes des ganzen Sackes).

Sie können diese Aufgabe nur lösen, wenn Sie das Ergebnis vorwegnehmen. So ist es auch mit Entscheidungen. Sie müssen Prämissen setzen, die Sie eigentlich gar nicht setzen können. Paradox nicht wahr? Daraus können wir schließen:

* Reine Kausalistik hilft bei Entscheidungen nicht weiter.
* Scheitern ist immer eine reale Möglichkeit.
* Fehler sind vor allem eins: Erfahrungen, die Sie zum Lernen nutzen sollten.

Gerade die Existenz unserer hoch entwickelten Großhirnrinde ist es übrigens, die uns einen derartigen Umgang mit unsicheren Situationen ermöglicht. Nur dadurch sind wir in der Lage, unseren Wahrnehmungsraum zu erweitern und in komplexen Situationen Lösungen zu finden. Diese führen aber nur dann zu Entscheidungen, wenn sie unser emotionales Bewertungssystem erfolgreich passieren. Das tun sie dann, wenn sie nicht gefährlich erscheinen und unseren motivationalen Zielen dienen.

»Ein Schiff ohne Ziel erreicht keinen Hafen«, sagt ein Sprichwort. Wer nicht weiß, wohin er will, wird sich an einem Abzweig schwer entscheiden können, welche Straße er nehmen soll. Ziele sind gewissermaßen immer die Entscheidungen hinter Entscheidungen. Ist das Ziel nicht klar oder liegt ein Konflikt konkurrierender, nicht-vereinbarer Ziele vor, werden weder Ihr Verstand noch Ihre unbewussten Bewertungssysteme einen geeigneten Maßstab haben, um gut zu entscheiden. Stehen Sie vor einer Entscheidung und sehen Ihr Ziel klar vor Augen, hören es in Ihren Ohren klingen oder können es sogar riechen, wird es Ihnen leichter fallen, sich zu entscheiden. Denn Ihr Gehirn kann mit abstrakten Modellen wenig, mit konkret sinnlich

wahrnehmbaren Bildern dafür wesentlich mehr anfangen. Was ist schon eine **kreative Modedesignerin** im Vergleich zu einer cool gekleideten, vor Energie sprudelnden Frau in ihrem lichtdurchfluteten Atelier, umgeben von farbigen, wallenden Stoffen, deren Haptik ihr immer wieder ein angenehm wohliges Gefühl verschafft und ihre Fantasie beflügelt …

Data-Overflow, Ungewissheit und Risiko

Doch zurück zu den Informationen, die wir zweifellos benötigen, um überhaupt entscheiden zu können: Diese sollten nicht zum Selbstzweck werden. Wenn wir nämlich unser Gehirn mit zu vielen Informationen überfluten, nehmen wir ihm die Chance einer Bewertungsmöglichkeit. Das liegt daran, dass für unser Gehirn die Gegenwart etwa einem Zeitfenster von drei Sekunden entspricht und wir innerhalb dieses Zeitfensters nur eine begrenzte Anzahl von Informationen (etwa fünf bis sieben) gleichzeitig verarbeiten können. Das glauben Sie nicht? Machen Sie doch mal einen kleinen Selbsttest! Versuchen Sie sich innerhalb von drei Sekunden folgende Zahlengruppe zu merken: 762195616. Schwierig? Wie wäre es mit folgender Zahlengruppe: 762 195 616? Einfacher, nicht?

Im Falle einer Informationsüberflutung ist es also wichtig, Information zu reduzieren. Arbeiten Sie nach dem KISS-Prinzip: **K**eep **I**t **S**imple and **S**tupid! Misten Sie aus! Reduzieren Sie den Sachverhalt radikal. Sie müssen dazu klären, was für die Entscheidung wirklich wichtig ist. Fällt Ihnen das schwer? Wenn ja, dann herrscht bei Ihnen vielleicht die Angst vor, etwas falsch zu machen und etwas zu übersehen – mit der Folge, dass Sie mit Akribie alle Details sammeln, die irgendwie Bezug zur Entscheidung haben können. Sie sehen am Ende aber den Wald vor lauter Bäumen nicht mehr, weil Sie den verstehbaren Zusammenhang zerstückelt haben. Oder Sie haben bei aller Akribie Ihre Zielperspektive aus dem Auge verloren. Sie wissen dann wahrscheinlich gar nicht mehr, wo genau die Reise hingehen soll.

Eine direkte Folge der Informationsüberflutung ist die Erhöhung der Ungewissheit Ihrer Entscheidung. Struktur geht verloren, das Wirrwarr wächst. Sie können dann nicht mehr einschätzen, welche Folgen eine Entscheidung überhaupt haben kann. Es herrscht systemisches Chaos. Sie haben das dumpfe Gefühl, das wohl alles irgendwie zusammengehören müsste, aber Sie wissen nicht wie.

Hier kommen Sie mit NLP weiter: Werden Sie zum Modellbauer. Machen Sie sich von der Situation ein modellhaftes Bild. Imaginieren Sie, als ob sie tatsächlich entschieden hätten, und spielen Sie die Möglichkeiten gedanklich durch. Oft ist die Visualisierung der Entscheidungssituation mit einer Zeichnung hilfreich. Eine Servierte sollte dazu reichen, denn mehr als dort drauf passt, bekommen Sie auf einmal nicht in Ihren Kopf. Eventuell bietet sich sogar eine reale Erfahrung an. Dann probieren Sie es aus. Machen Sie eine Probefahrt!

Kommen Sie immer noch nicht zu einer klaren Entscheidung, dann können Sie sich auch in die Rolle eines außenstehenden Beraters begeben. Das kann zum Beispiel eine Person Ihres Vertrauens sein, auf deren Urteil Sie zählen (»Wie würde ... das wohl sehen?«). Es kann aber auch ein völlig unabhängiger Beobachter sein, der quasi über den Dingen steht. Wir sprechen dann von der Meta-Position. Auch ein Blick aus der Zielperspektive oder aus der Vergangenheit ist möglich. All dies sind Wahrnehmungspositionen, die uns bei Entscheidungen helfen können (siehe Abbildung 16). Wichtig ist dabei, dass Ihre Perspektiven sinnlich konkret sind und sich nicht in abstrakten Überlegungen verlieren.

Von der Unsicherheit des ungewissen Ausgangs ist das Risiko des tatsächlichen Eintritts eines Ereignisses zu unterscheiden. Ein einfaches Beispiel mag diesen Unterschied verdeutlichen: Wenn Sie im Spielkasino am Roulet-Tisch stehen und die Spielregeln nicht kennen, wäre der Einsatz

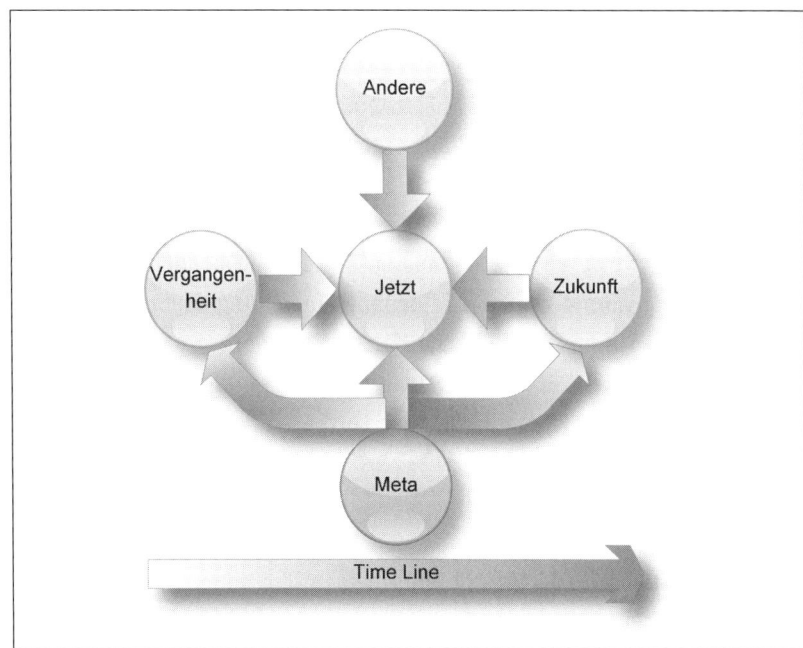

Abbildung 16: Time Line mit Wahrnehmungspositionen

von Geld auf irgendeines der Felder für Sie ein Spiel mit ungewissem Ausgang. Kennen Sie aber die Regeln, unterliegt Ihr Einsatz nur noch dem statistischen Risiko. Sie wissen genau, was Sie gewinnen (oder verlieren) können, und Sie kennen auch die Wahrscheinlichkeiten.

Wenn Sie der Meinung sind, dass Ihr sinnbildliches Entscheidungsmodell noch nicht genau genug ist, dann präzisieren Sie es so, dass Sie einen noch genaueren Eindruck bekommen und dadurch das wahrgenommene Risiko reduzieren. Auch hier gilt: Imaginieren Sie, visualisieren Sie. Bleiben Sie dabei sinnlich konkret – aber überladen Sie es nicht! Verfeinern Sie Ihr Modell und tun Sie so als ob. Das gibt dem Sachverhalt noch mehr Struktur und Ihnen einen besseren Unterbau beim Entscheiden. Erst dann kommen Sie zu den oben dargelegten Essentials guten Entscheidens: Know what you want! Know what you get, know the difference and know the track! Ihr Gehirn benötigt diese Struktur und Sicherheit.

»Wenn ich doch aber nicht sicher weiß, was tatsächlich geschieht?« Sie können und müssen es nicht wissen. Sie müssen es aber für möglich halten. Und das können Sie nur, wenn Sie eine genaue Vorstellung davon entwickeln. Und außerdem: Sie sind doch Change Manager in eigener Sache, oder? Dann sind Sie selbst Akteur in diesem System und haben die Möglichkeit, den Verlauf der Dinge zu steuern. Vorausgesetzt, Sie kennen die Richtung. Genau darum geht es in Change Prozessen.

Dilemma

Dilemma heißt: Egal, wie Sie sich entscheiden, Sie müssen Federn lassen. Entweder hängt das Ergebnis auch von der (uns unbekannten) Entscheidung eines anderen ab, wie zum Beispiel im Gefangenendilemma, oder die Entscheidung führt in jedem Fall dazu, dass Sie auf etwas verzichten müssen. Beide Fälle begegnen uns in Entscheidungssituationen immer wieder. Gerade in Veränderungsprozessen scheitern viele Menschen an dem Dilemma, dass sie immer etwas aufgeben müssen, wenn sie sich verändern wollen. Dabei lässt sich dieses Paradoxon des Verlierens um des Gewinnens willen nicht auflösen. Auch lässt es sich in komplexen Entscheidungssituationen nicht vermeiden, dass andere Akteure Dynamik in die Entscheidung bringen. Das liegt ebenfalls in der Natur der Sache. In der Folge verzichten dann viele Menschen lieber auf die **eigentlich** gewünschte Veränderung.

Schwierig wird es auch, wenn wir mit einer Verwicklung zweier Entscheidungen konfrontiert sind. Man nennt das in der Fachsprache Double-Bind. Es meint die implizite Verknüpfung zweier Entscheidungen.

Beispiel: Double-Bind

Ein Hotel-Kellner fiel seinem Chef dadurch auf, dass er fast allen seiner Gäste mit dem Frühstück ein Frühstücksei verkaufte, was seinen Kollegen nicht gelang. Auf die Frage, wie er das wohl anstellte, sagte er: »Na, das ist ganz einfach. Ich frage meine Gäste, ob sie ein Ei oder zwei Eier zum Frühstück möchten.«

Was geschieht hier? Der Kellner setzt auf eine geschickte Art einen Entscheidungsrahmen. Er setzt implizit voraus, dass seine Gäste ein Frühstücksei möchten. Dieser Prämisse folgen die meisten Menschen. Und damit wird auch schon klar, wie sich ein derartiges Dilemma lösen lässt: Stellen Sie den Entscheidungsrahmen infrage und trennen Sie die Entscheidungen. Die Frage lautet dann *»Möchte ich überhaupt ein Ei?«* Und wenn ja, *»Wie viele Eier möchte ich?«* Sie könnten sich natürlich auch fragen: *»Möchte ich überhaupt frühstücken oder vielleicht doch lieber nur die Zeitung lesen?«*

Dilemmata sind der klassische Grenzfall menschlicher Ratio. Ein berühmtes Beispiel aus der Literatur ist die Geschichte von Buridans Esel, der verhungerte, weil er sich nicht entscheiden konnte, welchen von zwei Heuhaufen, vor denen er stand, er fressen sollte. Fraß er den einen, musste er auf den anderen verzichten. Ziemlich dumm könnte man meinen, nicht wahr? Aber das ist ein Klassiker. Überlegen Sie einmal, wie oft Sie schon vor einer Entscheidung standen, die mit Verzicht verbunden war und Ihnen damit als scheinbar unlösbar erschien. Im wirklichen Leben sind Dilemmata ein Zeichen von festgefahrenen Mustern. Sie lassen sich rein kognitiv und logisch nicht lösen, denn dann wären es keine Dilemmata. Es nützt Ihnen dann nichts mehr, zu strukturieren und Ihre Modelle zu verfeinern. Das führt Sie eher noch viel tiefer ins Dilemma. Sie kennen das Problem schließlich in allen Facetten, aber Sie bleiben gefangen in seinem Teufelskreis. Den müssen Sie aufbrechen und verlassen, wenn Sie ein Dilemma lösen wollen.

Da hilft nur ein Wechsel der Perspektive und des Bezugsrahmens (Reframing). Das heißt: Ein neues Entscheidungsmodell muss her. Eine Lösungsmöglichkeit wäre ein Wechsel vom Problemrahmen zum Zielrahmen. Bezogen auf Buridans Esel würde das bedeuten: Weg von »*Welchen Haufen soll ich wählen?*« hin zu »*Überleben oder nicht?*« Oder: Hätte Buridans Esel sich nicht zwischen die Heuhaufen, sondern außen neben einen der Haufen gestellt und sich vorgenommen, den erstbesten Haufen zu fressen, wäre er wohl nicht verhungert. Er hätte sich in die Lage seines Magens versetzen können, der ja die Heuhaufen nicht sehen kann und dem es völlig egal ist, welcher Heuhaufen gefressen wird. Mannigfaltige Lösungsmöglichkeiten – wenn man nur kreativ wird.

In jedem Fall sollten Sie mit Varianten spielen. Spiel ist ein hervorragendes Lerntool. Nicht umsonst ist **trial and error** ein bewährtes Gestaltungsinstrument der belebten Natur. Es hebt feste Muster auf und kreiert neue Möglichkeiten. Lassen Sie also keine Denkverbote und keine Tabus zu, lassen Sie Ihre Fantasie schweifen.

Ein interessantes Entscheidungsmodell ist das aus der systemischen Strukturaufstellung stammende Tetralemma (Kibéd und Sparrer 2009). Die verschiedenen Entscheidungspositionen bekommen entsprechende Positionen im Raum (siehe Abbildung 17). Dabei wird das Dilemma (A oder B) um drei Positionen erweitert. Die dritte Position stellt das Dilemma dadurch infrage, dass sie A und B gemeinsam zulässt **(beides)**. Die vierte negiert A und B **(keines)** und die fünfte Position stellt alle anderen Positionen infrage **(weder das eine noch das andere)**. Die Entscheidung wird damit auf eine höhere Ebene verschoben, bei der sich der Betrachtungsrahmen ändert. Hier ist alles erlaubt: Sie können die anderen Positionen verschieben, einzelne entfernen. Wichtig ist auch hier wieder die Imagination der jeweiligen Zustände mit allen sinnlichen Modalitäten . Dieses Verfahren lässt sich auch im Rahmen eines Teamcoachings hervorragend einsetzen.

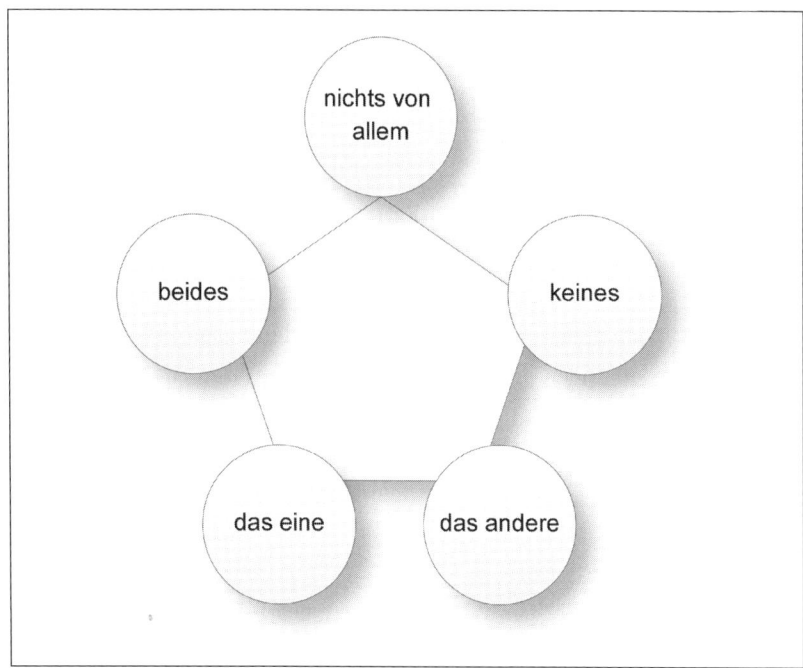

Abbildung 17: Auflösung des Dilemmas im Tetralemma

Verlieren Sie aber niemals die Zielperspektive. Egal, wofür Sie sich entscheiden: Prüfen Sie, ob das Ziel noch stimmt. Entscheidungen ohne Zielperspektive sind etwa so wie Fliegen ohne Flugschein: Man hebt ab und
kommt auch irgendwie und irgendwo wieder runter, nur riskiert man eine
Bruchlandung. Klar ist aber auch, dass echte Entscheidungen immer mit
Unsicherheiten behaftet sind. Ohne erfahrungsgesteuerte, emotionale Be-
wertungsmuster würde uns das paralysieren. Wir wären schlicht nicht ent-
scheidungsfähig. Um das zu vermeiden, müssen wir unser Gehirn füttern:
Nicht nur mit Informationen, sondern vor allem mit konkreten Wahrnehmungen. Dazu müssen wir imaginäre Modelle bauen, eine möglichst
genaue Vorstellung davon entwickeln, wohin wir kämen, wenn wir gingen.

Nur so können wir zu **kongruenten** Entscheidungen kommen. Kongruent sind sie dann, wenn unsere Vernunft und unser Bauchgefühl zum gleichen Ergebnis kommen. Denn nur dann erscheinen sie uns als gut.

Mut zu Entscheidungen!

Was können Sie nun von alldem für Entscheidungssituationen mitnehmen? Fassen wir einmal zusammen:

- Entscheidungen sind Voraussetzung für Veränderungsprozesse. Nur durch Entscheidungen produzieren Sie neue Realitäten. Wer verändern will, muss entscheiden.
- Entscheidungen reduzieren durch Festlegungen Komplexität. Sie erhöhen damit Ihr psychisches Gleichgewicht.
- Entscheidungen sind immer unsicher, sonst gäbe es nichts zu entscheiden. Fassen Sie Mut!
- Entscheidungen benötigen Prämissen. Sie müssen Maßstäbe entwickeln, an denen Sie Alternativen messen können. Werte, Haltungen und Ziele sind starke Prämissen.
- Um gut entscheiden zu können, müssen Sie Ihrem emotionalen Bewertungssystem Futter geben: sinnlich fassbare Imaginationen, reale Informationen oder Erfahrungen.
- Dilemmata lassen sich nur durch Perspektivenwechsel und Reframing lösen. Stellen Sie gegebene Muster und Perspektiven infrage und entwickeln Sie spielerisch neue.
- Probieren Sie aus! Gehen Sie mit Entscheidungen spielerisch um. Trennen Sie sich von linearer Kausalistik (wenn – dann, entweder – oder) und selbstbeschränkenden Glaubenssätzen.

Entscheidungen sind immer kreative Prozesse mit hohem Lernpotenzial. Sie benötigen dazu Ihren Verstand ebenso wie Ihre emotionalen Kompetenzen. Und Sie benötigen einen starken freien Willen. Lassen Sie sich den nicht ausreden, auch von Neurobiologen nicht.

Kompakt

Auch wenn unser Verhalten zum großen Teil von unbewussten Prozessen dominiert wird, haben wir mit unserem Reflexionsvermögen ein Korrektiv, das uns den freien Willen bewahrt. Echte Entscheidungen sind immer durch Unsicherheit, Risiko oder ein Dilemma gekennzeichnet. Unser implizites Erfahrungswissen, das sich in Form von Gefühlen äußert, liefert uns eine unentbehrliche Entscheidungshilfe in komplexen Situationen. Es führt aber nicht immer zu guten Entscheidungen. Wenn wir bewusst entscheiden, sollten wir zum einen ausreichend Informationen verfügbar haben, aber deren Komplexität so weit reduzieren, dass wir noch den Überblick behalten können. Werte und Ziele sind starke Maßstäbe für gute Entscheidungen. Wir sollten das Ergebnis einer Entscheidung imaginieren können. In schwierigen Situationen hilft meist ein Wechsel der Betrachtungsperspektive oder eine Neubewertung der Situation (Reframing).

2.2 Change Management – über die Relevanz von Betroffenheit

Wo kämen wir hin, wenn jeder sagte: »*Wo kämen wir hin*«, *und keiner ginge, um einmal nachzuschauen, wohin man käme, wenn man ginge.*

Kurt Marti

Die Weisen und das Hochhaus

Drei Weise entdeckten am Horizont ein Hochhaus. Da sie aus einer Welt kamen, in der es keine Hochhäuser gab, fragten sie sich, um was es sich bei diesem Bauwerk handeln könnte. Einer schlug vor, man solle doch einfach hingehen und nachschauen. Ein anderer wendete ein, dass das ein weiter Weg sei. Der Dritte schließlich schlug vor, man solle doch am besten die vorhandene Weisheit zusammentragen, um zu klären, was sich dort am Horizont befindet. Und so taten die Weisen es. Nach vielen Stunden der Beratung kamen sie zu dem Ergebnis, dass es sich um etwas so Außergewöhnliches und Großes handelte, dass es nur von Riesen erbaut sein könne. Man beschloss daher, sich nicht auf die Reise in das ferne Land zu machen, da das gefährlich sei. Erleichtert, dass ihre Weisheit sie vor dem sicheren Untergang bewahrt hatte, zogen die Weisen weiter und schenkten dem Hochhaus fortan keine Beachtung mehr.

Es ist in der letzten Zeit viel Kritisches über Change Management geschrieben worden bis hin zu der Auffassung, dass Change Management viel Staub aufwirbele, aber seine Wirkung grundsätzlich verfehle. Im Zeitalter der Beschleunigung sind wir in der Tat oft dem Glauben erlegen, dass so ziemlich alles möglich sei, vor allem schnelle Veränderung – um dann oft desillusioniert festzustellen, dass es so einfach nicht geht. Change Prozesse werden dann schnell abgebrochen oder durch neue Projekte ersetzt. Change Management wird so zum Selbstzweck und die wiederholte Veränderung wird durch den ständigen Wechsel von Motivation und Enttäuschung befördert.

Eine Studie von IBM Global Business Services unter 220 deutschen Projektmanagern ergab, dass knapp die Hälfte der untersuchten Change Projekte zumindest problembehaftet war, jedes sechste wurde abgebrochen. In einer Untersuchung unter Beteiligung der TU München zeigte sich sogar eine Abbruchquote von einem Drittel. Eine von der Deutschen Gesellschaft für Supervision initiierte Studie über psychosoziale Kosten turbulenter Veränderungen stellt fest: *»Früher sind die besten Fachleute in Führungspositionen aufgestiegen, ohne etwas von Management zu verstehen. Heute werden die Positionen von Managern besetzt, die vermeintlich profitable Veränderungen durchsetzen, weil sie kein Verständnis für die Qualitätsstandards »guter Arbeit« haben und deshalb auch nicht beurteilen können, welche Ressourcen zu deren Erfüllung unentbehrlich sind.«* (Haubl und Voss 2009)

Sind ambitionierte Change Projekte daher grundsätzlich abzulehnen? Sicher nicht, denn beides, die überzogenen Erwartungen und die Enttäuschung, beruht oft auf inadäquaten Grundannahmen. Organisationen sind nicht nur komplexe, sondern auch lernende Systeme. Hierin liegt eine Chance, aber auch eine Schwierigkeit von Veränderungen. Veränderungsprozesse beruhen immer auf menschlichen Lernprozessen. Wenn motivationale Grundlagen von Lernprozessen und der systemische Charakter von Veränderungen ignoriert werden, drohen Change Projekte zu scheitern. Wir wollen uns in diesem Kapitel daher ansehen, woran es oft hapert und wie es besser gehen kann.

»Das ziehen wir dann mal durch«

Change heißt Spurwechsel, unebenes, kurviges Gelände, Gegenwind. Wer ein System verändern will, bekommt es mit dessen Strukturen zu tun und die sind meist gut eingefahren. Die Macht der Gewohnheit ist ein starker Gegner. Und als solcher wird der dann auch oft bekämpft. *»Weg mit dem ollen Plunder, denn wer zu spät kommt, den bestraft das Leben.«* Oder: *»Da muss eine eiserne Hand her, die das alles vorantreibt.«* – und dabei alle anderen Betroffenen weit hinter sich lässt. *»Ach komm, die Leute bekommen einen Bonus, Kompensation und ein bisschen Schulung, dann läuft das schon.«*

Dabei haben selbst langjährige, erfahrene Manager nach Change Projekten schon den Jojo-Effekt erlebt. Es ist wie beim Abnehmen: Kaum dreht man sich um, ist das alte Fett wieder da. Selbst diejenigen, die wir gewöhnlich für mächtig halten, machen diese Erfahrung: CEOs von multinationalen Konzernen berichten über ihr Gefühl von Machtlosigkeit beim Versuch, den großen Tanker umzusteuern – zu mächtig sind die weitläufigen und tief vernetzten Strukturen. Andere machen die Erfahrung, dass sie sich selbst mindestens ebenso verändert haben wie das System. Joschka Fischer, der es vom Sponti in Turnschuhen zum Außenminister im Maßanzug gebracht hat, ist ein prominentes Beispiel.

Doch wenn es einmal schiefläuft, dann ist guter Rat teuer. Der Change Agent wird gesteinigt, die Mitarbeiter werden jetzt wirklich zu Gegnern und die Vorstandsriege schüttelt den Kopf. Ja, wer **Change** ruft, wird oft genug beklatscht, aber wer dann auch noch wagt, das umzusetzen, der bekommt Nackenschläge. Die Welt ist eben ungerecht. Ein schwacher Trost, dass uns niemand versprochen hat, dass sie gerecht sei. Irgendwie scheint Change also doch nicht so einfach zu sein.

Glaubenssätze

Und es sind immer wieder bestimmte Glaubenssätze, die es Change Managern schwer machen. Hier eine Auswahl:

- Stabilität ist der Normalzustand, Veränderung die Ausnahme.
- Veränderung ist ein linearer Prozess.
- Das Symptom ist das Problem.

- Veränderung kann nur von oben nach unten erfolgen. (Manager-perspektive)
- Veränderung kann nur von außen erfolgen. (Beraterperspektive)
- Commitments und finanzielle Anreize motivieren die Belegschaft.
- Fortbildung sichert die Umsetzung.

Dass wir die Stabilität eines bestimmten Zustandes als normal empfinden, liegt vielleicht daran, dass unser Gehirn nur Zustände kennt und keine Prozesse. Gerade in einer sich schnell wandelnden Welt ist Veränderung aber der Normalfall. In einer sich wandelnden Umwelt lässt sich Stabilität nur durch Veränderung erreichen. Oder mit den Worten von Gustav Heinemann: *»Wer nichts verändern will, wird auch das verlieren, was er bewahren möchte.«*

Haben wir aber einmal akzeptiert, dass Veränderung stattfindet, erwarten wir, dass diese einem einfachen wenn-dann-Muster folgt. Auf eine Maßnahme folgt die intendierte Veränderung. Wenn wir unsere Kaffeetasse vor uns ergreifen wollen, laufen wir ja auch nicht um den Tisch. Aber schon wenn ein Fußballspieler den Ball ins gegnerische Tor schießen will, stellt er fest, dass das selten mit einem Durchmarsch gelingt. In Systemen ist der Verlauf von Veränderungsprozessen durch die Komplexität des Systems bestimmt – und die lässt selten direkte Wege zu.

»Tausche Probleme gegen Ziele«

Zu leicht neigen wir zu einfachen Kausalschlüssen. Fliegt irgendwo die Sicherung heraus, wechseln wir die aus und erkennen oft nicht, dass das Problem ganz woanders liegt. Wir machen so das Symptom zum Problem. Es ist daher empfehlenswert, hinter das Symptom zu schauen, gewissermaßen auf das Problem hinter dem Problem.

Beispiel:

Der Metallverarbeiter HeavyMetal GmbH hat massive Probleme mit zu langen Lieferzeiten, was schon zum Verlust von Aufträgen geführt hat. Der CEO sieht das Problem in der Überforderung des Produktionschefs und würde den am liebsten auswechseln. Der Produktionschef hingegen beschwert sich über ständige Produktänderungen, welche eine in-time Produktion verhindern. Der Vertriebschef wiederum betrachtet die Produktion als völlig unterbesetzt und fordert dort Neueinstellungen. Einig sind sich alle nur darin, dass sich etwas ändern muss. Schließlich zeigt sich in einem moderierten Workshop, dass es die schlechten internen Kommunikationsstrukturen sind, welche eine reibungslose Auftragsabwicklung nahezu unmöglich machen.

Es ist also hilfreich, das Problem vorab zu strukturieren. Problemfelder oder auch Veränderungsfelder lassen sich unterteilen in interne Probleme, Probleme mit dem Umfeld und Probleme mit Aufgaben (siehe Abbildung 18).

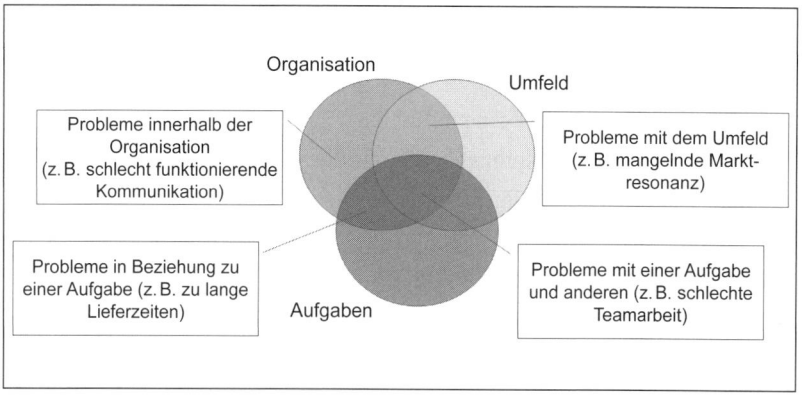

Abbildung 18: Veränderungsfelder in Unternehmen (nach Schmidt-Tanger (2005))

Haben wir das erst einmal geklärt, sind wir allerdings immer noch nicht bei der Lösung, denn die Problemsicht ist nicht die Lösungssicht. Oder um es mit Albert Einstein zu sagen: *»Problem space is not solution space«*. Daher ist der Entwurf einer Zielperspektive unerlässlich. Wichtig: Dies muss ein konkretes Annäherungsziel sein. Ziele wie »Wir wollen die Kommunikationsprobleme konstruktiv lösen« sind wenig hilfreich, weil Sie kein klares Zielszenario entwerfen. Mit abstrakten Größen können menschliche Gehirne nichts anfangen, was ihre motivationalen Schemata aktivieren und aktives Handeln auslösen würde. Die Frage lautet dann: *»Wie genau muss die Kommunikation aussehen, damit Abläufe so funktionieren, wie sie sollen?«* Je genauer das Zielszenario, umso besser lassen sich auch Strategien und Maßnahmen zur Erreichung des Ziels entwerfen.

Im Netz verheddert?

Tabelle 4 auf der folgenden Seite zeigt die wichtigsten systemischen Einflussfaktoren in Veränderungsprozessen. Je höher der Vernetzungsgrad eines Systems, umso höher das Trägheitsmoment und umso schwieriger gestalten sich Change Prozesse. Punktuelle, kurzfristige Maßnahmen sind darum wenig geeignet, ein System umzukrempeln. Ansonsten wird der Impuls vom System weitestgehend absorbiert und der genannte Jojo-Effekt stellt sich ein. Jedes System hat steuernde Rückkopplungsprozesse, die ebenso wie die meisten systemischen Prozesse nichtlinear sind. Selbst ein Bündel von verordneten Maßnahmen unterliegt den Rückkopplungsprozessen des Systems. Es ist wie in der Medizin: kaum ein Eingriff ohne Nebenwirkungen. Es ist daher illusionär, anzunehmen, dass allein direktive Maßnahmen in Change Prozessen die gewünschte Wirkung erzielen können. Ein komplexes System macht das nahezu unmöglich oder erzeugt unerwünschte Nebenwirkungen. Schon hieraus erklärt sich ein Teil des Scheiterns von Change Management in der Praxis.

Faktoren	Wirkung
Vernetzungsgrad	bedingt Trägheit des Systems gegenüber Veränderungen, Maßnahmen wirken erst zeitverzögert
Rückkopplung (Feedback)	verwischt klare Ursache-Wirkungs-Ketten, verstärkt oder dämpft Entwicklungen
nichtlineare Prozesse	führen zu unerwarteten Ergebnissen
Funktion versus Menge	Mengenorientierung macht das System anfällig, Funktionsorientierung flexibel
Jiu-Jitsu-Prinzip	erhält und lenkt einwirkende Impulse und nutzt sie als Ressource
Effizienz	fordert einfache Strukturen, effektive Nutzung von Ressourcen
Kooperation	nutzt Synergien
Recycling	vermeidet Verluste durch Wiederverwertung

Tabelle 4: Systemische Faktoren von Veränderung und ihre Wirkung

Ein weiterer Punkt, der bei nicht-systemischem Denken oft vernachlässigt wird, ist der, dass nachhaltig effektive Systeme niemals masse-, sondern funktionsorientiert sind. Wer auf schnelles Wachstum setzt, wird ebenso schnell wieder auf ein Normalmaß gestutzt oder sogar abstürzen, auch wenn es am Beginn zu funktionieren scheint. Das ist eines der Gesetze komplexer Systeme, die trotz fortwährender Bestätigung in der Praxis in Teilen des Managements immer noch nicht wahrgenommen werden. Als hätte es weder die Dot-Com- noch die Subprime-Bond-Blase gegeben, um nur zwei jüngere Beispiele zu nennen. Kein System der Welt kann sich auf Dauer ausuferndes Wachstum leisten, das immer mit der Ausbeutung von Ressourcen aller Art verbunden ist und daher zwangsläufig Grenzen erreicht. Es ist daher ratsam, die Ökologie von Change Prozessen kritisch zu beleuchten.

Die Neigung, einen trägen Dampfer möglichst komplett umzubauen, trägt außerdem oft, wenn auch unbeabsichtigt, seltsame Früchte. Funktionierende Strukturen und wertvolle Ressourcen werden beseitigt und durch neue, am grünen Tisch erdachte Prozesse ersetzt. *»Repariere niemals etwas, was nicht kaputt ist«* (Steve de Shazer), ist eine der Weisheiten aus der lösungsorientierten Beratung. Auch im Business manchmal beachtenswert. Vorhandene Ressourcen und funktionierende Strukturen sollten genutzt werden, um den Umbauprozess zu stützen. Das darauf aufbauende Jiu-Jitsu-Prinzip ist eines der stärksten Tools auch in systemischen Umbauprozessen. Impulse werden nicht abgeblockt, sondern als Ressource genutzt. Also: **segeln statt rudern!**

Manches Change Projekt, ob in Politik oder Wirtschaft, hat sich zum bürokratischen Monster entwickelt und wirkt dann eher wie eine Bremsscheibe denn wie ein Schwungrad. Effizienz ist daher eine weitere der Grundregeln nachhaltig funktionierender Systeme. Möglichst einfache, transparente Strukturen, geringe Tiefe von Informations- und Entscheidungslinien, kurze Wege, effektive Nutzung von Ressourcen sind gefragt. Dazu gehört auch die in der Natur allgegenwärtige Existenz und Förderung von Synergien. Kooperation ist, wie schon weiter oben ausgeführt, ein Überlebensprinzip in komplexen Systemen. Selbst im Kapitalismus ist Kooperation übrigens das vorherrschende Ordnungs-Prinzip. Die Zahl der kooperativen Beziehungen übersteigt die der konkurrierenden bei Weitem. Wichtig: Verantwortlichkeiten müssen bei aller Vernetzung klar geregelt sein.

Abschließend zum Recycling-Prinzip. Hier geht es nicht primär um stoffliche Wiederverwertung, sondern um die Wiederverwertung von Fähigkeiten und Kenntnissen. Es gäbe keine Haftzettel, wenn die Entwickler auf der Suche nach einem Superkleber die Formel für einen zu diesem Zweck unbrauchbaren, weil leicht ablösbaren Klebstoff sofort verworfen hätten.

Von Beteiligten und Betroffenen

Veränderung ist immer mit der Aufgabe von Gewohntem verbunden. Es ist eine Reise in ein unbekanntes Land, in dem wir die Wege und die Gepflogenheiten noch nicht kennen. Und dann stellt sich natürlich die Frage: Wozu sollen wir uns auf dieses Abenteuer einlassen? Selbst wenn wir den Istzustand als verbesserungsbedürftig wahrnehmen, so wissen wir doch schließlich nicht, ob das, was da kommt, wirklich besser ist. Unsere eingefahrenen neuronalen Autobahnen und Programme wollen daher nur dann verlassen werden, wenn das Neue, was da kommen soll, auch genügend Attraktivität entfaltet. Und da sind verordnete Commitments und finanzielle Anreize nur schwache Instrumente, um als starkes Zugpferd zu dienen. Echtes Commitment, also eine freiwillige Selbstverpflichtung, ist das Ergebnis eines Identifikationsprozesses, nicht der Anfang. Es lässt sich weder vereinbaren noch verordnen. Commitment entsteht durch Partizipation.

Und was dem Management als Zielperspektive einleuchtet, muss dem Team noch lange nicht einleuchten. Jede Art von Veränderung fordert von Menschen Flexibilität und die Bereitschaft, zu lernen. Insbesondere in Organisationen, die keine ausgeprägte Veränderungskultur kennen, bringt Veränderung das bisherige System des Denkens und Handelns ins Wanken. Und das weckt natürlich vor allem bei Menschen, die sich dem ausgeliefert fühlen, Bedenken oder sogar Ängste. Und die fördern eher Vermeidungsstrategien. Je nach Art des Umbauprozesses können gleich mehrere oder sogar alle Grundbedürfnisse bei Umbaumaßnahmen berührt werden: das Bedürfnis nach Orientierung und Kontrolle (zum Beispiel durch neue, unbekannte Aufgaben), nach Selbstwertschutz und Selbstwerterhöhung (zum Beispiel durch Wegnahme eines Verantwortungsbereiches) und das Bedürfnis nach Bindung (zum Beispiel durch Teamwechsel). All das muss Menschen zugemutet werden können, aber es wäre töricht, zu denken, dass Menschen das in ihrem Denken und Handeln nicht beeinflussen würde.

Ein System lässt sich nicht per Dekret von oben herab verändern, ohne massive Dysfunktionen zu erzeugen, die dann in einem Folgeprojekt wieder beseitigt werden müssten. Auch die Idee, Berater sollten diesen Job übernehmen, führt nicht wirklich weiter. Berater können sehr wirksam unterstützen, ja. Aber sie können ein System nicht verändern, ohne ein Teil des Systems zu werden. Und damit verlören sie ihre zentrale Stärke als Ideenbeschleuniger, Sparringpartner und manchmal auch als Stachel im Fleisch. Oberste Maxime beim Umbau sollte daher sein, alle Betroffenen zu Mitstreitern zu machen und ihnen dadurch positive Lernerfahrungen zu ermöglichen. Das geht nur durch eine möglichst frühe Einbindung in den Prozess. Nicht umsonst reklamieren die befragten Change Manager in der IBM-Studie als wichtigste Erfolgsfaktoren für Change Projekte die Unterstützung durch das Top-Management, ehrliche und rechtzeitige Kommunikation und die Einbindung der Mitarbeiter.

Einbindung heißt mehr als die frühzeitige Information der Mitarbeiter über die beabsichtigten Umbaumaßnahmen. Letzteres ist nett gemeint, degradiert sie aber zu Zuschauern auf der Baustelle oder allenfalls zu Praktikanten, die etwas erklärt bekommen und hie und da auch mal einen Stein anheben dürfen. Besser: Machen Sie Ihre Mitarbeiter zu Architekten und Handwerkern. Das hat drei Vorteile: Erstens steigern Sie das Selbstwertgefühl Ihrer Leute, indem Sie sie zu Akteuren machen. Zweitens schaffen Sie damit eine kooperative Veränderungskultur, die mehr motivieren kann als jeder Bonus. Und drittens lässt sich ein System nur dann effektiv verändern, wenn die Akteure des Systems selbst die Veränderung vorantreiben. Darauf fußt zum Beispiel auch das aus Japan stammende Kaizen. Hier wird Change Management zu einer Unternehmenskultur, bei der Bewahrung und Wandel in einem ausgewogenen Verhältnis stehen. Es ist viel besser, die Ressource Mensch zu aktivieren, als sie nur als Produktionsfaktor zu nutzen.

Change Killer

Veränderungsprozesse haben ihre eigene Dynamik. Dabei entsteht der Nährboden für Veränderungsbereitschaft meist nicht mit dem Auftreten eines Problems. Ist der erste Schock erstmal überwunden und der nächtliche Schlaf wieder hergestellt, tut sich Wunderliches auf: *»Ach, das ist alles gar nicht so schlimm, das wird sich schon regeln. Wenn erst mal …«.* Lässt sich die Krise aber partout nicht wegreden, dann folgt eine Phase der Einsicht. Die kann konstruktiv sein oder aber in einer Generalabsolution münden. Dann waren es die anderen, die faulen Mitarbeiter, die miese Konkurrenz, die risikoscheuen Banken, der gierige Staat und so weiter. *»Das funktioniert bei uns nicht…«,* *»Das wäre doch zu einfach …«,* *»Die Rahmenbedingungen lassen das nicht zu«.* Die Liste ließe sich fortsetzen, der Fantasie sind da keine Grenzen gesetzt. Man ist halt Opfer. *»Änderungsbedarf? Ja, bei den anderen!«*

Was diesen Arten von Change Killern gemeinsam ist, und daran ist diese Haltung für erfahrene Berater auch schnell zu erkennen, ist das unglaubliche Ausmaß an Rationalisierung des Problems durch den Betroffenen. Vertreter dieser Gattung, meist hoch gebildete Akademiker übrigens, entfalten eine Intelligenz an Erklärungsmustern, die wirklich Hochachtung verdient. Das Frontalhirn läuft zu Höchstform auf und zeigt ein Ausmaß an differenzierten Problemerklärungsmustern, das nur noch durch das Ausmaß an Selbstsabotage übertroffen wird. Fast möchte man fragen, warum dieser Aufwand nicht für die Lösung des Problems eingesetzt wird.

Eine andere Änderungs-Verhinderungs-Technik ist die Sankt-Nimmerleinstag-Strategie. Dies ist eine besonders intelligente Form der Selbstsabotage, die ich Ihnen sogar empfehlen kann, denn Sie werden erst beim Verfassen Ihrer Memoiren merken, was Ihnen so alles im Leben entgangen ist. Die Taktik ist ganz einfach. Man setze sich große Ziele, assoziiere diese auch ganz real – und finde dann natürlich eine ebenso gute Erklärung, warum das jetzt so nicht umsetzbar ist. Der enorme Vorteil: Man steht nicht als Opfer da, sondern als zielorientierter Mensch, der immer wollte, nur nicht konnte – umständehalber. Das ist insofern praktisch, weil man sich natürlich den Ärger des Change Prozesses erspart. Kein Dreck, kein Lärm, keine schmutzigen Finger und auch keine verärgerten Mitarbeiter oder einen Chef, dem Sie Ihr Budget erklären müssten.

Hintergrund dieser Killer-Strategien ist entweder eine unklare Ziel-Perspektive (das vermeintliche Ziel ist nicht das motivationale Ziel) oder schlicht die Angst vor Veränderung.

Sollten Sie in der Falle der Negation gefangen sein, dann beantworten Sie sich doch einmal die Frage, was wohl in zehn Jahren sein wird, wenn Sie so weitermachen. Stellen Sie sich einfach einmal vor, wie sie dann leben und arbeiten, wenn alles so bleibt, wie es ist. Wenn das ein gutes Gefühl ist, dann machen Sie einfach weiter wie bisher. Wenn nicht, dann auf zu neuen Ufern.

Change als evolutionärer Prozess

Jede Stufe der individuellen und sozialen Evolution hat so etwas wie einen genetischen Code, der den Regelkodex des Systems repräsentiert. In sozialen Systemen sind das unsere Kultur und unsere Werte. Bezogen auf uns Menschen als individuelle Wesen sind das unsere grundlegenden Motivationen und Haltungen. Das sind die Trägheitsmomente, die jedes System braucht, um nicht im Sturm hinweggefegt zu werden. Sie verleihen Individuen, aber auch einer Organisation ihren Charakter. Wesentlich flexibler als der Regelkodex sind die Mechanismen der Anpassung und des Wachstums, die ein jedes System braucht, um nicht im Chaos zu versinken. Das sind die Stellschrauben des Tagesgeschäfts oder die Handlungsoptionen von Menschen innerhalb ihres Spektrums an Fähigkeiten.

Wenn aber die alten Rezepte versagen, unsere bisherigen Werte und Verhaltensweisen keine nützliche Perspektiven mehr bieten, wenn wir vor einer Wand stehen, uns die Fälle davonschwimmen oder ein grundlegendes Dilemma uns schier zum Wahrsinn treibt, dann sind das oft Indizien für die Notwendigkeit eines grundlegenden Wandels. Derartige Schübe gibt es übrigens auch in der biologischen Evolution. Die Organisationsprinzipien lösen sich dann aber nicht ab, sondern leben in den höheren Prinzipien fort.

Der amerikanische Psychologe Clare Graves hat ein der Biologie analoges soziogenetisches Modell entwickelt, das diesen evolutionären Prinzipien folgt und gerade für Change Prozesse von Organisationen sehr hilfreich ist. Don Edward Beck und Christopher C. Cowan entwickelten das Graves-Modell weiter. Kennzeichnend sind zum einen die zunehmende Komplexität und das Pendeln zwischen **Ich-** und **Wir-**orientierten Systemen. Hier finden wir die Korrelate der grundlegenden Bestrebungen von Menschen, zum einen verbunden zu bleiben, aber auch über sich hinauszuwachsen. Es ergibt sich dadurch eine Spiralform aufeinanderfolgender, längere Zeitperioden umfassender Organisationsprinzipen, die als Meme bezeichnet und analog zu den Genen der biologischen DNA betrachtet werden. Sie nannten das Modell **Spiral Dynamics** (Beck und Cowan 1996). Eine gute deutschsprachige Darstellung findet sich in *Unternehmen verstehen, gestalten, verändern* (Bär, Krumm und Wiehle 2007)

In Tabelle 5 sind die verschiedenen Entwicklungsstufen kurz beschrieben. Ab den letzten beiden Stufen der Entwicklung herrschen keine Leitprinzipien mehr vor. Vielfalt wird zum Prinzip. Kampfgeist, strategisches Denken, Teamorientierung und Loyalität haben hier nebeneinander ihren Platz – um nur einige Eigenschaften zu nennen. Das Modell ist nach oben offen, es gibt also keine finale Stufe.

Evolutionäre Stufe	Kennzeichnende Werte	Fähigkeiten
...	...	...
Globalist	Sinn, Ökologie, Nachhaltigkeit	Vernetztes Denken und Handeln
Integrativer	Unabhängigkeit, Wissen	Flexibilität, Networking, Ideologiefreiheit
Team	Toleranz, Verantwortung für die Gemeinschaft	Diskursfähigkeit, Selbstkritik
Erfolgssucher	Gewinn, Ziele, Verantwortung, Wettbewerb	Strategisches Denken, eigenverantwortliches Handeln, Prozessorientierung
Loyaler	Loyalität, Ordnung, Sicherheit, Status	Strukturen aufbauen, Aufgaben erfüllen
Einzelkämpfer	Macht, persönlicher Erfolg	Durchsetzungsvermögen, Kampfgeist
Stammeskultur	Zusammengehörigkeit, Trophäen, Rituale	Gemeinsamkeit organisieren
Subsistenz	Nahrung, Schutz	Instinkte, Abwehr, Kampf

Tabelle 5: Graves-Wertesystem, Entwicklungsstufen sozialer Systeme.

Übergänge können immer nur von einer Stufe zur nächsten erfolgen, da der Übergang die Integration der Werte und Fähigkeiten der vorhergehenden Stufe voraussetzt. Dabei ist keine der Stufen an sich gut oder schlecht. Sie sind stattdessen adäquat oder inadäquat für das Umfeld, in dem sie agieren. Werden sie inadäquat, entsteht Veränderungsdruck.

Voraussetzung für den Übergang von einem Wertesystem zum nächsten sind zum einen das **Können** und zum anderen das **Wollen** der Akteure. Also: Sind die Akteure inhaltlich auf die Veränderung ausreichend vorbereitet?

Wissen sie, was sie erwartet und können sie dieses Wissen in ihr Handeln integrieren? Können sie mit Hindernissen umgehen? Aber auch: Haben sie die Möglichkeiten der aktuellen Entwicklungsstufe ausgeschöpft?

Das Wollen, also die Bereitschaft zur Veränderung, beinhaltet das Gefühl der Dissonanz, also der Unzufriedenheit mit der aktuellen Entwicklungsstufe. Es fordert aber auch Offenheit sowie Einsicht in die Vorteile der Veränderung.

Das Graves-Modell ist sehr stark kognitiv orientiert, denn es fokussiert auf das Verständnis der Notwendigkeit von Veränderung. Es reicht aber meines Erachtens nicht aus, Dissonanz zu verstärken, um ausreichenden Veränderungsdruck zu erzeugen – nach alldem, was wir über motivationales Handeln von Menschen wissen. Druck sollte durch **Zug** auf der motivationalen Ebene der Akteure ergänzt werden. Erst wenn die Beteiligten spüren, dass die Veränderung auch die Chance einer Verbesserung bietet, entfaltet ein Change Prozess eine optimale Dynamik. Einen Sportler treibt schließlich auch nicht das Verständnis für die Ziele des Trainers an, sondern das Gewinnen-Wollen.

Change – how we can

Für jedes selbst regulierte, offene System hat Stabilität oberste Priorität und je besser seine Strukturen funktionieren, umso schwieriger, wenn nicht unwahrscheinlicher ist eine grundlegende Veränderung. Systeme ändern sich nur dann, wenn sie ausreichend in Schwingungen versetzt werden. Ohne ein Mindestmaß an Destabilisierung gibt es keinen ausreichenden Veränderungsdruck. Friktionen und Krisen sind genau aus diesem Grund Veränderungschancen und oft die einzigen – es sei denn, eine ausgesprochene Change Kultur herrscht vor. Übrigens – und damit kriege ich wieder die Kurve zur Biologie – sind eben solche krisenhaften Ereignisse wahre Beschleunigungsmomente der Evolution gewesen.

Was aber brauchen wir für den Veränderungsprozess, damit er nicht versandet oder doch nur wieder alten Wein in neuen Schläuchen liefert? Unter welchen Bedingungen lassen wir uns auf eine Veränderung ein?

Lust auf Neues gehört ebenso dazu wie der Mut, etwas aufzugeben. Erinnern Sie sich an die Flow-Spirale aus dem Kapitel Motivation. Es ist die Neugier auf das, was sich jenseits unseres Erfahrungshorizontes verbirgt, und die Zuversicht, dass wir die Risiken managen können, in die wir uns begeben – denn die gibt es immer in Change Prozessen. Das Neue muss dazu für uns Sinn machen, denn sonst wäre da weder die Lust noch der Mut. Das Credo könnte dann in etwa so lauten: *»Wir wissen, was abgeht, haben Ideen und Erfahrung zur Gestaltung und wissen, wofür das Sinn macht!«*

Was aber macht Sinn? Erinnern Sie sich an die schon besprochenen motivationalen Schemata, die unser Fühlen, Denken, Handeln beeinflussen. Was treibt uns an? Es sind unsere inneren Werte *(»Mir ist wichtig, dass ...«)*, aus denen sich Haltungen ergeben *(»Ich will alles dafür tun, dass ...«)* und aus denen sich wiederum konkrete Handlungsziele *(»Ich will ... erreichen.«)* ableiten lassen. Die Ziele geben der Veränderung eine fassbare Struktur, Werte und Haltungen vermitteln ihr die notwendige motivationale Basis und das Gefühl von Sinn ist der Motor. Ein Management, das seinen Mitarbeitern nicht vermitteln kann, warum Veränderung für sie Sinn macht, hat einen entscheidenden Hebel für proaktiv gesteuerte Veränderungsprozesse nicht erkannt.

Sinn gibt uns auch die die Beharrlichkeit für nachhaltige Veränderungen. Die werden Sie benötigen, denn der Weg wird steinig und Sie werden zwischendurch vielleicht auch in Sackgassen landen. Dann ist es an der Zeit, innezuhalten und den Weg zu überdenken. Fehler sind immer wertvolle Erfahrungen und Sie sollten auf keinen Fall die Lektion verpassen. Also: *»O. K., das war nix, mit welcher Strategie geht es besser?«* Und nicht:

»Oh shit, wir müssen unser Ziel aufgeben.« Wege durch unbekanntes Terrain gleichen einer spannenden Reise. Es ist ein fortwährender Lernprozess, an dem wir wachsen und uns entwickeln können. Unser Gehirn macht ja, wie schon ausgeführt, eigentlich nichts lieber als das. Und je besser es Ihnen gelingt, Probleme zu lösen und Hindernisse zu überwinden, umso effektiver wird die Spirale der intrinsischen Motivation.

Da wir soziale Wesen sind und alles das, was wir sind, ohne andere nicht wären, können wir auch Ziele innerhalb unseres sozialen Umfeldes nicht losgelöst von anderen erreichen. Erfolgreiche Menschen sind nicht nur solche, die ihre Ziele konsequent verfolgen, sondern solche, die auch fruchtbare Verbindungen zu Menschen aufbauen können. Unsere emotionale Intelligenz versetzt uns dazu in die Lage. Teams können ohne Rapport der Mitglieder untereinander nicht funktionieren. Ohne Rapport kann sich kein Gefühl von Zugehörigkeit, von Gemeinschaft und von Solidarität entwickeln. Das ist aber für Change Prozesse in Organisationen unerlässlich.

Nehmen wir noch die Fähigkeit zu systemischem Denken dazu, dann haben wir eine Toolbox aus fünf Elementen, ohne die wir Veränderungen in Organisationen und anderen sozialen Systemen kaum erfolgreich umsetzen können (siehe Abbildung 19). Was systemisches Denken im Einzelnen ausmacht, sollten wir zum Abschluss dieses Kapitels noch näher betrachten.

Wie geht »Systems Thinking«?

Schon im ersten Kapitel haben wir erfahren, dass Systeme anders sind, als wir es oft erwarten. Wir haben das Systembewusstsein nicht in den Genen. Wir müssen das lernen. Dies ist gerade in einer sich zunehmend vernetzenden Welt eine der Kernkompetenzen für Menschen, die Herausforderungen erfolgreich meistern wollen.

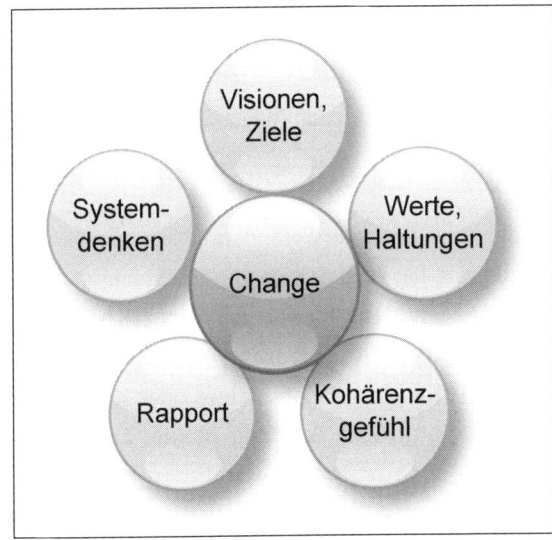

Abbildung 19:
Fünf Elemente für erfolg-
reiche Veränderungen

Was macht den Systemdenker aus? Er hat vor allem folgende Kompetenzen:

- Komplexität erfassen (*»Wenn ich A mache und B sich verändert, was geschieht dann mit C und D und wie wirkt sich das auf B und A aus?«*)
- um die Ecke denken (*»Wenn ich B nicht direkt mit A beeinflussen kann,
geht das auch über C?«*)
- Trägheit des Systems ertragen (*»Ich weiß, dass Veränderung Zeit
braucht.«*)
- Jiu-Jitsu-Denken (*»Ich kann auch kritische Impulse aufnehmen und
konstruktiv umsetzen.«*)
- Symptome nicht mit Problemen verwechseln (*»Was ist das Problem
hinter dem Problem?«*)
- Zirkulär denken (*»Ich weiß, dass das Verhalten des anderen auch durch
mein Verhalten beeinflusst wird.«*)
- Fehlertoleranz zulassen (*»Ich kann akzeptieren, dass nicht alles gleich
gelingt.«*)

Diese Liste erhebt nicht den Anspruch auf Vollständigkeit. Ihnen fallen vielleicht noch mehr nützliche Kompetenzen ein. Der Wirtschaftswissenschaftler Peter Senge hat ein ganzes Buch zum Thema **Systems Thinking** geschrieben (Senge 2006).

Was kann den Umbau außerdem unterstützen? Veränderungsprozesse laufen meist besser, wenn sie vor allem in der Initialphase von unabhängigen Beratern und Coaches begleitet werden, denn die interne Sicht ist meist der Problemsicht verhaftet. Wer Strukturen und Prozesse ändern will, muss daher erst Sichtweisen ändern. Und ob ein Haus schief oder gerade ist, nimmt man oft erst von außen wahr. Gute Beratung ist hier absolut ihr Geld wert. Sie kann auch helfen, eine Veränderungskultur zu entwickeln, welche Veränderung vom Ausnahmezustand zum festen Bestandteil einer lernenden Organisation macht. Denn die lernende Organisation entspricht am ehesten einem selbst regulierten, vernetzten System, wie wir es auch aus ökosystemaren Zusammenhängen kennen.

Zum Abschluss noch eine Art Waschzettel für den Veränderungsprozess in tabellarischer Form (siehe Tabelle 6). Denn stellen Sie sich vor, Sie kämen dorthin, ins Land der Veränderung, um nachzuschauen, wohin man käme, wenn man ginge. Wäre ja nicht auszudenken ...

Gefahr	Folge	Maßnahme(n)
Unklare Ziele	Projekt schlingert	Klare Zielfestlegung
Problemsicht überwiegt Lösungsperspektive	Gefangen im Teufelskreis des Problems	Fokussierung auf das Ziel, lösungsorientierte Sichtweisen
Systemische Rückkopplung wird unterschätzt	Maßnahmen verpuffen, Jojo-Effekte, Unerwartete Effekte	Selbstorganisation des Systems durch Einbindung der Funktionsträger nutzen
Direktive Macht wird überschätzt		
Motivationale Faktoren werden übersehen	Stille oder offene Sabotage von Veränderung	Transparenz, frühe Einbindung der Mitarbeiter, Erzeugung eines Wir-Gefühls
Nichtlineare Prozesse werden falsch eingeschätzt	Prozesse werden über- oder untersteuert	Maßahmen und deren Dosierung optimieren
Synergien werden nicht genutzt	Reibungsverluste, Kostenprobleme	Vereinfachung von Strukturen
Funktionierende Strukturen werden abgebaut	Dysfunktionalitäten, Kostenfalle	*»Repariere nicht, was funktioniert.«*
Zeitbedarf von Prozessen wird unterschätzt	Fehlende Anfangserfolge führen zu vorschnellen Schlüssen	Trägheit von Systemen akzeptieren, ggf. Ressourcen ergänzen
Details dominieren	Verzettelung, Verlust der Zielperspektive	Priorität auf wichtige Faktoren im Prozess, Richtung geht vor Präzision

Tabelle 6: Gefahren und Gegenmaßnahmen in Change Prozessen.

2.3 Selbst- und Zeitmanagement – warum Beratung oft versagt

Wer neu anfangen will, sollte es sofort tun, denn eine überwundene Schwierigkeit vermeidet hundert neue.

Zen-Weisheit

»Wenn Du es eilig hast, gehe langsam«, empfiehlt der Zeitmanagement-Experte Lothar Seiwert. Doch wie soll das eigentlich gehen?

Verkaufsleiter M. kommt abgehetzt ins Büro. Vor drei Wochen hat er ein Zeitmanagement-Seminar besucht und ist mit guten Vorsätzen wieder in den Berufsalltag gestartet. Drei Wochen nach dem Seminar wurde brav freitags ein Wochenplan für die nächste Woche erstellt, doch dann kam diese kurzfristig anberaumte Auslandsreise dazwischen und, naja, da klappte das dann nicht mehr. »Können Sie mal für mich nach Paris zu diesem Projektmeeting?«, hatte der Chef ihn gebeten. Er hatte zwar eine ganze Menge auf seiner To-do-Liste, aber irgendwie fand er das dann auch ganz spannend, den Chef zu vertreten. Nur jetzt war sein gesamter Zeitplan durcheinander. Das Meeting des Vertriebsteams war noch nicht vorbereitet. Dabei wollte er dort doch eigentlich mit einem neuen Marketingkonzept auftrumpfen. Eigentlich. …

Das kommt Ihnen bekannt vor? Wenn nicht, dann lassen Sie dieses Kapitel einfach aus.

Warum schaffen wir es oft nicht, das zu machen, was wir eigentlich wollen? Warum sind es immer wieder diese Zeitdiebe, die sich einschleichen und, ruckzuck, die Zeit verschwinden lassen. Und wie können wir Zeit sparen, wie geht es effektiver?

Von der Nutzlosigkeit des Zeitmanagements

Wasser sucht sich auf dem Weg vom Berg ins Tal immer den Weg des geringsten Widerstandes. So plätschert es dahin und fließt schließlich mit den Wassern anderer Bäche in einem großen Strom ins Meer. Dort verliert es sich in den Weiten des Ozeans. Ein schönes Bild, nicht wahr? Übertragen wir das mal auf eine berufliche Karriere. Ist es dann immer noch so schön, das Dahinplätschern und sich in der Masse verlieren? Andere bemühen das Bild der Tretmühle, um ihre Situation zu beschreiben. Wie dem auch sei: Im ersten Fall lassen Menschen sich quasi ziellos treiben, umgehen Widerstände und folgen der Masse, während sie sich im zweiten Fall abstrampeln, ohne wirklich voranzukommen. In beiden Fällen lassen sie die Frage *»Was will ich eigentlich«* entweder unbeantwortet oder es fehlt ihnen die Energie, ihre Ziele in aktivem und nachhaltigem Handeln umzusetzen.

Zeitmanagement ist meist keine Frage des **Wie**, sondern des **Warum**. Wenn ich Klienten im Coaching frage: *»Was ist Ihnen denn wirklich wichtig?«*, ist *»Darüber habe ich lange nicht nachgedacht«* eine häufige Antwort. Werte sind etwas, was wir am ehesten mit Moral, Ethik, Anstand und Ordnung verbinden, aber weniger mit dem, was unser eigenes Leben und unsere Ziele ausmacht. Doch was motiviert Sie denn eigentlich, das zu tun, was sie tun? Was ist die treibende Kraft hinter Ihrem Handeln? Warum tun Sie bestimmte Dinge und unterlassen andere? Was treibt Sie **hin zu** oder **weg von**?

Solange Sie diese Fragen nicht wirklich klären, ist jeglicher Versuch des Zeitmanagements nutzlos. Sie werden Wege finden, um irgendwohin zu kommen: zu irgendeinem Job, auf irgendeine Website, zu irgendwelchen Telefonaten mit irgendwelchen Menschen, zu irgendeinem Meeting oder schlicht zu irgendeinem Fernsehprogramm.

Dazu kommt: Zeitmanagement ist ein Unwort, da sich Zeit gar nicht managen lässt. Zeit vergeht seit dem Urknall in Quanten von $5,39121 \times 10^{-44}$ Sekunden. Da gibt es nichts zu managen, denn Sie können Zeit weder aufbewahren, verteilen, anhalten oder weiterveräußern. Sie haben niemals zu wenig Zeit, sondern Sie haben alle Zeit der Welt. Entweder Sie nutzen sie oder sie ist – einfach weg. Heute ist der erste Tag vom Rest Ihres Lebens. Sie können Ihre Zeit auch damit verbringen, Bücher zum Zeitmanagement zu lesen (es gibt welche mit über 400 Seiten!), nur werden Ihnen auch diese Bücher nicht die Frage beantworten, warum Sie sich treiben lassen, keine Prioritäten setzen oder sich immer wieder selbst sabotieren. Und Sie werden natürlich auch nicht erfahren, was Ihre Ziele sind, welche Ressourcen Sie haben und welche Blockaden Sie an der Umsetzung hindern.

Auch Zeitmanagementseminare, die sich auf die Vermittlung von Techniken zur effektiveren Zeitnutzung beschränken, sind zwar gut gemeint, aber nach meiner Erfahrung nur von begrenzter Reichweite. Es kommt zunächst überhaupt nicht darauf an, wie Sie etwas tun, sondern wofür Sie es tun. Gutes Zeitmanagement ist daher immer effektives Selbstmanagement. Und Selbstmanagement befasst sich zunächst mit dem Treibstoff Ihres Lebens: Ihren Werten, Haltungen und Zielen.

Echte und »schlechte« Ziele

Es geht also um das, was Ihnen wichtig ist. Es geht um das **Wozu**. Erst wenn Sie ein Motiv haben, erst wenn Sie definieren können, warum es für Sie Sinn macht, kann das selbst gesteckte Ziel ausreichend Zugkraft entwickeln, um nach Umsetzung zu drängen. Prüfen Sie einmal bei den Zielen, die Sie bisher nicht erreicht haben, ob Sie die Frage nach dem **Wozu** gut beantworten können.

Achten Sie unbedingt darauf, dass Sie das Ziel als Annäherungsziel, also positiv formulieren. Vermeidungsziele sind schlechte Ziele. *»Ich will in Konflikten nicht immer nachgeben«*, eignet sich nicht als zugkräftiges Ziel, denn es wird Ihnen schwerfallen, den Zielzustand zu assoziieren. Wie sieht das aus und wie fühlt sich das an, wenn etwas nicht da ist? Für Ihr Gehirn ist es dann nämlich noch immer da, wenn auch in der negierten Form. Sie aktivieren mit Vermeidungszielen das entsprechende neuronale Muster *(»Ich gebe in Konflikten immer nach«)* und erweisen sich damit einen Bärendienst. Das sollten Sie unbedingt vermeiden. Stattdessen sollten Sie die Aussage in ein Annäherungsziel umformulieren, zum Beispiel: *»Ich will in Konflikten selbstbewusst auftreten.«* Noch stärker wird dieses Ziel, wenn Sie daraus zusätzlich eine Haltung formulieren. Die könnte in diesem Fall etwa so aussehen: *»Ich kann auf meine Kenntnisse und Stärken vertrauen.«* Oder: *»Ich bin es wert, gehört zu werden.«*

Antizipieren Sie Ihr Ziel. Dies aktiviert die gleichen motivationalen Schemata wie reales Erleben (siehe Abbildung 20). Machen Sie sich also ein Bild von dem, was Sie genau erreichen wollen. Denn unser Gehirn kann mit abstrakten Größen wie **erfolgreicher Verkäufer** oder **kreativer Designer** wenig anfangen. Was machen Sie genau und wie machen Sie es genau, wenn Sie Ihr Ziel erreicht haben? Noch besser wird es, wenn Sie hierzu ein positives Körpergefühl wahrnehmen. Achten Sie dabei auch auf Ihre Körperhaltung, auf Ihre Mimik und Gestik, wenn Sie das Ziel assoziieren.

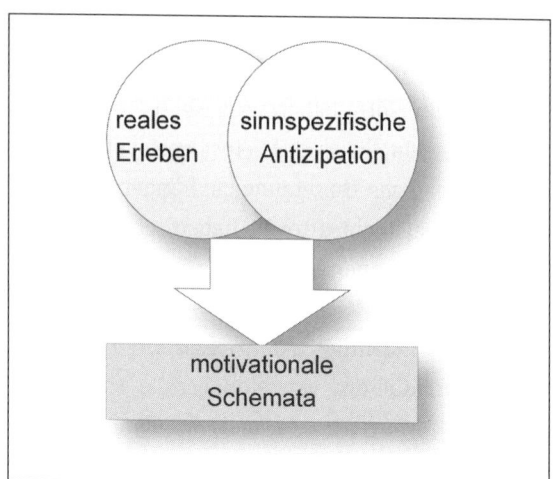

Abbildung 20:
Sinnspezifische Anti-
zipation und reales Erleben
aktivieren die gleichen
motivationalen Schemata.

Hier kommen die somatischen Marker zum Zuge. Erfasst Sie ein angenehmes Gefühl bei der Assoziation des Ziels oder fühlt es sich eher etwas mulmig an? Spätestens hier werden Sie spüren, ob es implizite Einwände gegen das Ziel gibt oder nicht.

Ziele, die nicht sinnspezifisch sind, von denen Sie also keine Vorstellung entwickeln können, sind ebenso Pseudoziele wie solche Ziele, die Sie sich allein aufgrund einer kognitiven Überzeugung gesetzt haben. *»Ich will die Firma meines Vaters übernehmen, weil das eine gute Chance für mich ist«*, verdient hinterfragt zu werden. Ist diese Chance attraktiv? Was macht sie so attraktiv? Welche eigenen Bedürfnisse würden durch diese Chance erfüllt?

Wichtig ist außerdem, dass Ihre Ziele tatsächlich Ihrer Kontrolle unterliegen. Für das Ziel *»Ich möchte Abteilungsleiter werden«* trifft das schwerlich zu. Sie sollten dann überlegen, was in Ihrer Macht liegt, um sich diesem Ziel anzunähern. Sie könnten Ihr Ziel dann vielleicht so formulieren: *»Ich will alles tun, um meine Führungsqualitäten zu entwickeln/unter Beweis* *zu stellen.«* Das können Sie steuern. Ob Sie Abteilungsleiter werden, entscheiden Sie wahrscheinlich nicht.

Und schließlich: Wann genau haben Sie Ihr Ziel erreicht? Nichts ist schlimmerer Selbstbetrug als das Warten auf den Sankt-Nimmerleins-Tag. Setzen Sie sich also einen konkreten Termin und fangen Sie jetzt an! Begehen Sie nicht den Fehler, in der Imagination des Ziels zu verharren. Zum Abschluss dieses Kapitels werde ich Ihnen ein Modell vorstellen, das Ihnen dabei hilft, Ziele in Handlungen zu überführen.

Noch ein Punkt, der mir wichtig erscheint: Sie sollten bedenken, dass wir meist überschätzen, was wir in einem Jahr schaffen. und unterschätzen, was wir in zehn Jahren erreichen können. Fangen Sie daher am besten mit Fernzielen an. Wo wollen Sie in zehn Jahren stehen? Entwickeln Sie daraus schrittweise Ihre Nahziele.

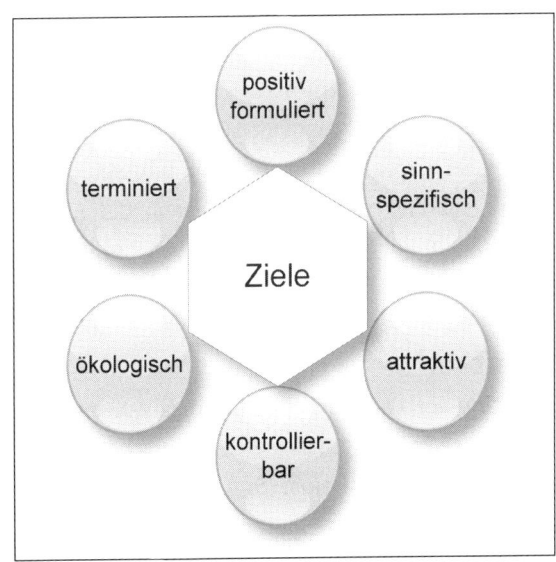

Abbildung 21:
Kriterien wohlformulierter Ziele

Im Coaching nimmt die Arbeit mit Zielen eine Schlüsselposition ein. Glaube allein versetzt nämlich allen anderen Annahmen zum Trotz noch keine Berge, aber konkrete und attraktive Ziele lassen Ihnen unter Umständen Flügel wachsen!

Hier noch einmal zusammengefasst die Bedingungen für wohlformulierte Ziele (siehe auch Abbildung 21 auf Seite 153):

- **Positiv formuliert:** Wo will ich hin? (Nicht: Wovon will ich weg)
- **Sinnspezifisch:** Wie stelle ich mir den Zielzustand genau vor? Welche Körpersignale nehme ich bei der Assoziation des Ziels wahr?
- **Attraktiv:** Warum will ich dieses Ziel erreichen? Was motiviert mich?
- **Kontrollierbar:** Unterliegt die Zielerreichung allein meiner Kontrolle? Wie merke ich, ob ich mein Ziel erreicht habe?
- **Ökologisch:** Erhöht das Ziel mein inneres Gleichgewicht? Gibt es Einwände gegen dieses Ziel?
- **Terminiert:** Bis wann möchte ich mein Ziel erreichen?

Prüfen Sie einmal Ihre Ziele anhand dieser Kriterien. Vielleicht werden Sie feststellen, dass das ein oder andere Ziel gar nicht so fest verankert ist, wie Sie dachten, oder dass es eher ein vordergründiges Ziel mit wenig Zugkraft ist. Vielleicht haben Sie Ihr Ziel aber auch klar genug vor Augen, nur irgendwie fehlt die Initialzündung zum Durchstarten. Dann sollten Sie schleunigst Ihre Ressourcen aktivieren.

Ohne Ressourcen geht nichts

Wir erleben derzeit eine Inflation von Castingshows im Fernsehen, in denen sich Menschen tummeln, die von einem maßlos selbstüberschätzenden, teilweise hypermanischen Selbstbild erfasst sind. Man sollte ihnen besser raten, sich einem Therapeuten und nicht bei Dieter Bohlen vorzustellen. Bei ersterem könnten sie wenigstens noch auf empathische Unterstützung hoffen, die bei letzterem nicht so ganz gesichert ist. Nichts ist unmöglich? Doch: Omnipotenz. Jenseits dessen ist aber vieles möglich.

Worauf ich hinaus will: Schauen Sie genau, welche Ressourcen Sie haben, um Ihre Ziele zu erreichen. Ressourcen sind all die Dinge, die Sie positiv und motivierend bei der Erreichung Ihrer Ziele unterstützen. Ressourcen sind nach Grawe stark motivational besetzt und stützen Ihr Selbstwertgefühl. Storch und Krause bezeichnen als Ressourcen *»Alles, was geeignet ist, erwünschte neuronale Erregungsmuster zu erzeugen, zu aktivieren oder zu verstärken«* (Storch und Krause 2007: 179). Dies kann die Vorstellung des Zielzustandes selbst sein, dies können bestimmte Fähigkeiten, Werte, Glaubenssätze, angenehme Situationen und Erlebnisse sein, kurzum: alles, was Sie in Bezug auf Ihr Ziel unterstützt. Abbildung 22 zeigt einige Beispiele für Ressourcen.

Also: Wo liegen Ihre Ressourcen und Potenziale? Der eine oder die andere von Ihnen wird sich hier vielleicht schwertun. Wer derzeit in einem Krisentief steckt, erkennt seine Stärken oft nur schwer. Ressourcen aber hat jeder und jede, denn sonst wäre er oder sie im Leben nicht dort angekommen, wo er/sie jetzt steht. Es kommt darauf an, diese bewusst wahrzunehmen und so zu stärken, dass daraus dominante neuronale Muster, Potenziale, werden.

Wenn Sie ein bestimmtes berufliches Ziel vor Augen haben, dann stellt sich natürlich immer die Frage, über welche erforderlichen Potenziale Sie schon verfügen und welche Sie noch entwickeln müssen. Oft führt der Weg nicht direkt zum Ziel, sondern über mehrere Stufen und manchmal auch nur über nicht vermeidbare Umwege. Wer gegen den Wind segeln will, muss kreuzen! Spätestens hier sollten Sie den Zeithorizont im Auge behalten und diesen gegebenenfalls korrigieren.

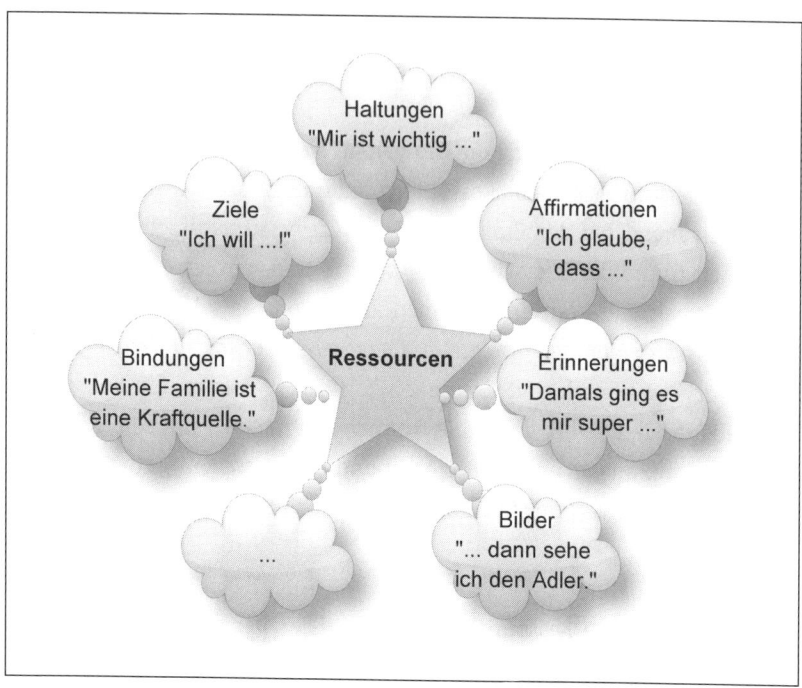

Abbildung 22: Beispiele von Ressourcen

Veränderungsängste überwinden

Wie wir schon im Kapitel *Entscheidungen* gesehen haben, kann es in Veränderungsprozessen keine Sicherheit geben – außer derjenigen, die in Ihnen selbst steckt. Die Sicherheit, dass Sie, egal was geschieht, Probleme lösen und Ziele erreichen können, ist die wichtigste Ressource, die Sie brauchen. Nicht alles wird Ihnen auf Anhieb gelingen. Sie werden auch Fehler machen. Misserfolge sind zum Lernen da.

Das liest sich so leicht, aber nicht jeder kann das so sehen. Viele Menschen stolpern genau an diesem Punkt. Sie lassen sich durch Rückschläge vom Ziel abbringen.

Ziele und Ressourcen müssen stark genug sein, um die Widerstände zu überwinden, auf die Sie wahrscheinlich stoßen werden. Denn eines ist klar: Ihnen wird nichts geschenkt. Sie brauchen Durchhaltevermögen. Wer nicht wie ein Bach zu Tal plätschern oder seine Kraft in einer Tretmühle vergeuden will, der muss Widerstände überwinden und Steine aus dem Weg räumen können. Dafür brauchen Sie genügend Treibstoff. Wenn Sie kein eindeutiges Gefühl für das **Warum** entwickelt haben, dann werden Ihre unbewussten Erfahrungsanteile signalisieren, dass es schlauer ist, die gewohnte Straße zu benutzen, anstatt einen neuen, unbekannten Weg einzuschlagen. Der könnte ja gefährlich für Sie sein. Also: Schärfen Sie Ihre Säge, damit Sie gut durchs Dickicht kommen.

Und damit wären wir dann bei den Persönlichkeitsanteilen, welche Ihren gesetzten Zielen entgegenwirken. Angst ist eine solche starke Kraft. Angst aktiviert in Ihnen die Vermeidungsschemata. Und die führen Sie **weg von** und nicht **hin zu**. Sie werden Ihre Ziele nicht erreichen, wenn Sie den ängstlichen und zweifelnden Anteilen nicht die Kraft Ihrer Ressourcen und die eines starken Bildes Ihrer Zukunft entgegensetzen können.

Was Sie aber in jedem Fall vermeiden sollten, ist, alte Muster zu bekämpfen. Vergeuden Sie Ihre Energie nicht auf diese Weise! Wir haben uns in einem anderen Zusammenhang schon damit befasst. Wertschätzen Sie Ihre alten Muster, denn die waren Ihnen mit Sicherheit schon nützlich und können es auch in Zukunft sein. Erweitern Sie Ihr Repertoire um neue Muster und Sie werden feststellen, dass die alten Muster von ganz allein in den Hintergrund treten (siehe Abbildung 23 auf der folgenden Seite).

Und damit Ihre Ziele und Ressourcen nicht beim ersten Sturm fortgeblasen werden, sollten Sie diese gut verankern. Nichts ist stärker als erprobte Muster. Auch Ihr Umfeld wird von Ihnen eher die alten Verhaltensmuster erwarten und irritiert oder sogar ablehnend reagieren, wenn Sie mit un-

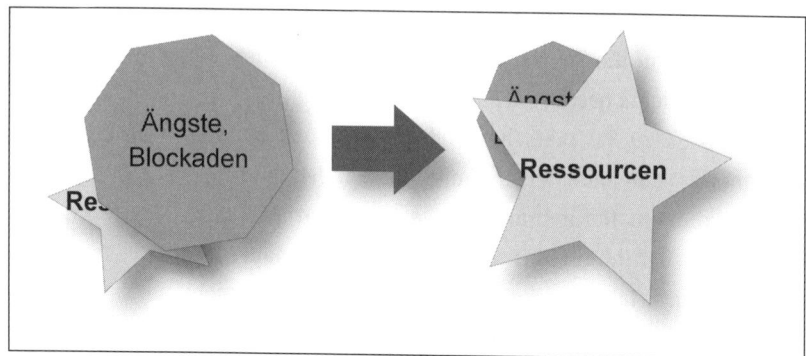

Abbildung 23: Ängste und Blockaden überwinden

erwartetem Verhalten aufwarten. Und damit in solchen Situationen die alten Muster nicht wieder Oberhand gewinnen, nutzen Sie bewusstes Priming! Helfen Sie der Bahnung Ihrer neuen Muster ein wenig nach. Sie können sich zum Beispiel mit dem Durchlaufen der logischen Ebenen nach Dilts (siehe Kapitel *Von der Autobahn abgekommen?*) in einen ressourcenvollen Zustand versetzen, bevor Sie einen grandiosen Vortrag halten wollen. Oder Sie stellen ein inspirierendes Bild auf Ihren Schreibtisch, das Sie daran erinnert, sich fortan nur noch mit wichtigen Dingen zu beschäftigen. Oder Sie ziehen den Anzug an, der Ihnen am meisten Selbstbewusstsein verleiht, bevor Sie zum Vorstellungsgespräch gehen. Ich bin sicher, Ihnen fällt noch mehr ein.

Diese Techniken sind keineswegs Hokuspokus. Es konnte inzwischen wissenschaftlich belegt werden, dass Priming die Aktivierung bestimmter Muster fördert (Storch und Krause 2007). Ebenso hilft mentales Training, neue Fertigkeiten zu vertiefen. Dies kann jedoch nur unterstützend wirken. Neue Muster entstehen am besten durch aktives Tun und reale Erfahrung.

Gerald Hüther hat dies in sehr schöne Worte gefasst: »*Wo ein Wille ist, ist auch ein Weg, und wenn der Wille stark genug ist und derselbe Weg immer wieder benutzt wird, entsteht daraus allmählich eine Straße und irgendwann sogar eine Autobahn, auch im Hirn. Und weil es dann immer schwerer fällt, diese eingefahrenen Bahnen später wieder einmal zu verlassen, sollte die Entscheidung, wie und wofür man sein Gehirn benutzt, mit viel Umsicht und Bedacht gefällt werden.*« (Hüther 2007: 98)

Lustgewinn, auch wenn es wehtut

Lust und Schmerz sind zwei Dinge, die uns sehr gegensätzlich erscheinen. Viele Menschen meiden den Schmerz, weil sie meinen, der Lust dann näherzukommen. Sie täuschen sich. In Bezug auf die Liebe hat Bernd Guggenberger, Sozialwissenschaftler und Kritiker postmoderner Lebenswelten, das auf eine Art formuliert, wie man es nicht treffender formulieren kann: »*Wer liebt, zieht allemal die Verzweiflung der schmerzlosen Gleichgültigkeit vor und die Seelenpein dem Vergessen. Und möglicherweise frönt er hierbei noch nicht einmal einem heimlichen Hang zum Selbtsquälerischen, sondern trifft instinktiv die im Sinne einer psychologischen Daseinsfürsorge gehaltvollere Entscheidung, wenn er sich für die Himmelsqualen der Liebe entscheidet.*« (Guggenberger 1987: 54).

Er zitiert dann noch Maurice Chevalier, der gesagt haben soll: »*Die Jugend irrt nämlich, wenn Sie glaubt, sie stürbe am gebrochenen Herzen. Davon lebt man meist noch im hohen Alter.*«

Wie in der Liebe, so im sonstigen Leben. Lust und Schmerz empfinden wir oft als zwei gegenüberliegende Pole auf einer Achse. Neuronal trifft das aber nicht zu. Wenn wir das auf einfache Weise visualisieren wollen, können wir uns die beiden Größen als Variablen in einem zweidimensionalen Koordinatensystem vorstellen (siehe Abbildung 24).

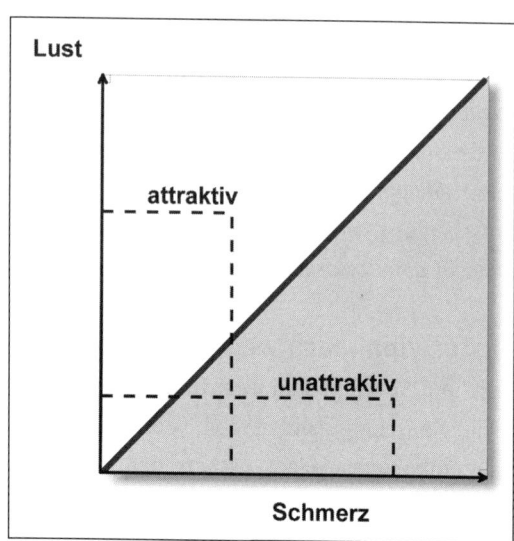

Abbildung 24:
Lust und Schmerz als unter-
schiedliche Kategorien

Lust und Schmerz sind also keine Gegensätze, sondern können gleich-zeitig auftreten. Entscheidend für uns ist lediglich die Gewichtung beider Empfindungen. Überwiegt die Erwartung von Schmerz (in Abbildung 24 die Fläche rechts unterhalb der Linie), empfinden wir die Handlungsoption als unattraktiv und wir vermeiden es, entsprechend zu handeln. Das Er-klimmen eines hohen Berges oder ein Marathonlauf erfordern Anstrengung und teilweise auch Schmerz, aber Bergsteiger und Marathonläufer nehmen das in Kauf, weil der Lustgewinn deutlich schwerer wiegt. Wer hingegen keinem von beiden irgendeine Lust abgewinnen kann, wird diese Art von sportlicher Betätigung unterlassen.

Dies soll auch verdeutlichen, warum die Vermeidung von Schmerz allein gesehen kein Kriterium für unser Handeln sein kann. Solange Ihr Fokus allein auf möglichem Schmerz ruht, werden Sie vorwiegend Vermeidungs-strategien anwenden und folglich den möglichen (Lust-)Gewinn immer weniger gewichten als den Schmerz. Jede Entscheidungssituation, die durch Unsicherheit geprägt ist, und das sind die meisten, wird Ihnen dann das Leben schwer machen.

Es ist als Gegenmaßnahme wenig aussichtsreich, das subjektive Schmerzempfinden reduzieren zu wollen (»Ach, ist doch vielleicht gar nicht so schlimm«), sondern viel wichtiger, den Fokus auf den möglichen (Lust-) Gewinn zu richten (»Super, das will ich!«). Nur wer einmal die Erfahrung gemacht hat, welch gutes Gefühl es ist, durch eigene Anstrengung oder schlicht durch das Loslassen von Altem und Betreten von Neuland in neue Dimensionen des Erlebens vorzudringen, wird Trennungsschmerz überwinden können. Dafür benötigen Sie ein gesundes Kohärenzgefühl, das heißt die Gewissheit, dass Sie es schaffen können und dass es Sinn macht. Sport ist dafür übrigens ein hervorragendes Übungsfeld, da sie hier spielerisch in den Genuss von positiven Erfahrungen kommen, die mit körperlicher Anstrengung verbunden sind.

Wege zum Erfolg bauen

Neue Wege sind nie ausgetreten, sondern meist steinig. Sie können dabei auch fallen oder sich verlaufen. Die schlechte Nachricht ist also: Ja, es wird unter Umständen auch anstrengend. Die gute Nachricht ist: Solange Sie daraus keine Passion machen, um sich und Ihrer Umwelt zu beweisen, dass es immer wehtut, werden Sie gute Wege finden. Nur müssen Sie diese suchen und ausprobieren. Liegen Steine im Weg, räumen sie diese weg oder steigen Sie drüber. Sind die zu groß, gehen Sie um sie herum. Ist auch das nicht möglich oder führt der Weg in eine Sackgasse, dann probieren Sie einen anderen Weg. Aber lassen Sie sich nicht von den inneren und äußeren Zweiflern unterkriegen.

Begehen Sie auch nicht den Fehler, die Steine zu beschimpfen oder sich welche vom Wegesrand auf den Weg zu rollen, damit Sie besser drüber stolpern und Ihr schweres Schicksal beklagen können. Das wäre zwar

Balsam für Ihre Zweifel und Ängste, aber eine Selbstsabotage in Bezug auf Ihre Ziele. Denken Sie an den Bach und an die Tretmühle. Wenn Sie beides nicht mehr wollen, dann auf zu neuen Wegen. Sie schaffen das – wenn Sie wollen.

Und wenn Sie auf Hindernisse stoßen, dann werden Sie kreativ und probieren Sie aus! Spielen Sie! Hier einige Variablen, an denen Sie drehen können:

- **Tempo wechseln.** Die Katze schleicht langsam an die Beute heran – um Sie dann blitzschnell zu packen.
- **Perspektive ändern.** Leckere Früchte wachsen an den Zweigen, nicht am Stamm. (Ausnahme: die Kakaofrucht. Selbst auf Regeln ist also kein Verlass.)
- **Detailgrad variieren.** Wenn Sie den Wald sehen wollen, legen Sie die Lupe beiseite.
- **Tiefenfokus anpassen.** Das Schmackhafte an der Nuss ist der Inhalt, nicht die Schale.

Ihnen fällt dazu noch mehr ein? Na, dann los!

Effektive Zeitnutzung aus Sicht des Gehirns

Die besten Vorsätze und der beste Zeitplaner nutzen nichts, wenn das, was Sie vermeintlich tun wollen, neuronal ohne Relevanz ist, oder wenn andere Dinge eine höhere Relevanz haben.

Relevant ist für Ihr Gehirn zunächst alles, was für das (Über-)Leben wichtig ist, und ferner alles, was in irgendeiner Form das Belohnungssystem anregt. Das birgt Erfolgserlebnisse und damit Lernstoff. Die Krux der effektiven Zeitnutzung liegt nun darin, dass kleine (und teilweise unwichtige) Aufgaben sowie kompensatorische Tätigkeiten oft den schnelleren Dopaminkick auslösen. Das bedingt bei vielen Menschen die Neigung zu neuronalem Fastfood. Anders formuliert: Sie machen das, was schnellen Spaß bringt, und lassen wichtige Dinge liegen.

Ein weiteres Problem: Unser Gehirn befasst sich sehr ungern mit den Dingen eingehender, die es ohnehin schon kennt. Da gibt es nichts zu lernen, das Dopaminsystem bleibt inaktiv. Diese beiden neuronalen Mechanismen sollten Sie bei der Erledigung Ihrer Aufgaben bedenken. Im Folgenden ein paar Grundregeln neuronal-adäquaten Zeitmanagements:

1. Seien Sie zielorientiert (*»Warum mache ich das eigentlich?«*). Vergegenwärtigen Sie immer wieder Ihre Vision und das, was diese Ihnen Sinnhaftes einbringt. Damit wird neuronales Fastfood uninteressant. Außerdem laufen Sie nicht Gefahr, Dringendes mit Wichtigem zu verwechseln. Dringendes ist nämlich nicht deshalb wichtig, weil es dringend ist.
2. Seien Sie handlungsorientiert (*»Was ist als Nächstes zu tun?«*) und unterlassen Sie Grübeleien (*»Ob ich das wohl alles schaffe?«*), denn letzteres aktiviert nur Ihre Vermeidungsschemata.
3. Ziehen Sie Ihre Sache durch (*»Ich will das bis ... abschließen!«*). Es ist wie beim Brot Essen: Wenn Sie zu lange darauf herumkauen, schmeckt es nicht mehr. Ganz ähnlich langweilt sich Ihr Gehirn bei schleppender Beschäftigung ohne Dopaminkicks. Das geht auf Kosten Ihrer Motivation.
4. Wenn erforderlich, legen Sie attraktive Meilensteine fest. Große Ziele brauchen einen langen Atem. Kleine Teilziele aktivieren schon früher Ihr Belohnungssystem im Gehirn und nehmen Ihnen die eventuell vorhandene Angst vor dem Scheitern.
5. Erledigen Sie kleine Aufgaben sofort. Nutzen Sie dadurch Ihre Neugier als Antrieb. Was zu lange liegt, verliert den Reiz des Neuen und wird unattraktiv. So wachsen Stapel.

6. **Bewahren Sie den Überblick.** Sich anhäufende Aufgaben erzeugen tendenziell Stress und begünstigen Vermeidungsverhalten (*»Den Stapel fasse ich besser gar nicht erst an.«*). Werfen Sie Unwichtiges weg. Radikal.

7. **Bleiben Sie flexibel im Denken und Handeln.** Stures Arbeiten nach Zeitplaner ist ungefähr so spannend wie die Arbeit am Fließband und in einem lernenden System völlig unangemessen. Ihr Gehirn ist kein Roboter. Planen Sie daher immer ausreichend Spielräume ein und verplanen Sie niemals mehr als 60 Prozent Ihrer Arbeitszeit.

Über den Rubikon!

Als Julius Caesar sich entschloss, über den Rubikon zu gehen, soll er gesagt haben: »Alea iacta est!« (Der Würfel ist gefallen!). Nach dieser historischen Begebenheit wurde ein in der Motivationspsychologie inzwischen etabliertes Modell entwickelt: das Rubikon-Modell. Maja Storch hat dies zusammen mit Frank Krause weiterentwickelt und in das Zürcher Ressourcen Modell integriert (Storch und Krause 2007). Dieses Modell berücksichtigt die vorangehenden Überlegungen zu Zielen und Ressourcen, weshalb ich es Ihnen gern als Essenz eines effektiven Selbstmanagement-Prozesses präsentieren möchte (siehe Abbildung 25).

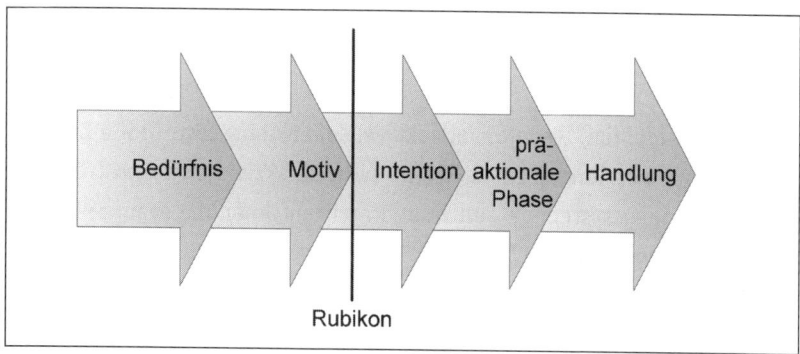

Abbildung 25: Der Rubikon-Prozess

Phase 1: Bedürfnis. Hier geht es um die Beschäftigung mit Ihrem Thema. Hier sollten Sie klären, was Sie wirklich bewegt. Oft schlummert in Ihrem Innern etwas, was nach außen drängt. Ist wirklich Ihr Bedürfnis nach mehr Arbeitseffektivität vorrangig oder sehnen Sie sich eher nach Ruhe und Entspannung? Achten Sie dabei auf emotionale Signale und auf Körpersignale (somatische Marker).

Phase 2: Motiv. Wenn Ihr vorrangiges Bedürfnis klar ist, können Sie ein Motiv entwickeln. Damit ist eine zielorientierte Haltung gemeint. *»Mir ist es wichtig, eigenverantwortlich zu handeln«* oder *»Ich möchte gern anderen Menschen helfen«*, wären derartige Haltungen.

Phase 3: Intention. Gratulation, mit Erreichen dieser Phase haben Sie den Rubikon überschritten. Denn hier kristallisiert sich ein konkretes Handlungsziel heraus. Aus dem *»Ich möchte gern«* wird ein *»Ich will!«* *»Ich will mehr Verantwortung übernehmen«* oder *»Ich will einen sozialen Beruf ergreifen«* können Handlungsziele sein. Achten Sie vor allem darauf, dass es ein terminiertes Annäherungsziel ist, dass Sie allein die Kontrolle über die Erreichung haben und dass es sinnspezifisch ist, Sie sich den Zielzustand also auch vorstellen können.

Phase 4: präaktionale Phase. In dieser Phase kommt es darauf an, Ihr Handlungsziel von einem **Wollen** zum **Machen** weiterzuentwickeln. Aus dem *»Ich will«* wird ein *»Ich werde«*. Das geht am besten durch eine sinnspezifische Assoziation des Zielzustandes. Im Coaching wird hier auch gern mit einer Zieltrance gearbeitet. Damit ist das spielerische **als ob** der Zielerreichung gemeint, das reich an Empfindungen ist. Spätestens hier kommen auch die somatischen Marker zur Geltung, welche dem Zielzustand ein konkretes Körpergefühl verleihen. Ihr Körper wird damit zur Bühne Ihrer Zieldarbietung.

Phase 5: Handlung. In dieser Phase sollten Sie Ihr Ziel gut verankern. Storch und Krause sprechen von Multicodierung. Schaffen Sie sich kleine oder große Erinnerungen in Form von Notizzetteln, Affirmationen (zum Beispiel: *»Immer wenn ich Druck spüre, bleibe ich gaaanz gelassen.«*), Bildern und Ähnlichem. Und überlegen Sie sich eine Form des Priming, die Sie jederzeit bewusst abrufen können. Tragen Sie die entsprechende Kleidung, in der Sie sich sicher fühlen, überlegen Sie sich eine Bewegung oder Körperhaltung, die zu Ihrer inneren Haltung passt.

Sind Sie jetzt gut gewappnet? Fehlt noch was? Ja. Wir haben uns sehr eingehend mit Selbstmanagement auf kognitiver und emotionaler Ebene befasst. Gutes Selbstmanagement umfasst selbstverständlich auch die Einbeziehung dessen, in das Ihr Gehirn eingebettet ist und mit dem es im ständigen Austausch ist: Ihr Körper. Ohne den geht es nicht. Stress und psychosomatische Erkrankungen sind schließlich auch eine Folge von schlechtem Selbstmanagement. Diesem Thema ist das folgende Kapitel gewidmet.

Kompakt

Schlechtes Zeitmanagement ist meist ein Symptom für unklare oder schlecht verankerte Ziele. Ziele sollten immer positiv formuliert, sinnspezifisch, attraktiv, kontrollierbar, terminiert und auch »ökologisch« sein, also zur Persönlichkeit und ihrem Umfeld passen. Um Ziele zu erreichen, brauchen Menschen Ressourcen, die sie unterstützen. Ressourcen sind durch Motivationen geprägt und stärken das Selbstwertgefühl. Demgegenüber aktiviert Angst Vermeidungsstrategien. Ängste sind aber Schutzmechanismen und sollten daher nicht abgespalten, sondern integriert werden. Erst wenn es gelingt, Herausforderungen erfolgreich zu bewältigen, werden Ängste zurücktreten. Lust und Schmerz sind neuronal keine Gegensätze, sondern oft gelingt Lustgewinn nur unter Anstrengung und Schmerz. Daher ist Schmerzvermeidung allein kein gutes Erfolgsrezept. Ziel- und Handlungsorientierung sowie Nachhaltigkeit in der Aufgabenbearbeitung sind die wichtigsten Faktoren für eine effektive Zeitnutzung.

2.4 Stressprävention und Life-Balance – Luxusartikel der Leistungsgesellschaft?

Gehe in deiner Arbeit auf, nicht unter.

Jacques Tati

Nun haben Sie erfolgreich die Steine von den Trampelpfaden geräumt, sich durchs Dickicht geschlagen, den Weg frei geräumt. Nach schweißtreibender Anstrengung gelangen Sie auf eine breite Straße, die schnelleres Fortkommen ermöglicht. Geschafft! Jetzt können Sie Gas geben. Und das tun Sie auch. Endlich. Nach ein paar Kilometern wird die Straße zur Autobahn. Dreispurig. Super, jetzt tief durchatmen, hochschalten und das Pedal weiter durchtreten. Yeah! Jetzt können Sie alles hinter sich lassen und nur noch nach vorn blicken. Ihr Tempo steigert sich. Allmählich wird der Verkehr zwar dichter, aber Sie sind auf der Überholspur. Ganz links. Gab's da rechts nicht einen Abzweig? Egal! Nach vorn blicken. Das Handy klingelt. Ihre Frau ruft an. Das muss warten. Später. Dass sich mit steigender Geschwindigkeit auch der Blick verengt, nehmen Sie in Kauf, denn Sie wollen ja schließlich Ziele erreichen. Waren da Warnschilder am Straßenrand? Ach was! Geschwindigkeitsbeschränkung? Mumpitz! Sagte nicht auch Mika Häkkinen: »Wenn Du glaubst, Du hättest alles im Griff, dann bist Du zu langsam!« Also, Gas durchtreten und weg. Und siehe da, der Weg ist frei. Doch jetzt merken Sie, dass die Autobahn gar keine Autobahn mehr ist, sondern ein Sandweg. Runter vom Gas? Warum denn? Es muss doch weiter gehen! Gas geben! Doch Sie werden abgebremst. Wie kann das sein? Und ehe Sie sich versehen, stecken Sie fest. Die Reifen drehen durch. Der Motor kocht. Ihre Nerven auch. Sie geben nochmals Gas. Vergeblich. Festgefahren. Endstation. Nichts geht mehr, gar nichts. Stille. Und jetzt sind Sie plötzlich einsam. Sie haben alle hinter sich gelassen, Ihre Kollegen, Ihre Familie. Ganz unbemerkt. Kein Anruf mehr. Erschöpfung macht sich breit. Und Angst.

Burn-out ist eigentlich eine Fahrtechnik. Mit durchdrehenden Reifen, bis die qualmen. Danach ist Auswechseln angesagt. Unser Gehirn kann auch heiß laufen, nur Auswechseln können Sie es nicht. Festplatte oder Prozessor tauschen? Fehlanzeige. In diesem Kapitel geht es darum um heiß laufende Köpfe, um schnelle Autobahnen, die leicht in die Sackgasse führen, und natürlich darum, wie wir aus alldem Schlamassel wieder herauskommen – oder gar nicht erst hineingeraten.

Ich hatte Ihnen ja dargelegt, wie Sie neuronale Autobahnen bauen können. Doch Autobahnen, auch die neuronalen, haben ihre Tücken. Wenn Sie non-stop Autobahn fahren, kommen Sie zwar schnell voran, aber Sie sehen nicht mehr so viel von der Landschaft drum herum. Und Sie werden bei zu hoher Geschwindigkeit die Warnsignale übersehen. Entschleunigung wäre dann angesagt. Aber können wir uns in einer High-Speed-Gesellschaft so etwas überhaupt leisten? Sind Stressprävention und Work-Life-Balance (*»So ein Quatsch, meine Arbeit ist doch mein Leben, oder?«*) nicht Luxusartikel, die wir uns allenfalls in Boomzeiten leisten können? Ist das nicht nur ein bisschen Beilage in der Personalentwicklung wie das Obst in der Kantine? Kurzum: Können wir uns Stressprävention und Work-Life-Balance überhaupt leisten?

Der Arbeitsunfall der Gegenwart

Rund 40 Prozent der Arbeitnehmer in Deutschland fühlen sich durch ihre Arbeit gestresst. Man vermutet, dass in der Europäischen Union 50 bis 60 Prozent der Fehltage auf Stress zurückgehen. Doch es kommt noch schlimmer: Jeder vierte Arbeitnehmer scheidet vor Erreichen des Rentenalters aus dem Erwerbsleben aus, davon fast jeder Dritte infolge psychischer Störungen. Allein 2007 waren das 54.000 Menschen. Stress ist der klassische Arbeitsunfall der Gegenwart.

Das ist nicht nur für die Betroffenen ein schwerer Schlag, sondern auch volkswirtschaftlich nicht mehr zu vernachlässigen. Die Kosten durch Stress belaufen sich auf circa 5 bis 10 Prozent des Bruttosozialproduktes. Allein die Ängste von Beschäftigten am Arbeitsplatz kosten die Unternehmen etwa 100 Milliarden Euro pro Jahr (European Brain Council 2008). Auch Folgeerkrankungen, wie zum Beispiel Herzinfarkte, ließe sich durch weniger Stress am Arbeitsplatz vorbeugen. Schon vor Jahren rechneten Wissenschaftler vor, dass 10.000 Infarkte jährlich durch eine bessere Arbeitsorganisation vermeidbar wären.

Stressabbau und eine ausbalancierte Lebensführung sind also kein Luxus, sondern sogar Voraussetzung für eine hohe Leistungsbereitschaft und Leistungsfähigkeit. Das konnte in Untersuchungen inzwischen auch belegt werden. Dabei ist effizientes Zeitmanagement noch kein Garant für weniger Stress, denn ein gut geführter Termin- und Aufgabenordner kann derart vollgestopft sein, dass Ihnen kaum noch Zeit zum Atmen bleibt. Wer im Stress ist, sollte weniger sein Zeitmanagement, sondern besser seine Balance zwischen Arbeit und Freizeit, zwischen Anspannung und Erholung verbessern.

Stress: objektive Symptome und subjektive Wahrheit

»Ich habe Stress«, *»Ganz schön stressig heute«*, *»Bloß kein Stress«*. Das alles sind geflügelte Ausdrucksweisen, bei denen uns der Begriff Stress locker über die Lippen geht. Oft meinen wir damit nur: *»Habe viel zu tun«* oder *»Bin unter Zeitdruck«*. Stress ist im allgemeinen Sprachgebrauch ein eher unscharfer Begriff, echter Stress kann hingegen messerscharf ins Herz gehen – oder andere Organe und unsere Psyche treffen. Aber was ist Stress denn nun eigentlich?

Der Begriff Stress geht auf den österreichisch-amerikanischen Arzt Hans Seyle zurück. Dieser hatte sich in den 1930er Jahren darüber gewundert, dass Patienten mit sehr unterschiedlichen Belastungssituationen teilweise sehr ähnliche Krankheitssymptome zeigten. An Ratten konnte er zeigen, dass sich derartige Symptome durch extreme Belastungen gezielt auslösen ließen. Später nannte er das Phänomen **Stress**. Schon Seyle brachte Stress mit einer Anpassungsreaktion in Verbindung.

Früher unterschied man positiven Stress (Eustress) und negativen Stress (Disstress). Sogenannter Eustress ist im engeren Sinne kein Stress, sondern ein Gefühl von Anspannung, verbunden mit Wachheit und Aufmerksamkeit, was aber durchaus als Abweichung von einem Idealzustand empfunden wird. Grawe spricht von kontrollierbarer Inkongruenz. Hier werden Aufgaben noch als beherrschbar und als Herausforderung begriffen.

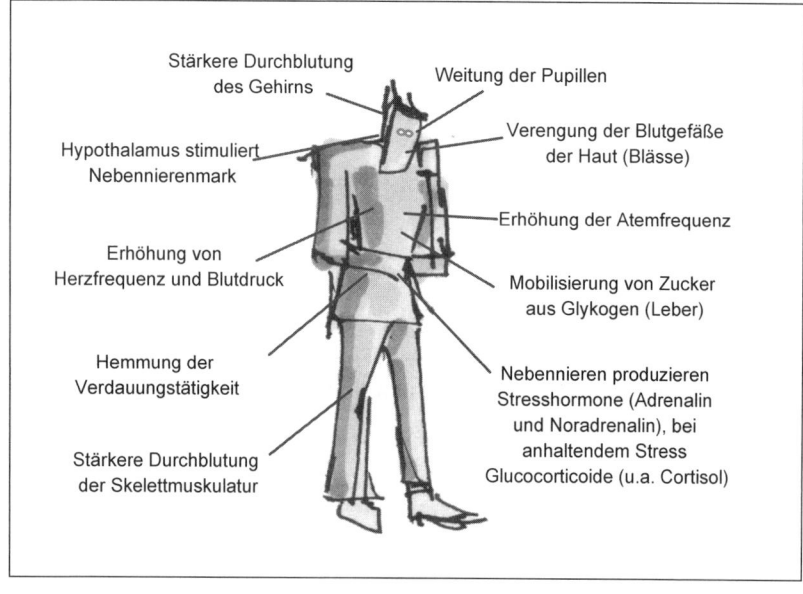

Abbildung 26: Stressreaktionen

Kommen wir aber zu echtem Stress (siehe Abbildung 26). Der beeinflusst den Hormonhaushalt, das Herz-Kreislauf-System, den Zuckerhaushalt, das Verdauungssystem, die Atmung, die Muskulatur und das Gehirn. Allen Stressreaktionen ist gemein, dass sie den Körper auf Wachheit, Aktivität und Abwehr trimmen. In den Nebennieren werden Adrenalin und Noradrenalin produziert, das Herz-Kreislauf-System und die Atmung erreichen ein höheres Aktivitätsniveau, die Durchblutung der Muskulatur und des Gehirns werden verstärkt, die Leber mobilisiert Zucker aus dem gespeicherten Glykogen und die Verdauungstätigkeit wird reduziert. Unser Körper wird also in einen Alarmzustand versetzt.

Da Stressreaktionen von unserem Gehirn gesteuert werden, ist es nun wenig erstaunlich, dass uns auch hier wiederum die Neurobiologie eine genauere Einsicht in die mit Stress zusammenhängenden Faktoren und Prozesse gebracht hat (siehe Abbildung 27 auf der folgenden Seite).

Vorhandene Verschaltungsmuster in unserem Gehirn ermöglichen uns die Anwendung erworbener Fähigkeiten, erzeugen bestimmte Erwartungen und Gefühle. Situationen, in denen unsere Fähigkeiten nicht ausreichen (*»Hilfe, so etwas habe ich noch nie gemacht ...«*), in denen unsere Erwartungen nicht erfüllt werden (*»Wieso passiert das jetzt?«*) oder unsere Gefühle verletzt werden (*»Das tut mir weh!«*), empfinden wir als psychische Belastung. Nichts von dem, was wir bisher gelernt haben, funktioniert. Es gibt kein adäquates neuronales Muster, das sich aktivieren ließe.

Das limbische System erzeugt dann in uns ein Gefühl von Angst und eine weitere Etage tiefer leitet der Hypothalamus, wie oben beschrieben, physiologische Stressreaktionen ein. Über seine Wirkung auf das Herz-Kreislauf-System, das vegetative Nervensystem und das Immunsystem kann dauerhafter Stress eine ganze Reihe somatischer Erkrankungen verursachen.

Unter Stress wird unser Körper nicht nur zur Bühne unserer Gefühle, sondern geradezu zu einer Arena der Gladiatoren. Hier geht es immer um die Abwehr von Gefahr und die Wiederherstellung von psychischer und physischer Stabilität. Das ist der Moment, in dem uns der Schweiß ausbricht, das Herz rast, möglicherweise die Haare zu Berge stehen, der Magen flau wird oder wir sogar das Gefühl haben, dass uns der Boden unter den Füßen wegbricht.

Stressempfinden ist sehr subjektiv. Was den einen an seine Grenzen bringt, ist für den anderen gerade eine spannende Herausforderung. Der Grund für diese Unterschiede liegt in der individuellen Wahrnehmung und Bewertung des Erlebten. Meist sind tief sitzende, erlernte Denk- und Verhaltensmuster dafür verantwortlich, ob wir eine Belastung als angenehm oder unangenehm empfinden. Dabei ist es unwichtig, ob der Stressor, also die auslösende Belastung, real vorhanden ist, oder vom Betroffenen nur imaginiert oder ein Stressereignis erwartet wird. Es lassen sich daher auch keine allgemeinen Maßstäbe dafür entwickeln, was Stress auslösen kann und was nicht. Alles, was uns aus der Bahn wirft, wirkt als Stressor.

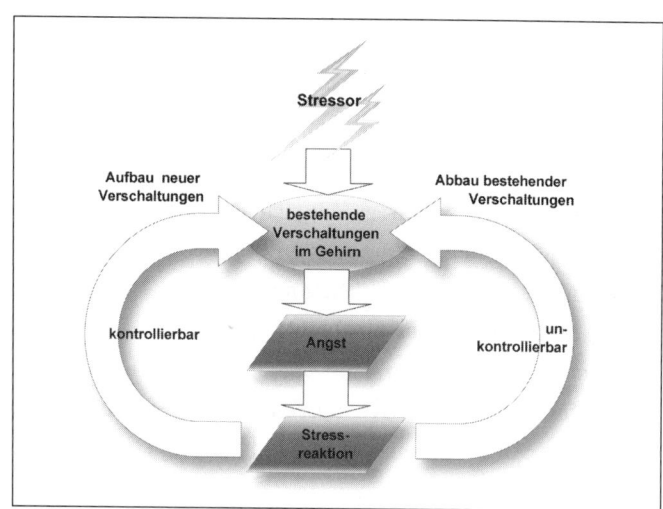

Abbildung 27:
Stresszyklus
nach Hüther

Angst muss sein

Die Strategie »Augen zu und durch« ist hier nicht angesagt. Hüther schreibt: *»Der am häufigsten eingeschlagene Weg, nämlich der Versuch, all das nicht wahrzunehmen, was Angst auslösen könnte, ist leider eine Sackgasse. Man spaziert mühelos hinein, freut sich noch eine Zeit lang über die Tatsache, dass es hier keine Warnschilder und Schlaglöcher gibt, bis man irgendwann dort ankommt, wo es nicht mehr weitergeht, jedenfalls nicht mehr so wie bisher. Die dann zwangsläufig ausgelöste unkontrollierte Stressreaktion lässt einem nur noch die Wahl zwischen Selbstzweifel und Neuanfang oder Impotenz und Krankheit.«* (Hüther 2009: 39)

Angst sagt uns: *»Haaalllo, hier läuft was falsch! Mach was anderes!«* Entscheidend ist, ob wir es schaffen, geeignete Bewältigungsstrategien zu entwickeln, es uns also gelingt, die belastende Situation zu kontrollieren. Wenn ja, dann erzeugen wir neue Bahnungen im Gehirn oder verknüpfen bereits vorhandene neuronale Netze miteinander. Auch Stressbewältigung ist also nichts anderes als ein Lernprozess.

Damit der optimal funktionieren kann, ist es hilfreich, wenn Sie vielfältige Erfahrungen haben, an denen Sie anknüpfen können. Jahrelanges Fahren auf der Überholspur ohne Blick nach links und rechts trägt dazu ebenso wenig bei wie das Parken in der Sackgasse. Die einseitige Nutzung Ihres Gehirns ist alles andere als ratsam. Wenn Sie Ihr Gehirn nur wie eine Maschine gebrauchen und immer nur die gleichen Programme abspulen, dann reduzieren Sie seine Selbstregulationsmöglichkeiten enorm. Schließlich erkennen Sie schlichtweg die Warnungen nicht oder erst dann, wenn es zu spät ist.

Und was noch wichtig ist: Bindungen und ein funktionierendes soziales Netzwerk sind sehr entscheidende stabilisierende Faktoren für unsere Psyche. Der Entzug psychosozialer Unterstützung (zum Beispiel Trennung,

Ausschluss aus dem Team), der Verlust psychosozialer Kompetenz (zum Beispiel Wegnehmen von sozialer Verantwortung) sowie psychosoziale Konflikte (zum Beispiel Mobbing, familiäre Konflikte) sind nach Auffassung von Gerald Hüther die wichtigsten Stress auslösenden Komponenten. Umgekehrt liegen hier auch die Hebel, um Stress vorzubeugen.

Gelingt es uns nicht, eine Stresssituation zu kontrollieren, dann geschieht etwas sehr Interessantes: Unser Gehirn nimmt zur Kenntnis, dass unsere Bewältigungsversuche nicht funktionieren, und beginnt, bestehende Netzwerke lahmzulegen. Der Prozess des Lernens verkehrt sich in sein Gegenteil. Cortisol sorgt dafür, dass im Hippocampus und anderen Hirnregionen neuronale Netze in den Ruhestand versetzt werden, die Konzentrations- und Lernfähigkeit lässt nach und dann haben wir richtig Stress. Denn jetzt stellt sich der Zustand des »Ich weiß nicht mehr weiter« ein.

Wer jetzt keinen Schnitt macht, riskiert viel: Lang anhaltender Stress sorgt für messbare Schäden im Gehirn und schädigt über die Schwächung anderer Systeme wichtige Körperfunktionen. Wenn diese Stufe erreicht ist, ist therapeutische und medizinische Hilfe unbedingt erforderlich. Bei extrem engagierten Menschen, die erst Feuer gefangen haben, dann die Warnsignale übersahen und ausgebrannt sind, wird von Burn-out gesprochen. Dann hat Stress zu einer totalen emotionalen Erschöpfung geführt. Einige der typischen Symptome sind in der Anfangsphase Hyperaktivität, Konzentrationsmängel, Müdigkeit, Schlafstörungen, leichte Reizbarkeit, später Antriebslosigkeit, Depressionen, Angstzustände, Drehschwindel, totale Erschöpfung. Dann macht Gas geben keinen Spaß mehr, dann geht nichts mehr.

Dem Teufelskreis entrinnen

Es sollte nun klar geworden sein: Stressvermeidung und Stressabbau sind keine Luxusartikel der Leistungsgesellschaft, sondern ein Muss für gesunde Leistungsträger. Wer das missachtet, betreibt Raubbau an Ressourcen. Und das ist nichts anderes als das Sägen am Ast, auf dem man sitzt.

Sich verstärkender Stress ist ein Zeichen dafür, dass Ihre Bewältigungsstrategien nicht funktionieren. Es ist nutzlos, diese immer und immer wieder aufs Neue anzuwenden. Sie werden nur immer wieder das gleiche Resultat erzielen und gelangen dann in das gleiche Muster wie die Fliege hinter der Scheibe, die immer wieder auf die gleiche Weise vergeblich versucht, ins Freie zu gelangen – bis zur totalen Erschöpfung. Solche selbstverstärkenden Kreise sollten Sie unbedingt unterbrechen. Konsequent. Stress ist ein Signal Ihres Körpers, dass es so nicht weitergehen kann, und das verdient Beachtung.

Entschleunigung habe ich als Maßnahme schon genannt. Der Vorteil: Das können Sie in Ihren Alltag integrieren. Wenn Sie merken, dass Sie überdrehen, nehmen Sie bewusst Tempo heraus. Lassen Sie das Telefon dreimal klingeln, bevor Sie dran gehen, bleiben Sie auf der Autobahn auf der rechten Spur (ja, das fällt schwer, ich weiß) und gehen Sie den Weg zur Kantine bewusst langsam. Genießen Sie die Entschleunigung wie das Zeitlupen-Replay einer spannenden Action-Szene.

Ganz wichtig: Fangen Sie an, Ihren Körper bewusst wahrzunehmen. Achten Sie auf Ihre Haltung (entspannt oder verkrampft?), auf Ihre Bewegungen (ruhig oder hektisch?) und achten Sie auf somatische Marker. Rast Ihr Herz? Spüren Sie eine Beklemmung, vielleicht sogar Schmerz? Diese Signale sollten Sie beachten und handeln.

Wie lässt sich Stress abbauen? Hüther nennt drei Strategien, die sich als Erfolg versprechend erwiesen haben: Bewältigung, Entspannung, Rhythmik (siehe Tabelle 7).

Strategie	Beschreibung
Bewältigung	Der Lernprozess gelingt, ein Weg zur Bewältigung des Problems wird gefunden
Entspannung	Alles, was die heiß gelaufenen neuronalen Netze wieder beruhigt und harmonisiert: Entspannungstechniken, Meditation, progressive Muskelentspannung, Yoga
Rhythmik	Tanz, Gesang, Musizieren, Sport mit rhythmischen Bewegungsabläufen wie Jogging, Inlineskating

Tabelle 7: Strategien der Stressbewältigung.

Wenn Sie unter akutem und lang anhaltendem Stress leiden, ist in jedem Fall eine Trennung vom Stressor ratsam. Entziehen Sie sich zumindest vorübergehend dem Problem und suchen Sie Entspannung oder bewegen Sie sich! Laufen, Radfahren, Tanzen und Ähnliches wirken. Rhythmische Bewegungsabläufe erzeugen nach etwa 15 Minuten im Gehirn ein synchrones Signalmuster, das wir als sehr angenehm empfinden. Es überlagert andere Erregungszustände und dient der Harmonisierung unserer Hirnfunktionen. Da unser Gehirn ein soziales Konstrukt ist, kommt psychosozialen Faktoren in Punkto Stress eine zentrale Rolle zu. Wer unter Stress leidet, sollte sich daher unbedingt Hilfe suchen. Treten schon körperliche Symptome, Depressionen oder Angstzustände auf, sollte unbedingt ein Arzt beziehungsweise ein Psychotherapeut aufgesucht werden.

Stresstypen

Sind Sie ein Stresstyp? *»Ich? Nee, wieso? Ich hab' keinen Stress, nur Mitarbeiter, die nicht mitziehen, einen Chef der ständig nervt und eine Frau, die meint, ich hätte nie genug Zeit für sie. Aber ich beherrsche effektives Zeitmanagement. Da gibt's keinen Leerlauf. Bei mir geht es rund! O. K., mein Blutdruck ist zu hoch und etwas zu viel Gewicht bringe ich auch auf die Waage. Ab und zu schlafe ich auch nicht gut. Dagegen hilft ein Gläschen Schnaps. Aber Stress …?«*

In einer empirischen Erhebung unter 250 Topmanagern zeigte sich, wie wichtig die soziale Einbindung für eine gute Work-Life-Balance ist (Stock-Homburg und Bauer 2008). Wer im Job stark engagiert ist, Spaß an der Arbeit hat, aber eine eher schlechte soziale Einbindung und/oder kaum privaten Ausgleich hat, verfügt über eine schlechte Work-Life-Balance. Wer hingegen sein unterstützendes soziales Netzwerk im Hintergrund weiß und/oder auch privaten Ausgleich genießt, erfreut sich einer guten Work-Life-Balance.

Bei Männern ergaben sich folgende Typen:

Der unterstützte Karriereorientierte: starke Vermischung von Beruf und Freizeit, kaum privater Ausgleich, aber starke Unterstützung durch Familie und Freunde. Ergebnis: gute Work-Life-Balance.

Der Isolierte: Trennung von Arbeit und Freizeit, privater Ausgleich mäßig, Unterstützung durch Familie und Freunde gering. Ergebnis: schlechte Work-Life-Balance.

Der immer Erreichbare: vermischt Privates und Job stark, geringer privater Ausgleich, wenig Unterstützung durch die Familie: sehr schlechte Work-Life-Balance.

Der Beziehungsorientierte: teilweise Vermischung von Job und Freizeit, hoher privater Ausgleich sowie hohe Unterstützung durch Familie und Freunde: sehr gute Work-Life-Balance.

Bei Frauen ergaben sich etwas andere Typisierungen:

Die Karrierefokussierte: starke Vermischung von Beruf und Freizeit, eher geringer privater Ausgleich und geringes familiäres Engagement sowie geringe Unterstützung durch Freunde: sehr schlechte Work-Life-Balance.

Die Beziehungsorientierte: teilweise Vermischung von Beruf und Freizeit und geringer privater Ausgleich, aber familiäres Engagement mittel bis hoch und hohe Unterstützung durch Freunde: gute Work-Life-Balance.

Die Unabhängige: kaum Vermischung von Arbeit und Freizeit, hoher privater Ausgleich, eher geringes familiäres Engagement und hohe Unterstützung durch Freunde: sehr gute Work-Life-Balance.

Die Familienorientierte: sehr starke Vermischung von Arbeit und Freizeit, sehr geringer privater Ausgleich, sehr hohes privates Engagement, aber eher geringe Unterstützung: schlechte Work-Life-Balance.

Interessant ist, dass die Arbeitsfreude kaum einen Einfluss auf das Maß der Work-Life-Balance hat. Das gefährdet natürlich beruflich sehr engagierte Menschen extrem, da der Spaß an der Arbeit oft die Warnsignale übertönt, die auf eine Überlastung hindeuten.

Selbstwirksamkeit erhöhen

Wie können wir aber nun Stress vermeiden und unsere Work-Life-Balance erhöhen? Eine Möglichkeit wäre natürlich, sich potenziellen Stressoren zu entziehen. Dies kann im Einzelfall hilfreich sein (zum Beispiel Jobwechsel wegen Mobbings), ist aber als globale Strategie mitnichten ein Erfolg versprechender Weg. Damit nähmen Sie sich die Chance, Ihre Fähigkeiten der Selbstorganisation zu verbessern. Sie trauen sich immer weniger zu, büßen Konfliktfähigkeit ein und in letzter Konsequenz erreichen Sie einen Stand-by-Modus. Sie würden kein Burn-out mehr riskieren, laufen aber Gefahr, ein Bore-out zu erleben. Sie würden dann vor Langeweile erschöpft sein.

Glück stellt sich nicht dadurch ein, dass wir Belastungen erfolgreich umgehen, sondern indem wir sie erfolgreich bewältigen. Ich möchte die eingehende Frage daher umformieren: Wie können wir mit Belastungen stressfreier umgehen?

Erster Schritt: Selbstwahrnehmung stärken

Passen Sie auf sich auf, denn sonst tut es keiner. Horchen Sie in sich hinein. Unser Körper sendet frühzeitig Signale. Achten Sie bewusst auf diese Körpersignale! Es sind somatische Marker und damit der körperliche Ausdruck für Emotionen. Tabelle 8 listet Beispiele auf.

Negative Symptome	Positive Symptome
• Hyperaktivität	• Wachheit
• Beklommenheitsgefühl	• Gefühl der Ausgeglichenheit
• Innere Unruhe	• Angenehmes Anspannungsgefühl
• Herzrasen, erhöhter Blutdruck	• Freier Atem
• Verspannungen	• Gefühl der Standfestigkeit
• Müdigkeit, Schlafstörungen	• Gefühl der freien Beweglichkeit
• Verdauungsprobleme, Konzentrationsschwäche	• Angenehmes Kribbeln
• Gereiztheit, Aggressivität	• Erwartungsvolle Spannung
• Gefühl der Körperlosigkeit	• Gefühl der Sicherheit
• Depressive Verstimmung	

Tabelle 8: Körperlicher Ausdruck für Emotionen.

Zweiter Schritt: eigenverantwortlich denken und handeln

Wer in einer Stressspirale gefangen ist, fühlt sich meist ausgeliefert und hat das Empfinden, die Dinge nicht mehr selbst steuern zu können. Ihre Handlungsfähigkeit, und das umfasst auch die Fähigkeit, »Stopp« zu sagen, sollten Sie daher unbedingt zurückerobern. Handeln Sie nicht reaktiv, sondern proaktiv. Was sind Sie sich selbst wert? Tabelle 9 zeigt beschränkende und bestärkende Glaubenssätze (Affirmationen).

Beschränkende Affirmationen	Bestärkende Affirmationen
• *»Ich kann ja doch nichts ändern.«* • *»Das ist nicht erlaubt.«* • *»Das wird irgendwann schon besser.«* • *»Ich kann das doch nicht einfach so aufgeben.«* • *»Das muss so und geht nicht anders.«* • *»Es macht mich wütend.«*	• *»Ich versuche es zu ändern. Jetzt«* • *»Was ist, kann sich auch ändern.«* • *»Ohne mein Zutun ändert sich nichts.«* • *»Ich gehe einen anderen Weg.«* • *»Ich setze meine Wut in Bewegung um.«*

Tabelle 9: Beschränkende und bestärkende Affirmationen.

Dritter Schritt: Ressourcen stärken und Potenziale entwickeln

Menschen, die unter Stress leiden, sagen oft, Stress entfalte eine negative Energie oder der Stress entziehe ihnen Energie. Diese Empfindungen spiegeln ziemlich genau das wider, was in unserem Gehirn geschieht, denn Stress ist ein Rückkopplungsprozess, der das Belohnungssystem hemmt und Strukturen in Ihrem Gehirn lahmlegt. Um genau das zu vermeiden, sollten Sie dafür sorgen, dass Ihnen genügend Ressourcen zum proaktiven Handeln zur Verfügung stehen. Sie haben diese Ressourcen, lassen Sie aber brachliegen. Besinnen Sie sich auf Ihre Stärken. Erinnern Sie sich an Situationen, die sehr ressourcenvoll ware, und machen Sie sich diese Ressourcen zunutze. Oder wenden Sie sich Ihren Zielen zu. Ressourcen sind der Treibstoff der Seele. Mit ihnen werden Sie auch schwierige Situationen meistern. Sehr wichtige Ressourcen sind das Gefühl der Zugehörigkeit, Glaube und Werte sowie Vertrauen in sich und andere.

Vierter Schritt: Netze knüpfen und ausbauen (Networking)

Das Gefühl der Zugehörigkeit ist vielleicht eine der stärksten Ressourcen, die Menschen entwickeln können. Bindung und Liebe sind Urbedürfnisse, die wir schon mit der Muttermilch einsaugen und die uns niemals verlassen. Die Einbindung in ein gesundes soziales Netz ist die beste Stressvorsorge. Halten Sie aber dieses Netzwerk nicht auf Abruf, sondern pflegen Sie es und leben Sie es. Denken Sie daran, dass unser Gehirn ein soziales Konstrukt ist. Alles, was Sie sind, verdanken Sie der Gemeinschaft um Sie herum, deren Teil Sie sind.

Fünfter Schritt: beobachten und vom Modell lernen

Halten Sie die Augen und alle anderen Sinne offen. Sie müssen nicht das Rad neu erfinden, sondern können sich von anderen inspirieren lassen und lernen. Kopieren Sie Menschen nicht, sondern machen Sie sich deren Fertigkeiten zunutze. Achten Sie darauf, wie es anderen gelingt, Herausforderungen zu begegnen. Schauen Sie um die Ecke und schlendern Sie auch mal in die Seitengassen, nicht nur im Urlaub. Schärfen Sie Ihre Sinne und Sie werden merken, dass damit auch Ihre Messer schärfer werden. Bei High-Speed auf der Autobahn geht das nicht.

Dies alles trägt mit dazu bei, dass Sie Ihre Umwelt besser begreifen können, dass Sie Probleme als beherrschbare Herausforderungen sehen können und dass es schließlich für Sie Sinn macht, diese Herausforderungen zu bewältigen. Hier ist es dann wieder, das Gefühl von Kohärenz (Sinnhaftigkeit, Verstehbarkeit, Handhabbarkeit), das Antonowsky als Voraussetzung für eine gesunde Lebensweise sieht. Es ist die Grundlage der Salutogenese. Dazu gehört auch ein bewusster und achtsamer Umgang mit unserem

Körper. Menschen sind vor allem dann gesund, wenn Sie gesund leben und nicht, wenn sie lediglich versuchen, Krankheit zu bekämpfen.

Integration der Lebenswelten

Sind Sie eine multiple Persönlichkeit? Ich hoffe es für Sie, allerdings nicht im pathologischen, also krankhaften Sinne. Jeder Mensch vereint verschiedene Welten in sich. Arbeit ist eine solche Welt und ein wesentlicher Faktor für die soziale Anerkennung in unserer Gesellschaft. Aber wussten Sie eigentlich, dass ein Zwanzigjähriger wahrscheinlich gerade mal ein knappes Fünftel seiner noch vor ihm liegenden Lebenszeit mit Arbeit zubringen wird? Es ist daher kaum verwunderlich, dass Arbeit allein nicht ausreicht, um unsere psychische Integrität aufrechtzuerhalten. Sie verschafft uns zwar im Idealfall ein stützendes soziales Umfeld, dieses ist aber rein funktional ausgerichtet. Es ist niemals Selbstzweck und niemals bedingungslos. Letzteres finden wir allenfalls in einer intakten Familie und in Freundschaften. Dort entfällt der höhere Zweck, denn der Zweck ist die Bindung, der Kontakt selbst.

Unser Körper, den wir so oft als gegeben hinnehmen und den wir darum häufig weder ausreichend wahrnehmen noch wertschätzen, ist die Operationsbasis all dessen, was wir tun, fühlen und denken. Nur merken wir das meistens nicht oder erst dann, wenn er nicht mehr so funktioniert, wie er soll. In unserer Wahrnehmung sind wir unser Gehirn, und unser Körper ist in dieser Sicht eher so etwas wie ein Anhängsel, das nützlich zur Wahrnehmung unserer Umwelt, zur Fortbewegung, zum Hantieren von Gegenständen, und ja, fast hätte ich es vergessen, auch zur Fortpflanzung ist. Gesundheit delegieren wir an die Medizin (obwohl die sich mit Krankheit besser auskennt) und für die richtige Ernährung ist der Supermarkt zuständig.

Doch unser Körper ist mehr als das. Ohne ihn wäre unser Gehirn allenfalls ein hilfloses und ebenso nutzloses Netzwerk von Nervenzellen, das schlicht nichts begreifen könnte. Denn zum Begreifen unserer Umwelt benötigen wir ja unsere Sinne und die befinden sich – richtig – in unserem Körper. Benutzen wir ihn nur einseitig, reduziert auch er seine Funktionen, baut nützliche Struktur (zum Beispiel Muskulatur) ab oder baut nutzlose Struktur (zum Beispiel Fett) auf.

Schließlich kommen wir zu einer Lebenswelt, die so typisch menschlich ist und uns wohl am meisten von der Tierwelt abhebt: Es ist das Bewusstsein eines höheren Sinns, der über unser schlichtes Dasein hinausreicht. Er erlaubt uns die Selbstreflexion, die Erhebung unseres Denkens über uns selbst. Erst die Existenz dieses Bewusstseins erlaubt es, über uns selbst hinauszuwachsen, unsere Fähigkeiten zu erweitern, Handlungsziele bewusst zu wählen, so etwas wie Kultur zu entwickeln und sogar über die Frage von Sinn selbst nachzudenken.

Nossrat Peseschkian hat diese Lebenswelten in seinem Lebens-Balance-Modell zusammengefasst (siehe Abbildung 28 auf der folgenden Seite). Gelingt es uns, diese vier Lebenswelten einigermaßen auszubalancieren, so steht es gut um unsere Lebensbalance.

Bevor Sie weiterlesen, verschwenden Sie nun ruhig ein paar Minuten damit, wie Sie Ihre Lebensbalance derzeit gestalten. Gestalten Sie diese überhaupt bewusst oder gestalten Ihre Lebensumstände diese vier Lebenswelten?

- Wie viel Kraft und Engagement verwenden Sie für Ihre Arbeit und für Ihr materielles Wohl?
- Wie viel Zeit und Ressourcen widmen Sie Ihrer Familie, Ihren Freunden und sonstigen sozialen Kontakten?

- Wie viel Aufmerksamkeit schenken Sie der Erholung und Ihrem Körper, Ihrer Gesundheit und Ihrer Ernährung?
- Wie viel Zeit verwenden Sie für Kultur, für Urlaub und andere Dinge, die für Sie Sinn machen?

Und erinnern wir uns noch einmal an die vier Elemente unserer psychischen Integrität: Bindung, Orientierung/Kontrolle, Lust und Selbstwerterhöhung: Sind Sie sozial gut eingebunden? Und was könnten Sie tun, um Ihre soziale Einbindung zu erhöhen?

- Wissen Sie, wo Sie stehen, und haben Sie das Gefühl, die Dinge im Griff zu haben? Was könnten Sie tun, um Ihr Gefühl von Orientierung und Kontrolle noch zu verbessern?

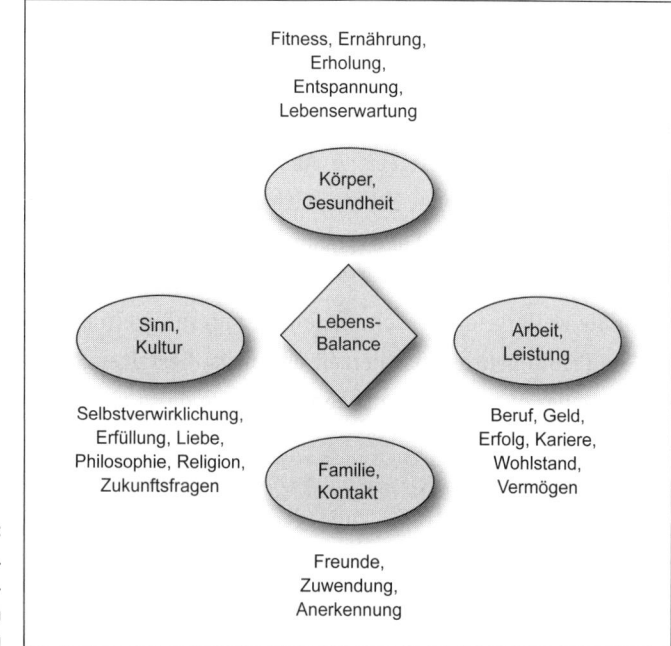

Abbildung 28:
Lebens-
Balance-
Modell nach
Peseschkian

- Bringt Ihnen das, was Sie tun, Spaß? Wie könnten Sie den Spaßfaktor erhöhen?
- Wie steht es um Ihr Selbstwertgefühl? Was sind Sie sich selbst wert? Was kann dazu beitragen, Ihr Selbstwertgefühl zu erhöhen?

Motion and emotion

Inzwischen wissen wir, dass nicht nur unser Gehirn unseren Körper steuert, sondern dass auch die Art und Weise, wie wir mit unserem Körper umgehen, auf unser Gehirn wirkt. Wer meint, er müsse sich nicht körperlich anstrengen, weil er doch geistig arbeite, irrt. Durch Sport erhöht sich die Durchblutung des Gehirns um bis zu 30 Prozent. Das bringt Sauerstoff in die Zellen. Zudem sorgen Ausdauersportarten (nein, Schach gehört nicht dazu) dafür, dass im Gehirn Endorphine ausgeschüttet werden, welche die Stoffwechselvorgänge in den Neuronen und damit die Synapsenbildung begünstigen.

Insbesondere rhythmische Bewegungsabläufe und Musizieren verbessern die Kreativität und können Ihren IQ um bis zu 10 Prozent erhöhen.

Interessant ist übrigens, dass für Bewegungsabläufe scheinbar das Gleiche gilt wie für kognitive Planungsprozesse. Die Fokussierung auf das Ziel des Bewegungsablaufes ist Erfolg versprechender als die Konzentration auf die Bewegung selbst. Wenn Sie einen Sportler aus dem Konzept bringen wollen, dann lassen Sie ihn sich auf die Details seines Bewegungsablaufs konzentrieren.

Aber kommen wir zurück zur Bedeutung Ihres Körpers für Ihre Hirnfunktionen. Wenn Sie Ihren kognitiven Fähigkeiten etwas Gutes tun wollen, dann zerbrechen Sie sich nicht den Kopf, sondern riskieren Sie lieber, sich die Beine zu brechen (nicht ganz ernst gemeint). Aber ganz seriös: Bewegen Sie sich!

Laufen liegt Ihnen nicht? Das glaube ich nicht, denn unser Körper ist für kaum etwas besser gemacht als für das Laufen. Sie können sich aber einfach nicht zwingen zu laufen? Das sollten Sie auch nicht. Was Ihnen keinen Spaß bringt, wird Ihnen auch nicht viel nützen. Vergessen Sie Lauftrainingsprogramme, wenn Ihnen das nicht liegt.

Mein Tipp: Machen Sie keinen Druck, sondern lassen Sie sich ziehen! Im Ernst. Laufen Sie so, dass Sie immer das Gefühl haben, Sie würden von einem imaginären Band an Ihrer Brust gezogen. Wenn Sie unangenehmen Druck spüren, dann reduzieren Sie das Tempo. Versuchen Sie das zu Beginn mindestens 15 Minuten durchzuhalten. Erst dann hat sich nämlich Ihr Kreislauf an den Bewegungsrhythmus gewöhnt und es stellt sich ein Trainingseffekt ein. Achten Sie auf das Band und achten Sie darauf, dass Sie beim Laufen noch reden können. Solange sie das können, bewegen Sie sich im aeroben Bereich. Das heißt, die Sauerstoffversorgung ist ausreichend.

Sollte Ihnen auch das zu Beginn schwerfallen, dann bewegen Sie sich so lange, wie es geht, und steigern Sie sich von Mal zu Mal. Nochmals: Es soll Ihnen noch Spaß machen. Quälen Sie sich nicht. Das können Sie dann später, auf den letzten Kilometern Ihres ersten Marathonlaufs tun – falls Ihnen danach ist.

Und sollten Sie nun immer noch meinen, dass Laufen nichts für Sie sei, dann machen Sie doch, was Sie wollen! Zum Beispiel Inlineskating, Radfahren, Tanzen, ... Probieren Sie es aus!

Wenn Sie mehr über gesunde Lebensweise erfahren wollen, dann lesen Sie *Be Fit! Das Gesundheitscoaching* von Michael Despeghel und Uwe Nickel.

Stress ist der Arbeitsunfall der Gegenwart. Stressempfinden ist aber sehr subjektiv. Stress entsteht immer dann, wenn der Organismus keine geeigneten Bewältigungsstrategien gegen einen Stressor kennt. Bei andauerndem Stress setzt das Gehirn bestehende Bahnungen außer Funktion, was zu einer weiteren Beeinträchtigung der Leistungsfähigkeit führt und krank machen kann. Wer im Job stark engagiert ist, Spaß an der Arbeit hat, aber eine eher schlechte soziale Einbindung und/oder kaum privaten Ausgleich hat, verfügt über eine schlechte Work-Life-Balance und ist stressgefährdet. Entspannungstechniken, Bewegung und Tanz sind gute Maßnahmen, um Stress abzubauen. Eine gute Lebens-Balance ist durch ausgeglichene Aktivitäten in den Feldern Arbeit/Leistung, Familie/ Kontakt, Körper/Gesundheit und Sinn/Kultur gegeben.

2.5 Kommunikation und Führung – Macht versus Kooperation

Es hört doch jeder nur, was er versteht.

Johann Wolfgang von Goethe

Der Bergführer

Zwei Bergwanderer machen vor einer Klippe Halt. Sagt der eine: »Letzten Monat ist hier mein Bergführer hinuntergestürzt.« Sagt der andere: »Oh Gott! Das muss Dich doch jetzt enorm berühren, nicht wahr?« Der Erste aber entgegnet mit einem Lächeln im Gesicht: »Nein, nicht wirklich.« Sagt sein Kollege empört: »Waaas? Und das sagst Du so locker daher? Was bist Du für ein emotional verwahrloster Mensch!« Sagt der Erste etwas irritiert. »Naja, weißt Du, er war schon alt und ein paar Seiten waren auch schon herausgerissen. Ich habe mir dann gleich einen neuen gekauft.«

Kommunikation ist Glückssache. Wir glauben, einander zu verstehen, wenn wir die gleiche Sprache sprechen, und dennoch führt Kommunikation oft nicht zu einer guten Verständigung. Wir hatten dieses Thema ja im Kapitel *Wahrnehmung* im ersten Teil dieses Buches schon angerissen. Aber wie genau funktioniert Kommunikation eigentlich, warum funktioniert sie so oft nicht, wie können wir besser kommunizieren und was können Führungskräfte aus dem lernen, was wir inzwischen über Kommunikationsprozesse wissen? Diese Themen werden uns in diesem Kapitel beschäftigen.

Was Du meinst, bestimme ich

Wir wissen zu oft genau, was der andere gesagt hat. Selbst dann noch, wenn er es heftig dementiert. *»He, das hast Du völlig in den falschen Hals bekommen ...«* *»Nein, nein, ich habe das genau verstanden ....«* Hat er/ sie? Oder hat er nur das verstanden, was gerade ein hochsensibles neuronales Netzwerk in seinen frontalen Cortex aktiviert hat, welches über eine direkte Leitung im limbischen System die Alarmglocken hat läuten lassen? Vielleicht war es nur ein Schlüsselwort, das für den Absender zwar wenig bedeutete, für den Empfänger aber sehr viel?

Menschliche Kommunikation ist leider selten präzise. Dies hat zwei Gründe:

- Sprache ist nicht eindeutig codiert, wie die Kommunikationspsychologen sagen. Eine 1 ist eine 1, da gibt es keine Spielräume der Interpretation. Aber verstehen Sie zum Beispiel unter dem Begriff **Glück** das Gleiche wie Ihr Nachbar?
- Nur ein Bruchteil der Information des gesprochenen Wortes steckt in den Worten, sozusagen im digitalen Inhalt der Nachricht. Bedeutung erlangt das gesprochene Wort letztlich durch die Situation, durch die Art und Weise des Ausdrucks (stimmlicher Ausdruck, Gestik, Mimik) und ganz besonders durch die Erwartungen des Zuhörers, die durch dessen Vorerfahrungen geprägt sind.

In der Verarbeitung der Nachricht beim Empfänger liegt also immer eine zumeist unbewusste Manipulation der Nachricht, denn das Verständnis steht erst am Ende der Übertragungskette. Und hier spielen non-verbale Signale eine bedeutende Rolle:

1. Beobachtung: *»Herr F. gestikuliert wild mit den Händen.«*
2. Interpretation: *»Herr F. ist aufgeregt.«*
3. Schlussfolgerung: *»Herr F. ist sauer auf mich.«*

Es ist interessant, zu sehen, was geschieht, wenn man Menschen in einem Workshop auffordert, andere Teilnehmer beim Kommunizieren zu beobachten, und dann bittet, ihre Wahrnehmungen in die drei genannten Kategorien aufzuteilen. Es wird dann schnell klar, wie subjektiv unterschiedlich wir wahrnehmen. Dem einen ist das Gestikulieren gar nicht aufgefallen, ein anderer hat das Gestikulieren als unbedeutende Untermalung der verbalen Nachricht aufgefasst und eine Dritte schließlich meinte, dass Herr F. wohl etwas Lampenfieber bei dieser Übung hatte.

Immer dann, wenn wir versuchen, jemanden zu verstehen, ordnen wir das, was wir beobachten (Beobachtung soll hier stellvertretend auch für alle anderen Sinneswahrnehmungen stehen), uns bereits bekannten Mustern zu. Das kann zu Erwartungen führen *(»Wenn Herr F. so herumfuchtelt, ist er sauer.«)*, die sich sogar zu Vorurteilen entwickeln können *(»Herr F. ist ein schlecht gelaunter Typ.«)*.

Daher ist es für alle, die bewusst kommunizieren wollen, sehr hilfreich, zunächst die Wahrnehmung zu schulen. Nur wer genau wahrnimmt, kann besser kommunizieren.

Aktives Zuhören

Eine Technik der genauen Wahrnehmung ist das aktive Zuhören. *»Wieso? Ich höre doch immer aktiv zu! Wie kann man den passiv zuhören?«* Passives Zuhören bedeutet, dass Sie das Gesagte erfassen, interpretieren und Ihre Schlussfolgerungen daraus ziehen – aber ohne diese zu überprüfen. Das ist der Standardfall der Kommunikation und ist vordergründig effektiv, birgt aber die Gefahr, dass Sie die Nachricht möglicherweise nur unvollständig oder sogar falsch erfassen.

Es macht daher Sinn, nachzufragen. Das könnte dann so aussehen: *»Ich habe den Eindruck, dass Sie sehr aufgeregt sind.« »Ja, das stimmt.« »Sind Sie sauer auf mich?« »Nein, keineswegs. Ich habe nur gerade ein sehr hitziges Telefonat hinter mir, das mich immer noch beschäftigt.« »Das verstehe ich. Sollen wir dann lieber später über unser Projekt sprechen?«*

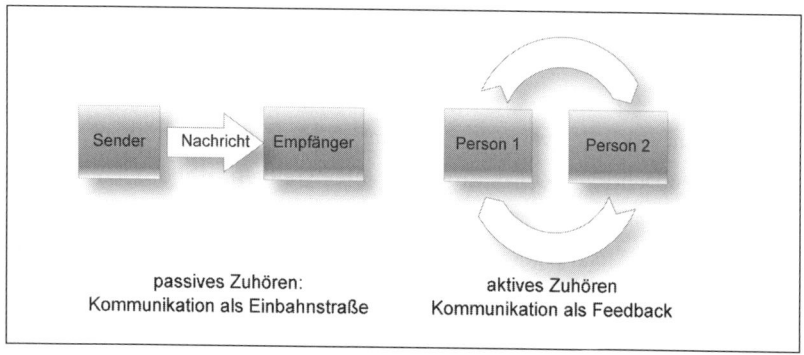

Abbildung 29: Passives und aktives Zuhören

Aktives Zuhören bedeutet, dem Gegenüber die eigene Wahrnehmung zurückzuspiegeln (siehe Abbildung 29). Es hat dann die Chance der Korrektur. Kommunikation ist dann keine Einbahnstraße mehr, sondern wird zu einem Feedbackprozess. Das hat zwei Vorteile: Zum einen geben

Sie Ihrem Gegenüber das gute Gefühl, dass Sie es verstehen wollen (Verbesserung des Rapports), und zum anderen verbessern Sie die Qualität der Kommunikation. Sie stellen nämlich sicher, dass sich Ihre Wahrnehmung mit der Ihres Gesprächspartners deckt.

Appellohren und Beziehungskisten

Stimme und Körpersprache sind wesentlich wirkungsvollere Kommunikationsmittel als allein die Sprache. Sie geben der sprachlichen Aussage eine Färbung, ein Gesicht. Warum das so ist? Weil unser Körper die Bühne unserer Gefühle ist und uns wesentlich besser verrät, was in Menschen vorgeht. Gesprochene Sprache ist demgegenüber eine relativ neue Erfindung der Evolution.

Sie ermöglicht es uns, über ihre Syntax komplexe Zusammenhänge darzustellen. Und doch ist die verbale Nachricht oft an sich schon nicht eindeutig und nur ein Teil der Botschaft. Der Psychologe Schulz von Thun hat vier Bedeutungsebenen der Kommunikation herausgearbeitet. Der Satz *»Ihr Projektbericht enthält nur wenig Brauchbares«* könnte auf folgende Weise interpretiert werden:

- Verbale Nachricht: *»(Nur) Teile des Berichtes sind verwertbar.«*
- Appell: *»Sie müssen besser werden.«*
- Beziehung: *»Ich bin von Ihnen enttäuscht.«*
- Selbstoffenbarung: *»Ich bin halt ein kritischer Leser.«*

Keine dieser Botschaften ist zwingend vom Absender beabsichtigt, aber alle Interpretationen sind denkbar. Um genau herauszufinden, was Ihr Gegenüber gemeint hat, müssen Sie nachfragen – und darauf hoffen, dass Sie ein offenes Feedback bekommen.

Kritik ist zunächst nichts als Feedback. Kritik spiegelt die Welt des Kritikers und sagt daher zunächst nur etwas über den Kritiker aus und nichts über den Kritisierten oder den kritisierten Sachverhalt. Denken Sie daran: Die Landkarte ist nicht das Gebiet. Jede Nachricht entspringt der Landkarte des Senders. Somit ist Kritik als Angebot zu verstehen. Was der Kritisierte daraus macht, ist seine Sache. Er kann das Feedback als konstruktives, hilfreiches Angebot aufnehmen, er kann es aber auch einfach als Feedback im Raum stehen lassen. Eine Bewertung muss er nicht vornehmen. Das ist, zugegeben, für die meisten Menschen eine ungewöhnliche Perspektive. *»Ja, aber hören Sie, der hat mich doch ganz klar angegriffen!«* Hat er? Ein Angriff wurde es vor allem dadurch, dass Sie es als solchen empfunden haben. Vielleicht wollte er Sie tatsächlich angreifen, aber müssen Sie diesen Ball auffangen? Vielleicht hat er auch nur einen schlechten Tag gehabt. Vielleicht fühlte er sich auch einfach überfordert oder von Ihnen angegriffen? Alles ist möglich.

Versuchen Sie einmal ein Reframing, ändern Sie also Ihren Betrachtungsrahmen. Film zurück. Sie haben Ihren Projektbericht abgegeben und haben das Gefühl, das der ganz gut gelungen ist. Ihr Chef sagt Ihnen: *»Ihr Projektbericht enthält nur wenig Brauchbares.«* Sie denken vielleicht: *»Mist, der ist jetzt von mir enttäuscht.«* Hat er das gesagt? Oder gemeint? Fehlen aus seiner Sicht vielleicht nur Inhalte, die da hineingehört hätten? Sie können es nicht wissen. Also fragen Sie einfach nach.

Das könnte zum Beispiel so aussehen:

- *»Aha, was vermissen Sie denn im Bericht?«*
- *»Schauen Sie bitte, Ihr Bericht umfasst 80 Seiten. Ich hatte wenig Zeit, mich da hineinzuvertiefen. Wo stehen die Essentials?«*
- *»Ah, ich verstehe. Wenn Sie nach der Mittagspause Zeit haben, dann kann ich Ihnen die wichtigsten Resultate gern darlegen und erläutern.«*
- *»Das ist eine gute Idee. Dann spare ich mir die detaillierte Lektüre«.*

Es steht Ihnen natürlich frei, anders zu reagieren. Sie werden dann andere Resultate erzielen. Aber egal wie Sie reagieren: Wenn Sie möchten, dass es eine konstruktive Kommunikation wird, dann postulieren Sie nicht, sondern prüfen Sie, spiegeln Sie Ihre Wahrnehmung, fragen Sie nach. Und wenn Sie im Laufe des Gesprächs den nachhaltigen Eindruck haben, dass Ihr Gesprächspartner sauer auf Sie ist, dann spiegeln Sie ihm genau das zurück. *»Ich habe den Eindruck, dass Sie sauer auf mich sind.« »Ja, stimmt. Weil Sie mir heute Morgen den Parkplatz weggenommen haben und ich dadurch zu spät im Termin war.«* So kann's gehen.

Meta-Modell der Sprache

Wie schaffen Sie es, Sätze zu verstehen, die Sie noch nie zuvor gehört haben? Wie geht das, obwohl Sprache doch nur einen endlichen Vorrat an Elementen und Regeln hat? Diese Fragen stellte sich der amerikanische Linguist Noam Chomsky. Er geht davon aus, dass wir Wahrnehmungen, Erfahrungen, Ideen, Gedanken, Gefühle auf eine bestimmte Art in Sprache transformieren. Sprache hat demnach eine Oberflächenstruktur und eine Tiefenstruktur. Der Empfänger einer Nachricht wiederum muss Sprache nun aus der Oberflächenstruktur in eine Tiefenstruktur übersetzen, um ihr Bedeutung zu verleihen. Bei diesem Transformationsprozess entstehen zwei Probleme:

Reduktion von Komplexität: Sprache muss aufgrund ihres begrenzten Vorrates an Elementen und Regeln neuronale Muster modellhaft vereinfachen. Sie übersetzt daher nie exakt. Das, was in Ihnen vorgeht, gelangt dadurch immer nur unvollständig nach außen.

Verfremdung: Der Empfänger einer Nachricht übersetzt Sprache in seine Tiefenstruktur, die mit der Tiefenstruktur des Senders niemals identisch sein kann. Sie beruht nämlich auf seinen Vorerfahrungen und Erwartungen und nicht auf denen des Senders.

Sprache verfälscht daher zwangsläufig die Bedeutung unserer Gedanken und Gefühle. Der Satz *»Ich habe Sie schon verstanden«* ist also meist ein Irrtum. Wir können nicht wissen, ob wir jemanden wirklich verstanden haben. Wir können allenfalls Techniken entwickeln, um Menschen besser zu verstehen.

Dies machten sich nun der Psychologe Richard Bandler und der Linguist John Grinder, die Begründer der neurolinguistischen Programmierung (NLP), zunutze, um hieraus ein Meta-Modell der Sprache zu entwickeln (Bandler und Grinder 1975). Dieses Modell ist hilfreich, um sprachlichen Aussagen mehr Präzision zu entlocken und deren Tiefenstruktur zu entschlüsseln.

Betrachten wir Sprache genauer, finden wir oft folgende Stolpersteine in unserer Ausdrucksweise:

Generalisierungen: Beobachtungen oder Ereignisse werden verallgemeinert (zum Beispiel *»Das passiert immer nur mir.«*, *»Wir können das so nicht machen.«*). Gefahr: Es wird nicht überprüft, ob die Absolutheit der Aussage wirklich angemessen ist.

Verzerrungen: Bedeutungen werden in einen Sachverhalt hineininterpretiert. Das kann durch Vorannahmen geschehen. Die Aussage *»Warum ignorieren Sie mich ständig?«* setzt unausgesprochen voraus, dass der Angesprochene die andere Person tatsächlich nicht beachtet. Ist das wirklich so? Der Satz *»Sein Verhalten macht mich wütend«* behauptet eine Ursache-Wirkungs-Beziehung. Hier könnte man fragen, ob es das Verhalten des anderen ist oder die Interpretation des Verhaltens, das die Person wütend macht.

Tilgungen: Hier lassen wir Information in Aussagen weg. Der Satz »*Ihr Produkt ist mir zu teuer*« lässt offen, mit was der Preis verglichen wird. Eine andere Form der Tilgung ist ein fehlender Bezug auf Personen. In der Aussage »*Man hat Fehler gemacht*« fehlt die Information darüber, wer genau Fehler gemacht hat.

Wer bewusst und präzise kommuniziert, der hinterfragt Generalisierungen, Verzerrungen und Tilgungen. In Tabelle 10 sind Beispiele dargestellt.

Meta-Modell Verletzungen	Reaktionsmöglichkeiten
Verallgemeinerungen	
»*Das passiert immer nur mir!*«	»*Wirklich immer?*« »*Sind nur Sie davon betroffen*« »*Gibt es auch Ausnahmen?*«
»*Wir können das so nicht machen!*«	»*Was würde geschehen, wenn wir es doch so machen?*« »*Nehmen wir an, wir könnten es doch ...*«
Verzerrungen	
»Warum ignorieren Sie mich ständig?«	»Woraus schließen Sie denn, dass ich Sie ignorieren würde?«
»Er kümmert sich nicht um das Projekt, weil ihm das Team egal ist.«	»Ist das wirklich der Grund? Woraus schließen Sie, dass ihm das Team egal ist?«
Tilgungen	
»Ihr Produkt ist mir zu teuer.«	»Womit vergleichen Sie?« »Was müsste das Produkt können, damit der Preis stimmt?«
»Man hat Fehler gemacht.«	»Wer genau hat Fehler gemacht?«

Tabelle 10: Meta-Modell Verletzungen.

Meta-Modell-Fragen sind eine sehr starke Kommunikationstechnik, denn sie zwingt andere zur Präzision, teilweise zum Perspektivenwechsel und gegebenenfalls sogar zur Korrektur einer Aussage. Sie bringt unter Umständen das System Ihres Gesprächspartners ins Wanken. Deshalb werden Sie sich damit nicht nur Freunde machen. Das Hinterfragen kann enorm starke Prozesse in Gang setzen, aber es kann Menschen auch irritieren oder sogar Angst machen. Prüfen Sie daher stets, was Ihr Ziel ist, wenn Sie Aussagen hinterfragen.

Was können Sie tun, um beim Gesprächspartner keine Abwehrreaktion auszulösen? Antwort: Bleiben Sie empathisch und stellen Sie am besten eine empathische Aussage voran. Beispiel: Auf die Aussage *»Ich weiß genau, dass das nicht funktionieren kann«* wäre ein mögliche Reaktion: *»Ich weiß, dass Sie viel Erfahrung haben. Helfen Sie mir zu verstehen, was genau daran aus Ihrer Sicht nicht funktionieren kann.«*

Präzision und das Erhalten von Wahlmöglichkeiten sind wichtige Merkmale effektiver Kommunikation. Generalisierungen, Tilgungen und Verzerrungen schränken oft Sichtweisen ein und blenden damit Handlungsoptionen aus. Oder unzureichende Präzision belässt einen Sachverhalt im Vagen. Sie helfen sich und anderen, wenn Sie mehr Klarheit in die Kommunikation bringen. Dies erreichen Sie am besten durch aktives Zuhören und gezieltes Hinterfragen.

Nun ist es sicher schwer möglich, Sprache ständig zu analysieren. Es gibt aber Schlüsselbegriffe, die dazu einladen. Das sind zum Beispiel Worte wie **man** (wer genau?), **immer** (wirklich immer?), **nie** (gibt es Ausnahmen?), die Sie aufhorchen lassen sollten. Eine passive Form wie *»Es ist geschehen«* wirft die Frage auf, ob es aus heiterem Himmel geschehen ist oder ob jemand es hat geschehen lassen. Auch kennen Sie sicher Sprachmuster wie *»Wir sollten das mal tun«*. So erzeugt das kaum einen Handlungsimpuls, sondern nennt lediglich eine unverbindliche Handlungsmöglichkeit. Aussagen wie *»Wir sollten«* klingen ganz anders, wenn Sie daraus *»Wir wollen«* oder, noch besser, *»Wir werden«* machen. Das wäre neuronal wesentlich effektiver.

Die alltägliche Trance und wie Sie sie gezielt einsetzen können

Kennen Sie das Gefühl, dass Sie von einem Redner wie gefesselt sind? Es erscheint Ihnen dann so, als nähme er Sie mit in eine andere Welt. Noch eben waren Sie im Hier und Jetzt und schon befinden Sie sich mit Ihren Gedanken wie auf einer Reise. Der Raum, in dem Sie sich befinden, verlässt ihr Bewusstsein, und die Stimme, ja die Stimme des Redners entführt sie irgendwohin. Das Bild fließt und hat Sie ganz eingenommen. Dies sind Zustände unwillkürlichen Erlebens, all das sind nichts anderes als ganz gewöhnliche Alltagstrancen.

Fesselnde Redner sind deshalb so fesselnd, weil ihre Geschichten in uns innere Bilder erzeugen. Sie durchbrechen die Großhirnrinde und dringen zu den tiefer liegenden emotionalen Zentren unseres Gehirns vor. Wenn Sie also Menschen bewegen wollen, dann berühren Sie sie. Womit? Mit Anekdoten, Geschichten, Märchen, auch Witzen und Metaphern, kurzum mit allem, was bildhaftes Erleben ermöglicht. Aber Vorsicht: Nur, wenn Sie sich selbst davon berühren lassen, besteht eine Chance, dass der Funke auch zu Ihren Zuhörern überspringt.

»Wenn Du ein Schiff bauen willst, dann trommle nicht Männer zusammen, um Holz zu beschaffen und Arbeit einzuteilen, sondern lehre die Männer die Sehnsucht nach dem weiten endlosen Meer«, sagte der Schriftsteller Antoine de Saint-Exupéry. Genau darin liegt die Kraft der Inspiration. Darin liegt auch eine entscheidende kommunikative Stärke von guten Führungskräften.

Authentizität und Charisma

Wann erscheinen Ihnen Menschen authentisch? Immer dann, wenn die Botschaften eindeutig sind. Wer mit Nachdruck in der Stimme spricht, aber dabei nervös mit den Fingern spielt, wirkt wenig überzeugend. Wenn aber Inhalt, Stimme, Gestik und Mimik des Sprechers die gleiche Botschaft aussenden, dann ist jemand wirklich authentisch und man nimmt ihm die Botschaft ab. Wann haben Menschen Charisma? Wenn Sie zum einen authentisch sind und es zum anderen schaffen, Menschen innerlich zu bewegen. Und was bewegt Menschen am besten? Na, das, was ihre Bedürfnisse am besten anspricht. Wie wir schon im ersten Teil des Buches gesehen haben, geht es dabei um vier Grundbedürfnisse (siehe Abbildung 30).

Charismatische Menschen geben anderen das Gefühl, verbunden zu sein, dazuzugehören (Bindung herstellen). Sie vermitteln Menschen ein begreifbares Bild von Welt, erzeugen Aha-Erlebnisse (Orientierung geben). Sie wertschätzen Menschen und zeigen Ihnen, dass Sie über sich hinauswachsen können (Selbstwert stärken). Sie erzeugen in Menschen die Lust auf Neues, auf Veränderung (Neugier wecken).

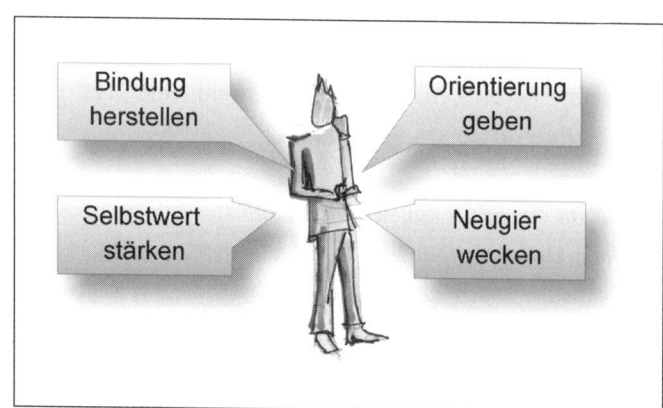

Abbildung 30:
Wirkfaktoren
von Charisma

Als Führungskraft sollten Sie diese Grundbedürfnisse beachten, wenn Sie Menschen bewegen wollen. Erinnern Sie sich an die legendäre Rede von Martin Luther King »I have a dream« und die kolossale Wirkung, die sie entfacht hat? Mir läuft es heute noch kalt den Rücken hinunter, wenn ich nur daran denke. Was hat Dr. King gemacht? Er hat Menschen von einem Traum berichtet, dem Traum einer besseren Welt, in der Menschen verbunden sind, in der Frieden, Sicherheit und Gerechtigkeit herrschen, in der Leid durch Freude ersetzt wird, in der Menschen, gleich welcher Couleur, sich frei entwickeln können. Er hat damit Menschen berührt und bewegt, weil er all das, was Menschen bewegen kann, in einem einzigen Traum gezeichnet hat. Ein Traum, der zu schön war, um nicht eine unaufhaltbare Welle der Bewegung auszulösen. Keine zwei Monate später unterzeichnete der amerikanische Kongress ein Gesetz, das Schwarzen die vollen Bürgerrechte zusicherte.

Im Rampenlicht stehen

Wer führen will, muss sich auch präsentieren können. Ich sage bewusst, sich präsentieren und nicht nur präsentieren, denn wenn Sie gut rüberkommen wollen, dann müssen Sie als Person überzeugen und nicht allein durch den Inhalt Ihres Vortrags. Eine gute Präsentation ist also mehr als schicke PowerPoint-Folien. Visualisierung ist gut, aber das allein reicht nicht. Wenn Sie es schaffen, mit Sprache zu visualisieren, Bilder zu **malen**, dann kann das sogar wirkungsvoller sein als ein bebilderter Vortrag.

Wichtige Elemente einer exzellenten Präsentation sind aus meiner Sicht folgende:

Ziele setzen: Was wollen Sie erreichen? Wollen Sie informieren, überzeugen, irritieren, begeistern, die Leute zum Lachen oder zum Weinen bringen? Egal was, Sie sollten sich darüber vorab im Klaren sein.

Wohlfühlfaktor beachten: Sie sollten sich in Ihrer Rolle gut fühlen. Genießen Sie das Bad in der Menge (whooo, ich höre schon das Geraune). Ein bisschen Lampenfieber gehört dazu, aber das sollte Sie nicht lähmen. Angst nimmt Ihnen Bewegungsraum. Denken Sie daran: Sie sind der Experte, Sie sind die Autorität.

Kontakt aufnehmen: Für wen halten Sie eine Präsentation? Für Ihre Zuhörer? Sicher? Na gut, dann sprechen Sie diese doch einfach an. Blicken Sie ins Auditorium und haben Sie auch keine Hemmungen, einzelne Zuhörer direkt anzuschauen. Nur so können Sie Rapport aufbauen (fixieren Sie aber nicht nur die attraktive Dame oder den attraktiven Herrn in der ersten Reihe).

Ohrenöffner platzieren: Bieten Sie am besten etwas, was die Leute nicht erwarten. Einen Cartoon, eine (gute) Anekdote, irgendetwas, was die Leute aufmerken lässt.

Story-Telling: Erzählen Sie eine Geschichte. Wenn die gut ist, können Sie sicher sein, dass mindestens die Story hängenbleibt. Die können Sie auch als Ohrenöffner einsetzen.

»Weiß-ich-schon«-Effekt ausnutzen: Holen Sie die Leute dort ab, wo sie stehen. Und vor allem: Knüpfen Sie dort mit Neuem an. Das ist der neuronal effektivste Weg, Wissen zu vermitteln. Mit komplett Unbekanntem kann unser Gehirn nichts anfangen und schaltet ab.

Einfache Sprache: Sprechen Sie einfach, aber nicht belanglos. Von Karl Popper stammt der Satz: *»Wer's nicht einfach und klar sagen kann, soll schweigen und weiterarbeiten, bis er's klar sagen kann.«*

Sprechen Sie in Bildern: Bildhafte Sprache erreicht Menschen besser als abstrakte Sachverhalte. Sie können sagen: *»Wir wollen innovativer werden.«* Oder Sie können sagen. *»Wir wollen das Tor aufmachen für innovative Köpfe und Ideen.«* Worunter können Sie sich mehr vorstellen?

Schon klar, dass all das nicht auf Knopfdruck geht. Auch hier gilt: Beginnen Sie mit einem Trampelpfad und machen Sie eine Autobahn draus. Es ist noch kein Meister vom Himmel gefallen.

»Und plötzlich hörten mir alle zu ...«

Sie haben vielleicht bemerkt, dass es in diesem Kapitel gar nicht so sehr um die Kommunikationstricks geht, die einem in so manchem Rhetoriktraining immer noch vermittelt werden. Es kann nicht darum gehen, Menschen zu manipulieren, denn dafür haben die meisten ein feines Gespür. Manipulation ist keine Basis für eine nachhaltige Kooperation.

Die Zeiten haben sich geändert. In Gesellschaften, in denen noch der Nachhall archaischer Strukturen zu hören war, waren Führer Autoritäten qua Amt und Loyalität war das oberste Gebot. Ihr Wort galt. Man sagt, auf See herrschte noch bis ins 20. Jahrhundert folgende Hierarchie: Erst kam der Kapitän, dann Gott und dann die Mannschaft. Heute, in einem Umfeld schneller Veränderungen, müssen Führungskräfte auf der Klaviatur des Systems Unternehmen spielen können. Sie müssen verschiedene Akkorde beherrschen und auch die Tonart wechseln können.

Folgende kommunikative Kompetenzen sind dabei hilfreich:

Authentisch sein

Wer sind Sie? Und wie fühlen Sie sich in dieser Rolle? Welche Körperhaltung passt am besten zu diesem Gefühl? Wie ändert sich das Gefühl, wenn Sie Ihre Körperhaltung ändern? Vor allem: Welche Körperhaltung passt zu dem, was Sie sagen? Probieren Sie aus. Ob Sie authentisch sind, spürt Ihr Gesprächspartner. Spielen Sie daher keine Rolle, denn das können selbst Schauspieler nur bestimmte Zeit. Spätestens in der Garderobe oder in der Kneipe müssen Sie die Maske abnehmen.

Erst wahrnehmen, dann sprechen

Was sehe ich und höre ich? Wie nehme ich mein Gegenüber wahr? Was könnte seine Körpersprache bedeuten? Was sind seine Bedürfnisse und was sind meine Bedürfnisse? Erst wenn Sie bewusst wahrnehmen, können Sie stark kommunizieren. Verzichten Sie darauf, Ihr Gegenüber wirklich wahrzunehmen, bleibt Ihre Kommunikation eine Einbahnstraße. Sie senden, nehmen aber die Signale nicht wahr, die zurückkommen, und so landen Sie schnell im Abseits. Dummerweise ermutigt diese Funkstille einige **Sender**, auf Dauersendung zu gehen. Sie nehmen dann nur noch sich selbst wahr und landen in einer fatalen Feedbackschleife. Sie überzeugen sich selbst am meisten. *»Ich war toll«* – nur gemerkt hat es keiner. Demgegenüber ist aktives Zuhören eine Technik, um solche Muster zu durchbrechen.

Rapport aufbauen

Nehmen Sie Kontakt mit Ihrem Gegenüber auf. Miteinander zu sprechen bedeutet nicht unbedingt, dass Sie in Kontakt sind. Rapport bedeutet, dass Sie mit Ihrem Gesprächspartner im gleichen Takt schwingen, dass die Chemie stimmt. Neuronal gesprochen: Aktivieren Sie die Spiegelneuronen, die Empathiezellen im Gehirn. Erst wenn Sie in Kontakt sind, ist sichergestellt, dass Kommunikation wirklich optimal funktioniert, denn Rapport integriert alle Ebenen, auch die der körperlichen Wahrnehmung (somatische Marker). So können Sie eher sicherstellen, dass Sie den anderen wirklich verstehen.

Werte und Haltungen beachten

Verhalten folgt auf Haltung. Wenn Sie nicht wissen, was für den anderen wichtig ist, werden Sie ein Problem haben, ihn ins Boot zu holen. Wenn Sie nicht wissen, was für Sie selbst wichtig ist, droht Ihr Boot schon bei einer kleinen Welle zu kentern. Auf der anderen Seite können Glaubenssätze wie *»Das schaffen wir doch nie«* ein Gespräch behindern. Sprechen Sie das entweder offen an oder lösen Sie es mit einer humorvollen Bemerkung auf *(»Ich glaube auch, dass wir keine Chance haben. Aber wir sollten sie nutzen!«)*.

Den Rahmen wechseln (Reframing)

Diese Technik beherrschen gute Kommunikatoren mit Bravour. Achten Sie mal in Talkshows auf Sätze mit Einleitungen wie *»Folgende Frage müssen wir uns doch stellen ...«*, *»Ihre Perspektive ist völlig falsch ...«* oder *»Kommen wir doch mal zum Kern des Problems ...«*. Dies sind alles Versuche, den aktuellen Betrachtungsrahmen durch den eigenen zu ersetzen. Das ist wenig konstruktiv, wenn es mit dem Ziel geschieht, den eigenen Rahmen als den einzig richtigen zu definieren. Aber Reframings sind ein sehr probates Mittel, wenn es darum geht, aus einem problem talk einen solution talk zu machen. *»Wir sollten uns noch mal damit beschäftigen, wer jetzt genau für das Problem verantwortlich ist«* wäre ein problemorientierter Rahmen. Das Reframing könnte heißen: *»Lassen Sie uns lieber mal schauen, wer für die Lösung des Problems die geeignete Person wäre.«* Hier wird der Kontext geändert und damit wechselt auch der Fokus, neue Optionen tun sich auf. Auch der Bedeutungsrahmen lässt sich wechseln. Aus *»Die Schließung von Abteilung X bedeutet den Verlust von fünfzig Arbeitsplätzen«* könnte werden *»Die Schließung der unrentablen Abteilung X bedeutet Sicherung von Arbeitsplätzen in den profitableren Abteilungen.«* Gewerkschafter dürfen die Reihenfolge gern umdrehen.

Lösungsorientiert kommunizieren

»Wie schön, dass wir mal darüber gesprochen haben.« So oder ähnlich ist, ausgesprochen oder unausgesprochen, das Gefühl nach vielen Gesprächen und Meetings. Viel Rauch, aber der ist bald verflogen. Und was dann bleibt, ist nichts außer der Unklarheit darüber, wie es weitergehen soll. Darum sind Fragen wie: *»Was ist das Ergebnis?«*, *»Wie soll es jetzt weitergehen?«* oder *»Wer macht nun was, und bis wann?«* enorm wichtig. Erst dadurch erzeugen Sie einen Handlungsdruck und die Chance einer positiven Lernerfahrung, die für unsere Motivation wichtig ist. Wer Dinge so lange zerredet, bis mehr Rauch als klare Struktur erkennbar ist, bewirkt das Gegenteil. Aber Vorsicht bei Small Talk! Der kann nämlich eine wichtige Funktion haben, wenn es um Rapport geht. In vielen Kulturen geht es ohne Small Talk gar nicht. Er dient dem gegenseitigen Beschnuppern und der Frage, wie der andere tickt und ob man ihm vertrauen kann. Das Insistieren auf den sachlichen Inhalten gleich zu Beginn eines Meetings wird dann als grober Rapportbruch empfunden.

Führung und Kommunikationskultur

Wie Kommunikation und Führung gestaltet wird, ist letztlich eine Frage der Kultur. Wer in einem Unternehmen Führungsverantwortung trägt, sollte sich über diese Frage der Kommunikationskultur durchaus Gedanken machen, denn Kommunikationskultur ist wie die Partitur zur Symphonie. Ohne geht es auch irgendwie, aber der Klang lässt stark zu wünschen übrig. Und je nachdem, welche Partitur ich wähle, ändert sich natürlich auch die Musik.

Werte sind die Grundlage jeder Kultur. Was ist mir wichtig?

- Erwarte ich als Führungskraft Loyalität?
- Sehe ich den persönlichen Erfolg meiner Mitarbeiter als Triebfeder für den Unternehmenserfolg an?
- Betrachte ich das Team als wesentlich?

- Sind Kompetenz, Wissen und Unabhängigkeit wichtige Werte?
- Welche Rolle spielen Nachhaltigkeit und Sinnorientierung?

Diese Fragen sollten Sie sich beantworten. Denn Werte bestimmen auch Ihren Kommunikationsstil. Und dieser wiederum bestimmt die Unternehmenskultur.

Wer nur Loyalität erwartet, braucht nicht aktiv zuzuhören. Wer nur den persönlichen Erfolg der Mitarbeiter als Triebfeder für den Unternehmenserfolg sieht, braucht vor allem entsprechende Anreizsysteme und Zielvereinbarungen. Rapport? Unwichtig, solange die Ziele klar sind. So könnte ich fortfahren und ich denke, Sie merken schon, worauf es hinausläuft. Wenn wir ein Unternehmen als lernendes System begreifen, das Motivation und Selbstverwirklichung seiner Akteure als Erfolgsrezept für das gesamte Unternehmen sieht, wenn wir also sinnvoll zusammenarbeiten und -leben wollen, dann brauchen wir auch einen Kommunikations- und Führungsstil, der dazu passt.

Unter Führung wird oft noch der **Basta!**-Stil verstanden. Wer hart und konsequent durchgreift, ist demnach ein guter Führer. Doch diese Sichtweise greift meines Erachtens zu kurz. Führung bedeutet, Dinge in die Hand zu nehmen, um Entwicklungen verantwortlich zu steuern. Und wenn das Treffen von Entscheidungen das wesentliche Merkmal von Organisationen ist, dann ist es die Aufgabe eines Managers, konsequent dafür zu sorgen, dass Entscheidungen getroffen werden. Nicht mehr und nicht weniger. Aussitzen und Wegducken sind daher nie geeignete Führungsstile. Demgegenüber ist ein autoritärer Stil nur einer von vielen möglichen Stilen. Passt er zu Ihrer Organisation? Dynamische und kooperative Vielfalt – die kennzeichnet ein lernendes System – erfordert auch eine Vielfalt von Handlungsmöglichkeiten. Dort, wo die Situation einfach und von geringer Komplexität ist, mag **Basta!** angemessen sein und ein Teamprozess völlig abwegig. Dort aber, wo ein komplexer Zusammenhang berührt ist (und das ist immer der Fall, wenn es um Menschen geht), sind eher kommunikative Fähigkeiten der Art angesagt, wie sie in diesem Kapitel vorgestellt wurden.

Führung und Motivation

Der Satz »*Wir erwarten von Ihnen Motivation*« ist ungefähr so sinnvoll wie »*Seien Sie doch einfach mal spontan*« oder »*Nun werden Sie doch mal selbstsicherer*«. Derartige Appelle sind fruchtlos. Weder Motivation noch Spontaneität noch Selbstsicherheit lassen sich verordnen, denn sie sind das Ergebnis entsprechender Erfahrungen und nicht auf Knopfdruck abrufbar.

Es sind allerdings Bedingungen herstellbar, unter denen Menschen motiviert arbeiten können. Wir hatten bereits im ersten Teil dieses Buches gesehen, dass Spaß auf der einen Seite und ein Gefühl von Sinnhaftigkeit, Verstehbarkeit und Handhabbarkeit auf der anderen Seite die entscheidenden Antriebsmotoren für Motivation sind. Wenn wir also Arbeitsbedingungen schaffen, bei denen diese Voraussetzungen gegeben sind, dann ist mehr gewonnen als durch jeden gut gemeinten, aber nutzlosen Appell. Ganz konkret: Wenn nicht nur Aufgaben, sondern Verantwortung delegiert werden, wenn Menschen Gestaltungsräume haben, wenn sie und ihre Arbeit wertgeschätzt werden, wenn sie gefordert und gefördert werden, wenn Eigeninitiative dankbar angenommen wird, dann sind gute Voraussetzungen für Motivation geschaffen.

Um hier aber nicht missverstanden zu werden: Es ist nicht Aufgabe eines Managers, seine Mitarbeiter glücklich zu machen. Aber in einer lernenden Organisation ist es seine Aufgabe, dafür zu sorgen, dass Bedingungen entstehen, unter denen Menschen sich entfalten und Befriedigung in ihrer Arbeit finden können. Denn das sind essenzielle Elemente im Lebenssinn von Menschen und damit die besten Voraussetzungen für Motivation, die wiederum auch der Organisation zugutekommt.

Kommunikation ist selten eindeutig und unterliegt immer dem Filter der Interpretation. Durch aktives Zuhören können wir die Kommunikation verbessern. Dennoch schwingen in einer verbalen Nachricht auch andere Aspekte mit, so zum Beispiel die Beziehung, ein Appell oder eine Selbstoffenbarung. Mit dem Meta-Modell der Sprache werden Bedeutungs-Verzerrungen der Kommunikation erkannt und können gezielt hinterfragt werden. Sprachlich besonders effektiv ist neben Authentizität eine bildhafte Sprache, denn diese berührt die emotionalen Zentren unseres Gehirns und unbewusste Anteile. Innerlich bewegen können wir Menschen auch, indem wir ihre Grundbedürfnisse positiv ansprechen. Führungskommunikation ist nicht primär autoritäre, sondern entscheidungsorientierte Kommunikation. Deren konkrete Ausgestaltung hängt von der Firmenkultur ab.

2.6 Konflikte und Selbstwahrnehmung – von Gegnern zu Partnern

Derjenige, der zum ersten Mal an Stelle eines Speeres ein Schimpfwort benutzte, war der Begründer der Zivilisation.

Sigmund Freud

In der Höhle des Löwen

Es ist schon einige Jahre her, da sprach Marshall B. Rosenberg in einer Moschee vor Palästinensern über die gewaltlose Bewältigung von Konflikten. Nach einiger Zeit verbreitete sich Unruhe im Auditorium. Rosenbergs Übersetzter raunte ihm zu: »Sie sprechen darüber, dass Du Amerikaner bist.« Die Atmosphäre wurde immer explosiver und es dauerte nicht lange, bis jemand »Mörder« rief. Dann brach eine Welle der Entrüstung los. Rosenberg wurde beschimpft. Die Moschee kochte. Er aber blieb ruhig und fragte die Zuhörer, was los sei.

In der Höhle des Löwen (Fortsetzung)

Sie erklärten ihm aufgebracht, dass er als Amerikaner Mitschuld am Tod ihrer Kinder trage, die Opfer amerikanischer Granaten geworden seien (die vom israelischen Militär gegen Palästinenser eingesetzt wurden). »Mörder«, riefen sie immer wieder. Rosenberg fragte nach, zeigte trotz der explosiven Situation Empathie und spiegelte den Menschen ihre Gefühle, fragte nach ihren Bedürfnissen, Wünschen und Hoffungen. So ging es eine ganze Weile. Es entwickelte sich ein bewegtes Gespräch, das damit endete, dass der Zuhörer, der ihn zuvor am heftigsten beschimpft hatte, Rosenberg in sein Haus, zu seiner Familie einlud. Rosenberg hatte damit geschafft, was wohl nur wenige in seiner Lage hätten erreichen können. Nur eines hat er die ganze Zeit nicht getan: Weder stimmte er den Menschen zu, noch widersprach er ihnen.

Nach der Beschäftigung mit effektiver Kommunikation wollen wir uns in diesem Kapitel mit Situationen beschäftigen, in denen Kommunikation scheinbar nicht mehr funktioniert. Jetzt geht es um Konflikte. Konflikt heißt: Nichts geht mehr, es herrscht Krach oder knisternde Stille. Oder erst das eine und dann das andere. Jetzt sind wir innerlich mehr oder weniger in Aufruhr, verlassen gefühlsmäßig unsere Komfortzone und wenn es ganz hart kommt, fangen wir an, Grundsatzfragen aufzuwerfen. *»Ich kündige!«* *»Ich trenne mich!«* *»Ich werde mich rächen!«*

Konflikt als Normalfall

Wenn wir in einem Konflikt stehen, dann befinden sich unsere Werte und Ziele im Widerstreit mit konkurrierenden Werten und Zielen. Das kann ein interner Konflikt sein (dann spricht die Psychologie von psychischer Inkongruenz oder Diskordanz) oder ein externer Konflikt. Unser Hauptfokus soll hier auf externen Konflikten stehen, also auf Konflikten zwischen Menschen oder zwischen Gruppen.

Jede Gesellschaft hat Mechanismen zur Konfliktlösung entwickelt. Diese beruhen entweder auf:

- Macht (Recht des Stärkeren),
- Recht (Entscheidung einer legitimierten, höheren Stelle)
- Interessenausgleich (einvernehmliche Klärung, Konsens, Mehrheitsentscheidung)

Konfliktregelung ist notwendig, weil wir Konflikte als unangenehm wahrnehmen. Sie stören unser Empfinden und das einwandfreie Funktionieren eines sozialen Systems. Für uns sind sie Ausnahmezustände, die beseitigt gehören. Meist versuchen wir deshalb, Konflikte zu vermeiden. Rufen wir uns aber ins Gedächtnis, dass wir uns in einer Welt verschiedener Individuen, Gruppen und Gesellschaften bewegen, die jeweils eigene Wahrnehmungen von Welt entwickelt haben, eigene Werte, Haltungen und Ziele haben, dann ist es nicht verwunderlich, wenn Sozialwissenschaftler schlicht feststellen, dass Konflikte nicht der Ausnahme-, sondern der Normalfall sind.

Der norwegische Konfliktforscher Johan Galtung schreibt:
»Obwohl ich grundsätzlich beide Bemühungen – sowohl das Bemühen, Konflikte zu kontrollieren, als auch jenes, Konflikte zu lösen – als Grundformen und -bedingungen zur Entfaltung unserer Existenz anerkenne, bin ich der Ansicht, dass diese Strategie niemals zur Beseitigung von Konflikten führen wird, noch dass diese Beseitigung aller Konflikte überhaupt wünschenswert ist. Ich möchte hingegen für eine positive Auffassung von Konflikt sprechen: Konflikt als Herausforderung; Inkompatibilität von Zielsetzungen als gewaltige intellektuelle und emotionale Herausforderung an die Konfliktparteien. Mit einer solchen Auffassung können Konflikte grundsätzlich als eine der stärksten Antriebskräfte unserer Existenz begriffen werden, als Ursache, Begleiterscheinung und Folge von Wandel, als ein Element, das für das gesellschaftliche Leben ebenso notwendig ist wie für das menschliche Leben die Luft.« (Galtung 1984: 115).

Hilflose und hilfreiche Perspektiven

Konflikte an sich sind also nicht das Problem. Zum Problem werden Sie erst, wenn wir es nicht schaffen, sie zu lösen, oder wenn Konflikte sogar eskalieren. Oft folgt das eine aus dem anderen. Wenn es an externen Regelungen mangelt, haben Konflikte grundsätzlich die Tendenz zu positiver Rückkopplung, also zur Selbstverstärkung. In ihrer eigenen Logik haben sie nur dann eine Chance zur Beendigung, wenn entweder der Konfliktgegenstand sich verflüchtigt oder eine der Konfliktparteien beseitigt wird. Der umstrittene Geldschein ist dann entweder während des Gerangels auf Nimmerwiedersehen in den Brunnen gefallen oder einer der Streithähne wird vom anderen umgelegt. Diese Lösungsvarianten sind übrigens nicht so ungewöhnlich, wie sie uns erscheinen. Im Mittelalter waren tödlich endende Familienfehden an der Tagesordnung und in archaischen Gesellschaften sind sie es noch heute. Wer keine anderen Regelungsmechanismen beherrscht, dem bleibt ja nur die Wahl zwischen Unterwerfung und dem Griff zur Waffe. Dass es meist nicht so weit kommt, zeigt, dass wir Tricks kennen, um Konflikte zu lösen.

Was folgt aber nun daraus, dass Konflikte sich nicht oder nur mit enormen Begleitschäden aus sich selbst heraus lösen? Antwort: Die Fixierung auf den Konflikt selbst führt uns nicht weiter. Folgende Perspektiven sind daher wenig hilfreich:

Die Gucklochperspektive (Heinz von Förster): Als Konfliktpartei tun wir oft so, als hätten wir die objektive Sichtweise. Wir schauen dann durch ein imaginäres Guckloch auf den Konflikt. *»Das Problem liegt doch ganz klar in Folgendem ...«*. Und meist folgt daraus: *»Ich bin im Recht«*. Wenn wir aber vom Konflikt betroffen sind, dann sind wir ein Teil des Konflikts und können ihn gar nicht objektiv betrachten.

Die Ursache-Wirkungs-Perspektive: »*Der andere ist Schuld*«, »*Ich bin das Opfer*«, »*Ich muss mich wehren*«. Das Beispiel des Nahost-Konfliktes zeigt überdeutlich, wie sinnlos derartige Diskussionen sind. Hier ist jeder Opfer und Täter zugleich. Und jeder hat in seiner Welt eine gute Erklärung für seine Sicht- und Handlungsweise.

Der Verlust des Zusammenhangs: Das Herauslösen des Konfliktes aus dem zeitlichen und sachlichen Kontext sorgt zwar vordergründig für mehr Klarheit (»*A hat B etwas zuleide getan*«). Wenn wir aber das Drumherum und das Werden des Konfliktes nicht betrachten, können wir auch den Konflikt nicht verstehen. Zu Recht befassen sich daher selbst Gerichte mit dem sozialen Umfeld eines Delinquenten und seiner Entwicklung, um die Schuldfähigkeit zu klären.

Verharren wir in unserer Konfliktperspektive, können wir allenfalls darauf hoffen, dass der andere es nicht tut oder eine höhere Instanz den Konflikt für uns klärt. Oder höhere Weisheit lässt uns zu der Überzeugung kommen: »*Der Klügere gibt nach.*« Dies alles sind keine idealen Lösungsvarianten, zumal sie meist mit Verlusten für mindestens eine Konfliktpartei verbunden sind.

Hilfreicher sind demgegenüber folgende Sichtweisen:
- »*Ich bin ein Teil des Konfliktes.*«
- »*Wir sind Partner, denn wir haben diesen Konflikt gemeinsam.*«
- »*Ich ändere mich, nicht den anderen.*«
- »*Auch wenn wir über die Ursachen uneins sind, so können wir doch eine gemeinsame Lösung finden.*«
- »*Übernahme von Verantwortung für die Konfliktlösung durch uns beide ist besser als die Zuweisung von Schuld an den anderen.*«

Kurzum: Wir müssen vom Problem- zum Lösungskontext wechseln (Abbildung 31). Ohne eine kritische Selbstwahrnehmung und ohne die Akzeptanz der inneren Landkarte des anderen geht es aber nicht. Ist das gelungen, müssen die Konfliktpartner die Perspektive des Problemkontextes verlassen und sich gemeinsam auf die Suche nach einem Lösungskontext machen.

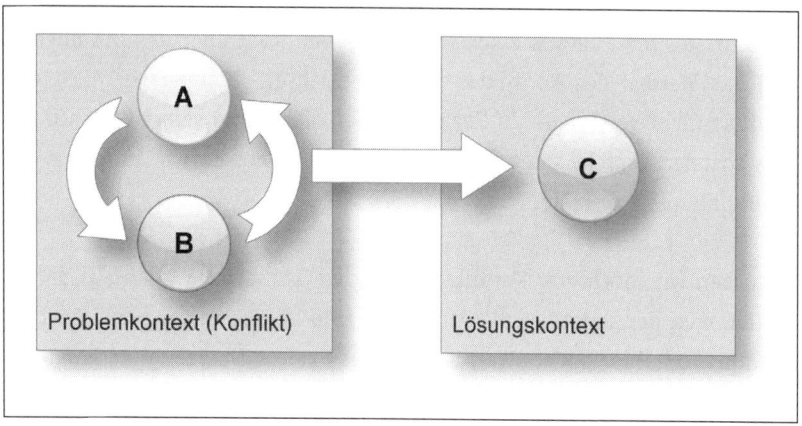

Abbildung 31: Konträre Standpunkte (A und B) lassen sich nur auflösen, wenn die Kontrahenten die Perspektive vom Problem- zum Lösungskontext wechseln.

Everybody is the Winner

Konfliktlösung kann ganz einfach sein. Nämlich dann, wenn es ein eindeutiges richtig oder falsch gibt. Über die Frage, ob die Erde eine Scheibe ist, lässt sich weder streiten noch abstimmen. Und wenn eine eindeutige vertragliche Regelung vorliegt, die keinen Interpretationsspielraum zulässt, dann lässt sich auch hier feststellen, wer im Recht ist. In anderen Fällen ist das nicht so einfach.

»*In der Natur obsiegt der Stärkere*«. Diese Sichtweise kennen wir aus zahlreichen Tierfilmen: Der Silberrücken verscheucht die anderen Gorillamännchen, der Löwe frisst die Gazelle, der Eisbär die Robbe. Und auch in anderen Genres, in Western-, Kriminal- und Actionfilmen, obsiegt stets der Stärkere oder allenfalls das Recht, selten die Vernunft. Gewaltfreie Konfliktlösungsmöglichkeiten kommen kaum vor. Wir werden darauf trainiert, Konflikte als Nullsummenspiel zu sehen. Was der eine gewinnt, verliert der andere. »*Nur einer kann gewinnen.*« »*Du oder ich!*« »*Auge um Auge.*« Warum eigentlich? Selbst so simple Wesen wie Ameisen zeigen hocheffiziente kooperative Strukturen.

Paul Watzlawick schreibt sehr treffend:
»*Warum fällt es uns bloß so schwer, einzusehen, dass das Leben ein Nichtnullsummenspiel ist? Dass man daher gemeinsam gewinnen kann, sobald man nicht mehr davon besessen ist, den Partner besiegen zu müssen, um nicht besiegt zu werden? Und – für den routinierten Nullsummenspieler ganz unfasslich – dass man sogar mit dem großen Gegenspieler, dem Leben, in Harmonie leben kann?*«* (Watzlawick 2008: 129).

Ist es das Paradoxon, das wir auf Dauer nur gewinnen können, wenn wir loslassen? Ist es die unfassbare Vorstellung, dass Glück sich nur dann vermehrt, wenn wir es teilen?

Kooperation ist die einzige Spielvariante, bei der alle gewinnen können – und sei es nur für die Bearbeitung des Konfliktes selbst. Deshalb ist der Wechsel von der Konfliktpartei zum Konfliktpartner und vom Problem weg hin zur gemeinsamen Lösung so wichtig. Und deshalb hat sich in der Natur auch Kooperation als vorherrschende Spielart etabliert.

Aber: Ohne Konflikt gäbe es keinen Veränderungsimpuls. Ohne kooperative Lösung würde dieser allerdings versanden. Konflikte sind nicht dazu da, um bis zur letzten Konsequenz ausgefochten zu werden. Sondern Konflikte sind eine Chance, altes Denken zu überwinden. Die Logik der Kooperation überwindet die Logik des Konfliktes. Zugegeben: Dies ist ein Lernprozess, der manchmal Blut, Schweiß und Tränen kostet.

Die Frage ist nicht: *»Wer ist Schuld?«* Oder: *»Wer hat Recht?«*, sondern die zentralen Lösungsfragen lauten:

- *»Was wäre gewonnen, wenn wir den Konflikt gemeinsam lösen würden?«*
- *»Wie könnte eine gemeinsame Lösung aussehen?«*
- *»Was können wir zu einer gemeinsamen Lösung beitragen?«*

Erst wenn alle Konfliktparteien die Konfliktlösung als gemeinsame Aufgabe ansehen und ein tatsächliches Interesse an einer gemeinsamen Lösung besteht, kann ein Konflikt gelöst werden. Eine einvernehmliche Lösung ist gegenüber dem Fortbestehen des Konfliktes immer die bessere Option. Doch erst wenn Menschen eine einvernehmliche Lösung gedanklich vorwegnehmen, sind sie bereit, alte Bastionen aufgeben.

Gefühl dominiert Vernunft

Das alles klingt so einfach, nicht wahr? Wenn da nicht unsere Emotionen wären. Dann hören wir oft Sätze wie: *»Nun lassen Sie doch bitte mal die Emotionen beiseite und versuchen Sie, diesen Konflikt ganz sachlich zu klären.«* Dies unterstellt, dass der eigentliche Konflikt eine sachliche Differenz zwischen den Parteien sei. In vielen Fällen ist das auch so (*»Wir hatten 100 Euro vereinbart und nicht 80.«*). Aber oft genug ist die Sache eher die Oberfläche und der Kern sind die Emotionen. Dann wäre es völlig sinnlos, an der Sache herumzulaborieren. Endlose Debatten um die Sache sind meist ein Zeichen dafür, dass es um etwas ganz anderes geht. Bei lang andauernden und verfahrenen Konflikten ist der vordergründige Dissens nicht (oder nicht mehr) der Kern des eigentlichen Konfliktes.

Beispiel:

Ein Coach wird von der Personalabteilung gebeten, einen Manager darin zu unterstützen, mit seinem Team kooperativer umzugehen. Es war zum Konflikt gekommen, da sich Teammitglieder über seinen Führungsstil beschwert haben und sich der Manager wiederum über die geringe Kooperationsbereitschaft des Teams beschwerte. Der Coach sollte nun den Manager kommunikativ »fit« machen. Im Coaching stellte sich dann heraus, dass der Manager gegen den Willen des Teams zum Chef berufen wurde. Der frühere Teamchef, der sehr beliebt war, war von der Firmenleitung in eine andere Position versetzt worden. Die Teammitglieder »mauerten« jetzt gegen den neuen Chef. Der reagierte zunehmend ungehalten und die Lage eskalierte. Nachdem aus dem Coaching ein Teamentwicklungsprozess wurde, kam ans Tageslicht, dass im Team das Gerücht umging, der neue Chef habe über Beziehungen den alten Chef »herausgemobbt«, was im Team eine starke Verärgerung und eine Abwehrhaltung ausgelöst hatte. Dieses Gerücht stellte sich dann allerdings als haltlos heraus. Der alte Chef hatte aus familiären Gründen selbst um die Versetzung gebeten.

In diesem Fall waren also nicht die vordergründigen Kommunikationsprobleme des Managers das Problem. Die Frage lautete eher: »Was muss geschehen, damit das Team vertrauensvoll mit dem neuen Chef zusammenarbeiten kann?«

Wenn Gefühle berührt sind, sind Appelle an die Vernunft so gut wie aussichtslos. Denn der präfrontale Cortex (Sitz der Vernunft in unserem Gehirn) schaltet sich mit zunehmender emotionaler Betroffenheit nach und nach aus. Tiefer gelegene und evolutionär ältere Gehirnareale übernehmen mehr und mehr das Regiment. Stellt sich erst ein Stressgefühl ein, dann läuft nur noch das Alarmprogramm, der Blickwinkel verengt sich, Kreativität geht verloren und damit gehen mögliche Lösungsstrategien den Bach runter. *»Mit mir nicht!« »Das wollen wir doch erstmal sehen.« »Der werde ich es zeigen.«* Ende der Fahnenstange.

Was heißt das für die Konfliktlösung? Genau: Wir müssen erst die Emotionen beruhigen. Da die aber nur bedingt der bewussten Steuerung unterliegen, sind Appelle an die Vernunft meist aussichtslos. Auch Schiedssprüche oder Entscheidungen von Vorgesetzten schaffen nur vordergründig Ruhe. Emotionen sind immer vorrangige **Störfaktoren**. Vor allem negative Emotionen drängen sich derart in den Vordergrund, dass sie positive Emotionen locker beiseite schieben. Und positives Denken hilft hier nun wirklich nicht mehr weiter.

Ein sehr eindrucksvolles Verfahren der Konfliktregulation ist die von Marshall B. Rosenberg entwickelte gewaltfreie Kommunikation. *»Wieso gewaltfrei? Ich drohe dem anderen doch keine Prügel an?«* Na, das will ich hoffen. Rosenberg fasst aber unter Gewalt alles, was Menschen verletzt oder sie bedrängt. Er spricht daher auch von Wolfssprache und stellt ihr die sogenannte Giraffensprache gegenüber. Ich will die Vorgehensweise hier kurz vorstellen:

Erster Schritt:
Sie sollten davon ausgehen, dass Menschen gute Gründe haben, warum sie derzeit so agieren, wie sie es tun. Respektieren Sie die innere Landkarte des anderen und vermeiden Sie, das Verhalten oder sogar die Person selbst zu beurteilen (etwa: *»Ihr Verhalten ist völlig daneben«* oder *»Sie sind ein schwer erträglicher Mensch.«*). Stattdessen schlägt Rosenberg vor, zunächst nur Ihre Wahrnehmung auszudrücken, etwa: *»Ich habe den Eindruck, dass Sie das Verhalten von Kollege F. ziemlich in Rage gebracht hat.«* Dann hat der andere die Chance, zu reagieren, ohne sich angegriffen fühlen zu müssen.

Sie spiegeln ihm einfach Ihre Wahrnehmung zurück, ganz ähnlich wie beim aktiven Zuhören. Sie können auch seine Reaktion dann wiederum spiegeln. Wenn er zum Beispiel sagt: *»Ja, Kollege F. ist ein Idiot und verdient es nicht anders«*, könnten Sie sagen: *»Sie möchten also, dass Kollege F. sein Verhalten ändert?«* usw. Versuchen Sie dabei die Intentionen hinter den Emotionen zu erfassen und Ihrem Gegenüber zu zeigen, dass Sie ihn verstehen wollen. Schon auf dieser Stufe entspannen Sie die Situation enorm. Der meiste Dampf ist dann abgelassen.

Zweiter Schritt:
Sie teilen dem anderen Ihr Gefühl zu der Wahrnehmung mit, etwa: *»Ich merke, dass mich Ihr Verhalten enorm ärgert.«* Sie sprechen über Ihre Gefühle und wieder aus der Ich-Perspektive. Dieser Schritt ist bedeutsam, weil er der Achtsamkeit vor den eigenen Emotionen dient.

Dritter Schritt:
Äußern Sie ein Bedürfnis, etwa: *»Mir ist es wichtig, dass wir in dieser Firma einen respektvollen Umgang pflegen.«*

Vierter Schritt:
Äußern Sie eine Bitte, etwa *» ... und ich bitte Sie daher, auch mit Kollege F. respektvoll umzugehen.«*

Hier wird die Kommunikation von einer stressgeladenen Atmosphäre heruntergeholt. Neurobiologisch formuliert, gelangt sie wieder vom limbischen System in die Großhirnrinde. Erst danach ist an eine gemeinsame Lösungssuche zu denken. Daher sollten uns ein ansteigender Adrenalinpegel und ein verengter Blick spätestens nach dem ersten Gefühlsausbruch als Stoppsignal dienen. Das heißt: Auszeit, tief Luft holen und dann den anderen sowie sich selbst wahrnehmen. Erst dann reagieren.

Harte Konflikte berühren meist sämtliche Grundbedürfnisse zugleich: Wir fühlen uns alles andere als verbunden, wir verlieren das Gefühl von Orientierung und Kontrolle, wir sind in unserem Selbstwertgefühl verletzt und das alles zusammen verdirbt uns gänzlich die Laune. Daher ist durch Konflikte unsere psychische Integrität bedroht und wir reagieren entsprechend heftig – oder erstarren. Wenn wir Konflikte als Chance nutzen wollen, muss die eigene Betroffenheit ebenso gewürdigt werden wie die des anderen, damit der Weg frei wird für die Suche nach Lösungen.

Inneres Team

Zum Abschuss dieses Kapitels noch einige Worte zu inneren Konflikten (intrapersonale Konflikte). Für die gilt sinngemäß das Gleiche wie für interpersonale Konflikte. Auch hier ist Wertschätzung in jedem Fall wichtig. Ich erlebe oft, dass Menschen, die sich verändern wollen, einen vermeintlich mangelhaften Teil ihrer Persönlichkeit bei sich diagnostiziert haben. Sie wollen dann einen Kampf gegen eben diesen Anteil führen, den sie für hinderlich, beschämend oder schlicht nutzlos halten. Das ist nicht sinnvoll, denn jedes neuronale Muster hat einen Nutzen. Sonst wäre es nicht vorhanden. Probleme sind sinnvolle Problemlösungsmechanismen – in einem anderen Kontext (Gunther Schmidt). Seien Sie gewiss, dass auch die ungeliebten Anteile für Sie nützlich sind, auch wenn Sie das so nicht wahrnehmen.

Es wäre daher völlig abwegig, unerwünschte Anteile abspalten zu wollen. Sollten Sie das dennoch ernsthaft versuchen, werden Sie sich wahrscheinlich früher oder später in therapeutischer Behandlung wiederfinden. Ein interessantes Experiment, ja, aber ich kann es nicht empfehlen. Warum das so ist? Weil Sie dieses Muster brauchen, solange Sie kein Gefühls-, Denk- oder Verhaltensmuster entwickelt haben, das dieses scheinbar unnütze oder vermeintlich schädliche Muster ersetzen kann. Mit anderen Worten: Befahrene Wege, und seien es nur gelegentlich befahrene Fluchtwege, wachsen nicht einfach zu. Und jeder Versuch, sie abzureißen, endet in einer Verkehrsstörung.

Meine Empfehlung: Betrachten Sie die widerstreitenden Teile ihrer Persönlichkeit als Partner, sehen Sie sie als **inneres Team**, wie es Schulz von Thun formuliert hat (siehe Abbildung 32). Und fördern Sie den inneren Dialog.

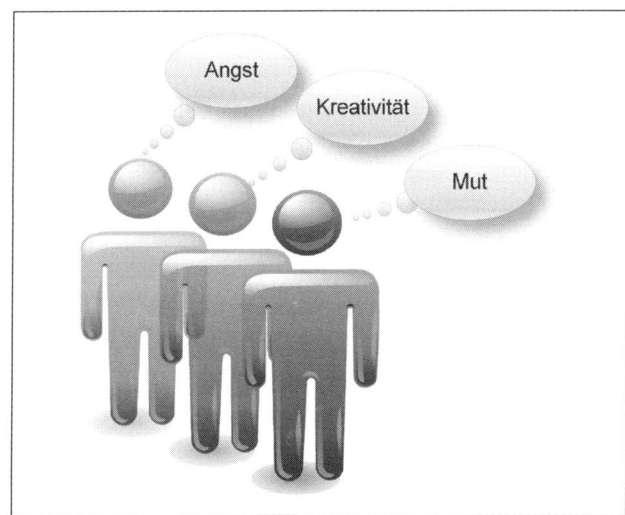

Abbildung 32:

Inneres Team, Beispiele von Persönlichkeits-anteilen

Kompakt

In einer Gesellschaft unterschiedlichster Individuen und Gruppen sind Konflikte nicht wegzudenken. Sie sind Antrieb für Veränderung. Überlässt man aber einen Konflikt sich selbst, bleibt er in seiner eigenen Dynamik gefangen und hat die Tendenz zur Eskalation. Die Suche nach Ursachen und Schuldigen ist wenig hilfreich bei der Konfliktlösung. Konflikte sind Symptome misslungener Kommunikation. Erst wenn wir uns als Teil des Konfliktes begreifen und unseren Gegner als Partner bei der Suche nach gemeinsamen Lösungen sehen, haben Konflikte eine Chance der Auflösung. Kooperation mit dem Gegner ist im Konfliktfall immer die bessere Lösung. Das gilt auch für innere Konflikte.

Konflikte um eine Sache haben meist auch einen emotionalen Kern. Es ist allerdings wenig hilfreich, Emotionen wegzudiskutieren und nur auf die Sachebene zu fokussieren. Emotionen verdienen Wertschätzung. Erst danach kann eine gemeinsame Suche nach Lösungen beginnen.

2.7 Embodiment – wie das Gehirn mit unserem Körper kommuniziert

Die Körper wären nicht schön, wenn sie sich nicht bewegten.

Johannes Kepler

Ein Experiment

Um festzustellen, wie unsere Psyche durch unseren Körper beeinflussbar ist, unternahmen zwei amerikanische Psychologen ein interessantes Experiment. Testpersonen wurden zum Schein mit Messapparaturen verdrahtet. Eine Gruppe wurde vom Versuchsleiter in eine sitzende, aber recht unbequeme, vorgebeugte Haltung gebracht und gebeten, so etwa acht Minuten für den Versuch zu verharren. Eine Vergleichsgruppe durfte in aufrechter Haltung vor den Apparaturen sitzen. Anschließend wurden die Probanden gebeten, ein unlösbares dreidimensionales Puzzle zusammenzustecken. Die erste Gruppe gab nach 10 Teilen auf, die Vergleichsgruppe bemühte sich immerhin 17 Teile zusammenzustecken. Offensichtlich hatte die Körperhaltung einen nachhaltigen Einfluss auf die Motivation der Versuchspersonen.

Unsere Gesellschaft ist eine körperlose Gesellschaft geworden. Unser Körper tritt uns meist erst dann ins Bewusstsein, wenn wir Sport treiben, anstrengende Tätigkeiten verrichten, wenn Störungen seiner Funktion auftreten oder das eine oder andere Modul kaputt ist. Seit René Descartes' Feststellung: »*Ich denke, also bin ich*«, hat sich bei uns die Überzeugung festgesetzt, dass unser Denken unser Sein bestimmt. Anders formuliert: Wir sind unser Gehirn. Das erscheint nachvollziehbar, denn wenn man es uns herausnehmen und uns ein anderes Gehirn einbauen würde, wären wir nach der Transplantation nicht mehr der gleiche Mensch.

Dass dieses Bild hinkt, zeigt das eben geschilderte Experiment. Und seit der Beschreibung der somatischen Marker müssen wir sogar davon ausgehen, dass wir auch nicht mehr der gleiche Mensch wären, wenn man unseren Körper austauscht. Wie aber hängen Körper und Geist zusammen? Braucht unser Geist unseren Körper überhaupt? Und was kann unser Körper mit unserem Geist anfangen? Mit diesen Fragen wollen wir uns nun beschäftigen.

Erfahrungsverabeitung versus Datenverarbeitung

In den fünfziger Jahren des vorigen Jahrhunderts wurde die Idee geboren, intelligente Maschinen zu bauen, welche den kognitiven Leistungen des Menschen in nichts nachstehen. Bis heute, mehr als ein halbes Jahrhundert später, ist es bei dieser Vision geblieben. Zwar gibt es inzwischen leistungsfähige Schachcomputer, die selbst Schachmeister ins Schwitzen bringen können, und es gibt Roboter, die Fußball spielen. Aber schon an der Aufgabe, aus verschiedenen Nahrungsmitteln ein schmackhaftes Essen zuzubereiten, würde jede Maschine scheitern. Warum? Weil Maschinen keine Ahnung von der Welt um sie herum haben. Sie können zwar große Datenmengen mit atemberaubender Geschwindigkeit verarbeiten und eindeutige Muster erkennen, deren Erkennungsmerkmale man ihnen zuvor einprogrammiert hat – aber das war es dann. Und sobald der Faktor Unsicherheit ins Spiel kommt, geht nichts mehr.

Lange schon hatten Forscher begriffen, dass Intelligenz nicht ohne Sensorik auskommt, dass also ein intelligentes Wesen die Welt um sich herum wahrnehmen muss. Vor einigen Jahren hat sich dann auch die Erkenntnis durchgesetzt, dass Intelligenz auch ohne einen bewegten Körper nicht auskommen kann. Man spricht fortan von der **embodied cognition**. Intelligenz, so die Quintessenz aus der Forschung zur künstlichen Intelligenz, kann sich nur dann entwickeln, wenn wir unsere Umwelt wahrnehmen, mit ihr in Interaktion treten, sie **begreifen** und diese Erfahrung verarbeiten können.

Unser Gehirn betreibt also nicht wie ein Computer Datenspeicherung und Datenverarbeitung, sondern Erfahrungsspeicherung und Erfahrungsverarbeitung. Dazu benötigt es neben einem Körper auch eine flexible Struktur der Informationsverarbeitung. Feste Programme sind dabei wenig hilfreich. Ein Computer arbeitet nach festen Regeln, unser Gehirn nicht. Wir Menschen können deshalb kreativ sein und lernen. Wir bilden ständig neue Bahnungen in unserem Gehirn und wachsen damit über uns hinaus. Aber das Wichtigste: Wir entwickeln im Laufe unseres Lebens ein Gefühl dafür, was gut für uns ist. Wenn wir echte Entscheidungen fällen müssen, gibt es nichts mehr zu berechnen, sondern wir müssen uns durch unser Gefühl leiten lassen, das auf Erfahrungswissen beruht. Ein Computer kann das nicht.

Embodiment: Körper und Psyche im Wechselspiel

Unsere Gefühle finden in unserem Körper eine Bühne, wie Damásio das formuliert hat. Das hatten wir schon im Kapitel *Entscheidungen* gesehen. Somatische Marker sind das verkörperlichte Gefühl. Das ist etwa das Kribbeln im Bauch oder das beklemmende Gefühl in der Brust, das wir alle kennen. Wir hatten auch gesehen, dass Menschen, die keinen Zugang zu ihren Gefühlen finden, Probleme haben, vernünftig zu handeln. Deshalb ist es so wichtig, bewusst mit unserem Körper umzugehen und Körperwahrnehmung zu schulen.

Wir müssen also endgültig den Dualismus, das Nebeneinander von Körper und Geist, aufgeben. Beide sind eine Einheit (siehe Abbildung 33). Unser Geist ist eingebettet in unseren Körper und kann ohne ihn nichts wirklich Sinnvolles leisten. Embodiment ist das Konzept dahinter. Auch neurobiologisch ist das unterlegt: »*In der Sprache der Hirnforschung gehören die Handlungsabsicht, die dazugehörigen Gefühlslagen und Denkstile sowie der passende Körperausdruck zu ein und demselben neuronalen Netzwerk ...*« (Storch 2006: 66).

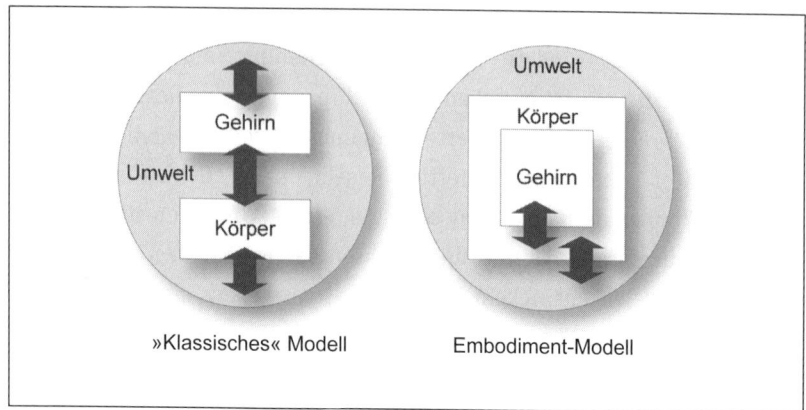

Abbildung 33: »Klassisches« Modell (links) und das Embodiment-Modell (rechts) von Gehirn und Körper.

Abbildung 34: Schwaches Embodiment (links) und kraftvolles Embodiment (rechts)

Die kognitiven, emotionalen und körperlichen Erregungsmuster werden gekoppelt. Erinnern Sie sich: »What wires together, fires together.«

Embodiment heißt aber auch: Wir können unseren Körper bewusst einsetzen, um unsere Stimmungen zu steuern. Gunther Schmidt sagt: *»So wie man geht, so geht es einem.«* Der eingangs geschilderte Versuch zeigt, wie unser Körper auf Stimmungen wirken kann. Eine ganze Reihe ähnlicher Untersuchungen weist in die gleiche Richtung. Wir können durch Körperhaltungen und durch die Art und Weise unserer Bewegung, ja schon durch bewusste Mimik unsere Stimmungen beeinflussen.

Sie können das selbst testen. Machen Sie folgenden Selbstversuch:

Stimmung steuern (siehe Abbildung 34)

Stellen Sie sich hin, lassen Sie Ihre Schultern und Ihren Kopf hängen, entspannen Sie Ihren Unterkiefer und lassen Sie die Arme schlapp baumeln. Lassen Sie das einen Moment wirken. Wie fühlen Sie sich? Glücklich? Entspannt? Motiviert? Schlapp? Depressiv?

Dann stellen Sie Ihre Beine schulterbreit, richten Sie Ihren Oberkörper auf, halten Sie Ihren Kopf leicht angehoben, dehnen Sie ihren Brustkorb, atmen Sie tief und entspannt durch und lächeln Sie freundlich. Was hat sich verändert? Wie fühlen Sie sich?

Umgekehrt kann Ihre Stimmung auch auf Ihren Körper wirken. Auch dazu gibt es eine ganze Reihe von Untersuchungen. Sie kennen das aber sicher auch aus eigener Erfahrung. Wenn Sie in einem Stimmungstief sind, fühlen Sie sich meist auch schlapp und körperlich wenig leistungsfähig. Auch beschränkende Glaubenssätze (*»Das schaffe ich doch nie«*) können Ihre körperliche Leistungsfähigkeit beeinflussen. Sport-Mentaltrainer wissen das seit Langem und setzen die Förderung mentaler Stärken gezielt zur

Steigerung der Leistungsfähigkeit bei Sportlern ein (Amler, Bernatzky und Knörzer 2009).

Embodiment gezielt nutzen

Die Kopplung mentaler und körperlicher Prozesse können wir also nutzen. Durch ein gutes Embodiment können wir zum Beispiel mentale Prozesse gezielt unterstützen. Hier folgen ein paar Hinweise, die für den Einsatz von Embodiment im Alltag hilfreich sein können.

Selbstwahrnehmung

Unsere Wahrnehmung richtet sich meist nach außen. Selbstwahrnehmung, also die Wahrnehmung nach innen, ist die Grundlage für die Nutzung von Embodiment. Achten Sie darauf, mit welchem Körperempfinden Ihre Denkinhalte und Gefühle verbunden sind. Werden Sie sensibel für unwillkürliche Körpersignale (zum Beispiel Muskelspannung, Körperhaltung). Erst wenn Sie bewusst wahrnehmen, können Sie auch steuern. Der Merksatz lautet: *Energie folgt der Aufmerksamkeit.*

Wertschätzung des Selbst

Egal, in welchem Zustand Sie sich befinden, wertschätzen Sie Ihr Selbst. Denken Sie daran: Auch (scheinbar) problembehaftete Zustände sind Lösungsversuche. »*Ich bin O. K.*« ist ein guter Glaubenssatz, auch wenn Sie sich verändern wollen. Er aktiviert Ihre Kraftquellen.

Body-Feedback

Sie können durch bestimmte Körperhaltungen, Mimik und Gestik auch Stimmungen beeinflussen. Probieren Sie aus, was für die jeweilige Situation passt und zu Veränderungen Ihrer Stimmung beiträgt. Ein Beispiel haben Sie oben im Kasten *Stimmung steuern* schon kennengelernt. Vermeiden Sie aber gekünstelte Muster, wie zum Beispiel erzwungenes Lächeln, wenn Ihnen nicht danach ist.

Emotion needs motion

Starke Gefühle suchen ein entsprechendes körperliches Ventil. Hier gilt das Jiu-Jitsu-Prinzip: Energie nicht blocken, sondern umwandeln. Welche Bewegung passt zu Ihrem Gefühl? Versuchen Sie, Ihre Stimmung in Bewegung umzusetzen. Ein Tipp bei Stress: Körperliche Anstrengung ist ein sehr geeignetes Mittel, um Stress abzubauen (siehe auch das Kapitel *Stressprävention und Life-Balance*).

Atmung

Atmung ist ein zentraler Lebensausdruck. Sind Sie Bauch- oder Brustatmer? Ich ahne schon, was einige Leser jetzt sagen: *»Hören Sie, ich atme mit der Lunge!«* Schon klar. Aber nutzen Sie dazu Ihr Zwerchfell oder Ihren Brustkorb? Brustatmer neigen zu einer verkrampften Haltung. Nur durch Zwerchfellatmung können Sie Ihren Oberkörper entspannen und fallen nicht in Kurzatmigkeit.

Stimme erzeugt Stimmung

Die Stimme taucht in der mir bekannten Embodiment-Literatur nicht auf, ist aber ein ganz entscheidender körperlicher Ausdruck. Hier geht es nicht um Rhetorik und Semantik, sondern um den Klang Ihrer Stimme. Achten Sie darauf, wie Sie sprechen. Sind Sie ein Langsam- oder Schnellsprecher, reden Sie leise oder laut? Wie artikulieren Sie, deutlich oder eher undeutlich?

Modellierung

Wenn es Ihnen schwerfällt, ein passendes Embodiment zu finden, schauen Sie, wie andere Menschen gute Embodiments hinbekommen. Ein gutes Embodiment erkennen Sie daran, dass das Gesamterscheinungsbild der Person passt, dass die Person also in ihrer gesamten Erscheinung auf Sie authentisch wirkt. Achten Sie genau auf den körperlichen Ausdruck und versuchen Sie, das Muster zu übernehmen. Testen Sie aber unbedingt aus, ob das zu Ihnen passt, sonst wirkt es nachgeäfft. Und beachten Sie auch, dass nicht jeder, der seinen Körper bewusst als Ausdrucksmittel einsetzt, auch automatisch ein gutes Embodiment hat. Authentizität ist wichtig.

Nachhaltigkeit

Wenn Sie ein gutes Embodiment für sich nutzbar machen können, und dies gezielt einüben, wird es eine nachhaltige Wirkung haben. Diese Wirkung kennen auch Schauspieler. Bruno Ganz soll während den Proben zum Hitler-Film eine gewisse Empathie für Hitler entwickelt haben und Dustin Hoffmann soll Wochen gebraucht haben, um nach den Dreharbeiten zu *Rainman*, in dem er einen Autisten spielt, die einstudierte Rolle wieder abzulegen.

Wenn Sie Embodiment gezielt nutzen, wird es Ihnen irgendwann in Fleisch und Blut übergehen. Sie werden nicht mehr darüber nachdenken. Und Sie werden auch merken, dass es auf andere Menschen wirkt.

Embodiment für einen kraftvollen Zustand

Sie kennen sicher Situationen, in denen Sie hadern, in denen Sie sich kraftlos oder ängstlich fühlen. Einfach aufgeben wäre natürlich auch eine Lösung, allerdings eine schlechte. Und da Sie dieses Buch ja lesen, um Möglichkeiten von Veränderung kennenzulernen, möchte ich Ihnen eine Übung zum Erreichen eines ressourcenvollen Zustandes vorstellen.

Kraftquellen finden und nutzen

1. Welche Kraftquelle (Ressource) benötigen Sie in diesem Moment?
2. Suchen Sie sich eine Situation in der Vergangenheit, bei der Sie im vollen Besitz dieser Kraftquelle waren.
3. Situation erleben: Wo war das? Was haben Sie damals getan? Wie haben Sie es getan?
4. Glaubenssatz finden: Welcher starke Glaubenssatz drückt Ihr Empfinden am besten aus?

5. Embodiment finden: Welche Körperhaltung oder Bewegung passt zu Ihrem Empfinden?
6. Verstärker finden: Wie können Sie Ihre Haltung oder Bewegung verstärken, damit sich das Empfinden noch verstärkt?
7. Bild finden: Welches Bild, welches Symbol oder welche Metapher passt zu Ihrem Empfinden? Hier sind selbstverständlich auch auditive und olfaktorische (Geruch/Geschmack) Bilder möglich.
8. Verbindung finden: Welches Band zu einem Menschen oder zu einer Gruppe unterstützt Sie zusätzlich? Geben Sie dieser Verbindung einen Namen.
9. Film vorspulen: Machen Sie nun einen zeitlichen Sprung ins Hier und Jetzt. Nehmen Sie dabei den Glaubenssatz, das Embodiment, das Bild und die Verbindung mit. Hinweis: Wenn Sie die Kraftquelle intensiv verankert haben, dann genügt schon einer der drei Anker, um das gesamte Empfinden erneut herzustellen.

Der **Trick** dieser Übung besteht darin, dass Ihr ressourcenvolles Erleben neuronal mehrfach verschlüsselt wird. Es findet sich als Körpergefühl, als Bild sowie als sprachlicher Ausdruck. Damit integriert es die körperlich-emotionale als auch die kognitive Ebene. Für viele Menschen sind neben den oben genannten Ankern auch spirituelle Dinge Kraftquellen. Wenn das für Sie auch so ist, beziehen Sie diese mit ein.

Embodiment als bewusste Lebensform

Um noch einmal Gerald Hüther zu Wort kommen zu lassen: *»Für jeden, der sich darum bemüht, alte eingefahrene Körperhaltungen und Bewegungsmuster zu verändern, besteht der Lohn seiner Anstrengung in einer Wiederentdeckung seiner eigenen Kompetenz, in einer neuen Haltung und einer neuen Gesinnung – und nicht zuletzt in einem Zuwachs an Selbstgefühl und Selbstvertrauen. Das bedeutet nichts anderes, als das Wiederfinden der eigenen Gestaltungskraft und Lebendigkeit.«* (in: Storch 2006: 96)

Die Aufklärung hat unseren Verstand von unseren Gefühlen und von unserem Körper getrennt und ihm einen Königsplatz oder, wenn Sie so wollen, eine Poleposition zugewiesen. Sie hat damit eine Entfesselung des Geistes möglich gemacht und erst dadurch konnten sich Wissenschaft und Technik zu dem entwickeln, was sie heute sind. Die moderne Gesellschaft, wie wir sie erleben, ist auch ein Produkt dieses Weltbildes. Mit zunehmender Befreiung unseres Geistes von Gefühl und Körper hat in den modernen Industriegesellschaften aber auch unsere Entfremdung von den biologischen Grundlagen unserer Existenz zugenommen. Die Zunahme psychischer Störungen sowie psychosomatischer Erkrankungen sind extreme Auswüchse dieser Entwicklung. Stress, Angststörungen, Depressionen und Burn-out sind Symptome einer Gesellschaft, die es verlernt hat, Gefühle und Körpersignale wahrzunehmen. Neben der Ausbeutung unserer natürlichen Ressourcen sind wir auch dabei, an unseren psychischen und physischen Ressourcen Raubbau zu betreiben – anstatt diese nachhaltig zu nutzen und zu entwickeln.

Erst gegen Ende des 20. Jahrhunderts hat dann schließlich die Wissenschaft die Gefühle wiederentdeckt. Und jetzt erleben wir, wie die Wissenschaft unser Denken und unsere Gefühle wieder mit unserem Körper vereint. Und das ist gut so. Hier wächst gedanklich etwas zusammen, was immer zusammengehört hat. Die Trennung von Kognition, Emotion und Körper war immer eine künstliche. Doch erst allmählich beginnen wir das zu erfassen. Wir haben lange schon die biologische Evolution hinter uns gelassen und uns einen unbestrittenen Platz auf diesem Planeten erkämpft. Und wir hatten vorübergehend geglaubt, dass wir damit auch die biologischen Gesetze nicht mehr beachten müssen. Wir hatten vergessen, dass selbst unser Gehirn vorwiegend zur Steuerung unserer Körperfunktionen da ist. Wir hielten es immer nur für unser Denkorgan. Jetzt verstehen wir mehr und mehr, dass das ein Irrglaube war und ist. Ökologie ist nicht nur ein Begriff aus der Natur. Die systemischen Grundregeln der Ökologie gelten auch auf psychischer und sozialer Ebene.

Inzwischen wissen wir aber auch, dass unser Gehirn nicht wie ein Apparat funktioniert, sondern eine flexible Struktur hat. Wir beginnen zu begreifen, dass es das wahrscheinlich komplexeste System ist, das wir kennen, und dass es demnach weniger den Gesetzen der Physik und Mechanik gehorcht, sondern den Regeln vernetzter Systeme.

Und die vielleicht beunruhigendste, aber zugleich auch hoffnungsvollste Nachricht lautet: Wenig ist uns in die Wiege gelegt, aber fast alles ist möglich. Wie unser Gehirn wird, hängt davon ab, wie wir es benutzen. Es hat eine programmoffene Struktur und es ist an uns, zu entscheiden, was wir damit anstellen. Wir können unser Gehirn wie eine Maschine benutzen, dann wird es wie eine Maschine: unflexibel und störungsanfällig. Wir können es aber auch zu dem benutzen, zu dem es gemacht ist. Zum Lernen. Der größte Lernprozess ist wohl das Leben selbst. Immer, wenn wir über uns selbst hinauswachsen, haben sich neue Synapsen gebildet, sind neue neuronale Netze entstanden. Und das Gute ist: Je mehr wir es derart benutzen, umso mehr können wir dazulernen und unser Leben bereichern. Unser Gehirn ist keine Festplatte, die irgendwann voll ist. Seine Vernetzungsmöglichkeiten sind schier unendlich.

Veränderung ist möglich – lebenslang. Wer sich verändern will, sollte hierzu aber nicht nur seinen Kopf benutzen, sondern auch seinen Körper mitnehmen. Denn der trägt Sie durchs Leben – lebenslang.

Was Sie nun mit alldem anfangen, überlasse ich Ihnen. Machen Sie doch einfach, was Sie tatsächlich wollen! Und das mit Nachdruck. Fangen Sie am besten heute an.

Kompakt

Descartes' Satz »*Ich denke, also bin ich*«, ist nicht mehr haltbar. Er müsste durch »*Ich fühle, also bin ich*«, ersetzt werden. Intelligenz setzt Begreifen voraus, ist also ohne einen Körper undenkbar (embodied cognition). Kognitive Prozesse brauchen Gefühle als Wertmaßstab und Gefühle haben den Körper als Bühne. Gefühl- und körperlos können wir nicht vernünftig handeln. Unser Körper wirkt auf unsere Stimmung und auf unser Denken ebenso wie wir umgekehrt mit Hilfe mentaler Prozesse unseren Körper beeinflussen können. Dies können wir gezielt nutzen, indem wir eine bewusste Körperwahrnehmung und -kontrolle in emotional schwierigen Situationen vornehmen. Bewusstes Embodiment wird damit zu einer wertvollen Unterstützung von Veränderungsprozessen.

3. Mythos Beratung – sind Berater die besseren Manager?

Das Leben ist zu kostbar, um es dem Schicksal zu überlassen.

Käpt'n Blaubär

Macht Beratung überhaupt Sinn – nach alldem, was Sie über die Funktionsweise unseres Gehirns erfahren haben? Sind wir über Beratung veränderbar? Und wenn ja, welche Form der Beratung sollte man wählen? In diesem letzten Abschnitt möchte ich mit den Mythen um Beratung aufräumen und Ihnen eine Idee davon vermitteln, wie Beratung Sie in Veränderungsprozessen optimal unterstützen kann.

Bevor wir uns diesen Fragen zuwenden, zunächst ein kurzer Überblick über die verschiedenen Formen der Beratung. Mir ist bewusst, dass die von mir vorgenommenen Abgrenzungen teilweise fließend sind und man über die eine oder andere Definition auch streiten kann. Ich liefere Ihnen hier aber keine Axiome, sondern eine aus meiner Sicht sinnvolle Unterteilung der verschiedenen Beratungsprofessionen. Beratung verwende ich hier der Einfachheit halber als Oberbegriff, auch wenn viele Coaches und Therapeuten sich nicht als Berater sehen (da sie ja keine Ratschläge geben).

Consulting

Im weitesten Sinne ist Consulting mit dem allgemeinen Begriff Beratung identisch. Man kann also jede Form der Beratung als Consulting bezeichnen. Im engeren Sinne ist Consulting dadurch gekennzeichnet, dass die Anbieter ihr spezifisches Fachwissen dem Auftraggeber zur Verfügung stellen. Sie geben Ratschläge und Consulting ist damit schlicht Fachberatung. Beispiele: Steuerberater, IT-Berater.

Teaching

Hier geht es um das weite Feld der Vermittlung von praktischen Fähigkeiten. Im Gegensatz zum Consulting überträgt Teaching die Fachkenntnisse des Beraters auf den Beratenen. Der Beratene wird dann, zumindest teilweise, ebenfalls zum Experten. Beispiele: Lehrer, Dozenten.

Training

Im Training werden nicht nur Fähigkeiten vermittelt, sondern diese auch eingeübt. Beispiele: Fitnesstrainer, Verkaufstrainer.

Coaching

Coaching, ursprünglich ein Begriff aus dem Sport, ist die zielorientierte Begleitung und Unterstützung von Menschen in Veränderungsprozessen. Der Coach gibt Feedback und setzt Impulse, stärkt Ressourcen und löst Blockaden auf.

Mentoring

Coacht und berät eine erfahrene Führungskraft einen Mitarbeiter, so spricht man von Mentoring. Während der Coach unabhängig ist und bleiben sollte, besteht zwischen Mentor und Protegé meist ein Abhängigkeitsverhältnis.

Mediation

Mediation ist ein Verfahren der professionellen Konfliktlösung. Es ist immer zielorientiert und unterstützt die Konfliktparteien bei der Suche nach einer Win-Win-Lösung.

Therapie

Eine Psychotherapie setzt an der Behandlung einer psychischen Symptomatik an. Die ist dann gegeben, wenn die Selbststeuerungsfähigkeit eines Menschen beeinträchtigt ist. Im Falle depressiver Symptome, Angstattacken und Ähnlichem ist in jedem Fall eine Therapie angesagt.

Supervision

Die Supervision hat vorwiegend den Prozess selbst, nicht so sehr den Inhalt zum Gegenstand. Supervision dient damit vorwiegend der Reflexion. Oft ist der Beratungsprozess Gegenstand. Es geht dabei darum, den Beratungsprozess zu reflektieren.

3.1 Passt Ihnen die neue Brille?

Stellen Sie sich einmal vor, Ihre Augen hätten sich verschlechtert, Sie gehen zum Augenarzt und der reicht Ihnen kurzerhand seine eigene Brille. Er habe noch eine andere und könne diese entbehren. Sie wäre wohl auch für Ihre Augen passend. Sie probieren die Brille auf und können seinen Eindruck nicht wirklich teilen. Sie sehen jetzt anders, aber nicht unbedingt besser als vorher. Der Arzt aber sagt Ihnen, dass das am Anfang ganz normal sei. Man müsse sich erst einmal an das neue Sehen gewöhnen. Ihm habe sie schließlich auch geholfen. Sie könnten ihm vertrauen, er sei schließlich der Experte.

Eine absurde Geschichte, nicht wahr? Aber wie oft haben Sie schon Ratschläge von Menschen bekommen, die Ihnen genau nach dem gleichen Muster eine Lösung für Ihre Probleme verpassen wollten? Und mal ehrlich: Haben Sie auch schon mal auf diese Weise andere beraten? Es ist schwer zu akzeptieren, dass wir unsere Welt durch eine andere Brille sehen als andere. Jeder von uns hat sehr gute Gründe dafür, warum er so ist, wie er ist. Jeder hat sich seine eigenen Wege gebaut, diese befestigt und eine Landkarte im Kopf, die ihm eine Orientierung gibt.

Hinzu kommt, dass wir zum großen Teil über unseren inneren Autopiloten gesteuert sind, uns dann also gar nicht bewusst ist, warum wir so handeln, wie wir es tun. Und unser Autopilot, der schließlich durch das eigene Erleben **programmiert** wurde, wird sich kaum durch das Wissen eines noch so kompetenten Beraters **umprogrammieren** lassen.

Einer der großen Irrtümer von Beratung ist die Annahme, man könne Menschen dadurch verändern, indem man ihnen nützliches Wissen vermittelt. Kein Mensch ändert sich, nur weil er etwas Neues weiß. Wäre es so, gäbe es weder Raucher noch Übergewichtige. Wissen berührt allenfalls unsere Großhirnrinde und bleibt damit an der Oberfläche dessen, was unser Verhalten ändern könnte. Wissen kann zwar bei Menschen auch für Aha-Effekte sorgen, aber das ist wie Theorieunterricht in der Fahrschule: Autofahren können sie damit noch lange nicht und sie würden es nach den ersten schweißtreibenden Versuchen wohl auch schnell bleiben lassen.

Veränderung ist ein Lernprozess. Manchmal ein schmerzlicher, denn er zwingt uns immer, etwas aufzugeben und gewohnte Wege zu verlassen. Das macht unter Umständen auch Angst. Wenn wir etwas ändern wollen, müssen wir daher über Motivationen reden, über Ziele, Haltungen und Werte. Kurzum über die Dinge, die uns Mut machen und uns im wahrsten Sinne des Wortes bewegen.

Hier müsste Beratung ansetzen, wenn sie mit der Persönlichkeit von Menschen arbeiten will. *»Aber wir wollen doch nur die Soft Skills verbessern!«* Auf was beruhen denn aber Soft Skills, wenn nicht auf der Persönlichkeit? Teamfähigkeit, Führungsqualitäten, Präsentationssicherheit – das alles betrifft die menschliche Persönlichkeit. Das alles können Menschen nicht theoretisch lernen, sondern dazu müssen sie entsprechende Potenziale entwickeln und es vor allem wirklich wollen. Veränderung braucht Motivation. Motivation braucht positive Erfahrungen und den Hoffnungsschimmer, dass es besser wird, wenn es anders wird.

Ein anderer weit verbreiteter Irrtum von Beratung liegt darin, dass das Symptom das Problem sei. Gute Berater sind deshalb auch so etwas wie Detektive, die Ihnen helfen, das eigentliche Problem hinter dem Symptom zu finden – oder noch besser: einen Zielzustand, bei dem das Symptom ganz von allein verschwindet. Dass ein Manager schnell aufbrausend reagiert, heißt nicht, dass ihm ein Kommunikationstraining weiterhilft. Wenn ein Projektleiter sein Zeitmanagement nicht im Griff hat, ist auch nicht zwingend ein Zeitmanagementseminar das Mittel der Wahl. Solange nur an Symptomen herumgedoktert wird, ist jede Therapie wie ein blinder Griff in die Hausapotheke.

Und ein dritter weitverbreiteter Irrtum von Beratung liegt schließlich in dem Glauben, man könne das Verhalten von Menschen durch gut gemeinte Appelle ändern: »*Machen Sie Diät!*«, »*Seien Sie spontan!*«, »*Werfen Sie Ballast ab!*« Verhalten folgt aber selten Appellen, sondern meist Bedürfnissen und Haltungen. Hier sehe ich den Ansatzpunkt für tief greifende Veränderungen. Beratung sollte dort ansetzen, wo sie Menschen bewegt – dann bewegen sich diese. Fasten kann sehr gesund sein – aber nur für Menschen, die das auch wollen (das ist übrigens wissenschaftlich belegt).

Woran erkennen Sie einen guten Berater?

- Er interessiert sich für **Ihr** Thema.
- Er stellt Fragen und hört zu.
- Er hilft Ihnen, das Problem hinter dem Symptom zu finden.
- Er hilft bei der Formulierung eindeutiger, klarer Ziele.
- Er unterstützt Sie bei der Suche nach Lösungen.
- Er hält sich mit Ratschlägen zurück.
- Er kennt die Grenzen seiner Kompetenz.

3.2 Beratung als Evolutionsbeschleuniger

Die Vorstellung, man könne in Gehirnen oder Organisationen *»einfach eine neue Software aufspielen«*, ist ungefähr so abwegig wie die Idee, einen Krieg im Sandkasten gewinnen zu können. Veränderung als Lernprozess kann nur an bestehenden Mustern anknüpfen. Was wir nicht irgendwo in unserem Gehirn ankoppeln können, ist für unser Gehirn schlichtweg **Junk**-Data, unbrauchbarer Datenmüll. Erinnern Sie sich an Unterrichtsstunden in der Schule oder Vorlesungen an der Hochschule, wo Sie nur Bahnhof verstanden haben? Leere, nutzlose Zeit. Wissen, Fertigkeiten und Motivationen lassen sich nicht transplantieren, sondern das alles muss wachsen. Veränderung ist mithin ein evolutionärer Prozess. Neuronale Netzwerke wachsen sukzessiv wie ein Baum. Frei schwebende Äste gibt es nicht.

Beratung muss mithin auch das evolutionäre Umfeld verstehen, in dessen Kontext sie stattfindet. Wenn sie dort Anknüpfungspunkte findet, kann sie nützlich sein, ansonsten kaum. Und sie sollte Menschen vor allem neue Erfahrungen ermöglichen. Nichts ist wertvoller und motivierender als die Erfahrung, über sich selbst hinauswachsen zu können. Wissen wird erst dann nützlich, wenn wir es in Handeln umsetzen und merken, dass es funktioniert.

Dazu gehört auch die Entwicklung einer Fehlerkultur. Wir sind es gewohnt, lupenreine Planungen hinzulegen und immer dann irritiert, wenn uns die Realität einholt. Unter komplexen Bedingungen ist es unwahrscheinlich, dass die Umsetzung der Planung exakt folgt. Wir hatten gesehen, dass in Systemen immer Unschärfen, nichtlineare Entwicklungen und Feedbackeffekte vorherrschen. Was dann im Resultat als Fehler registriert wird, ist oft nur der folgerichtige Effekt eines Systemprozesses. Wer immer noch glaubt, dass personale und soziale Systeme wie Maschinen funktionieren, wird früher oder später scheitern oder das System an die Wand fahren.

Der schon erwähnte Dietrich Dörner schreibt dazu:

»Das Realitätsmodell eines Akteurs kann nun richtig oder falsch, vollständig oder unvollständig sein. Gewöhnlich dürfte es sowohl unvollständig wie auch falsch sein, und man tut gut daran, sich auf diese Möglichkeit einzustellen. Dies aber ist so leicht gesagt, wie schwer getan. Menschen, wenn sie sie schon nicht Recht haben, behalten es doch gern, und dies besonders in Situationen, in denen ihnen Zweifel und Unsicherheit zusetzen.« (Dörner 1993: 65)

Gute Beratung kann hier sehr hilfreich sein. Externe Beratung im Change Prozess hat immer den Vorteil, dass sie die Außenperspektive einbringt, die ein Betroffener, egal ob Individuum oder Organisation, selbst nicht haben kann. Berater können selbst nicht verändern, aber als Inspiratoren und als Verstärker der Veränderung dienen. Und damit ist meist schon sehr viel gewonnen.

Dass aber auch mit Beratung der Weg in die Zukunft immer Unsicherheit beinhaltet, lässt sich nicht verleugnen. Wir können nicht wissen, wo wir tatsächlich ankommen. Kolumbus zog aus, um einen neuen Weg nach Indien zu finden. Er entdeckte Amerika. War er gescheitert?

3.3 Wie Beratung Sie unterstützen kann

Unser Gehirn hat aus Gründen der Effektivität unsere integrierten Lebenserfahrungen in den Bereich des Unbewussten verlagert. Und da ist er nun, der heimliche Autopilot, der uns zum großen Teil steuert, den wir vor lauter Denken aber nicht mehr wahrnehmen, hätten wir nicht unsere Gefühle als Gradmesser für gut oder schlecht.

Wenn Beratung tief greifende Veränderung bewirken soll, dann kommt sie gar nicht umhin, das zu berücksichtigen. Ich hatte eine junge, engagierte Klientin, die sehr erfolgreich in der Telefonakquise war. Sie schaffte es spielend, Termine bei Kunden zu bekommen. Aber ihre Abschlussquote war miserabel. Klassische Personalentwicklung hätte sie wahrscheinlich zum Verkaufstrainer geschickt. Aber mit Einwandbehandlung und dem ganzen Repertoire eines guten Verkäufers hatte sie keine Probleme. Es waren innere Widerstände und Ängste, die ihr den Erfolg verwehrten. Es passte scheinbar nicht in ihr Programm, über den Rubikon zu gehen. Durch das Coaching fand sie Zugang zu diesen Blockaden und konnte schließlich ihre Ängste überwinden. Das Krisenjahr 2009 wurde zu ihrem erfolgreichsten Geschäftsjahr.

Natürlich lässt sich das nicht generalisieren. Verkaufstrainings sind sehr nützlich, wenn sie auf fruchtbaren Boden fallen. Aber sie müssen eben, wie jede Beratung, dort anknüpfen, wo der Entwicklungsbedarf liegt. Auch klassisches Consulting im Sinne von Fachberatung hat absolut seinen Sinn, nämlich dort, wo es schlichtweg um Wissenstransfer geht. Ein neues Softwaresystem braucht Fachberatung und entsprechende Schulung. IT-Consultants und Trainer sind hier gefordert. Hier geht es um zu vermittelnde Fähigkeiten, nicht um Persönlichkeits- oder Organisationsentwicklung. Geht es aber um grundlegenden Wandel, um einen großen Schritt in der Evolution, dann spielen Motivationen, Werte und Ziele eine zentrale Rolle und auch Berater kommen gar nicht umhin, sich mit diesen Fragen zu beschäftigen. Dann sind wir bei Teamentwicklung und Coaching angelangt.

Was können Sie nun daraus mitnehmen? Wählen Sie sorgsam den Berater, den Sie für Ihre Zwecke brauchen. Dazu sollten Sie vorab zwei Fragen klären:

- *Was ist das Problem hinter dem Symptom?*
- *Wohin soll die Reise gehen?*

Dort, wo Fachkompetenz und Fertigkeiten gefragt sind, sind klassisches Consulting oder Training geeignete Maßnahmen. Dort, wo hinter den Symptomen aber unklare Ziele, Motivationsdefizite, innere Blockaden oder Konflikte stecken, wären Coaching oder Supervision beziehungsweise Teamentwicklung oder Mediation bessere Beratungsformate.

Wenn Sie Veränderung wollen und Beratung suchen, dann sollten Sie sich bewusst sein, dass Beratung Sie nur unterstützen kann, wenn Sie selbst das Zepter in der Hand behalten. Ein Coach kann Ihnen Feedback und Impulse geben, Ziele mit Ihnen festklopfen, Potenziale stärken und Blockaden auflösen. Ein Consultant kann Ihnen nützliches Wissen vermitteln. Aber die beste Beratung kann Ihnen nicht das Bewegen abnehmen. Kurzum: Wie Sie es auch drehen, Sie können Veränderung nicht delegieren. Ein Berater kann Sie nicht behandeln, kann auch Management nicht ersetzen. Beratung ist keine Kompensation für misslungenes Management.

Weiterbildung, Trainings und Coachings sind mitnichten eine Lüge, wie kürzlich mit großem publizistischem Tamtam hinausposaunt wurde. Richtig ist allerdings, dass Beratung allein Menschen nicht verändern kann. Sie kann es schon gar nicht dann, wenn sie auf der Ebene von Denken und Verhalten verharrt und nicht den Bauch erreicht.

Noch einmal eine Analogie zur Biologie: Die meisten physiologischen Prozesse in unserem Körper kommen ohne die Unterstützung wirkungsspezifischer Enzyme nicht aus. Enzyme sind Biokatalysatoren, die Prozesse beschleunigen. Berater sind in etwa das. Sie können als Veränderungsbeschleuniger wirken – wenn sie am richtigen Hebel ansetzen. Und dort, wo klassisches Consulting versagt, ist Coaching möglicherweise die Beratung der Wahl. Daher zum Abschluss noch eine kleine Einführung in das, was Coaching ist und leisten kann.

3.4 Die Stärken von Coaching

Coaching ist ein schillernder Begriff in der Beratungswelt geworden. Von der Karriere- bis zur Partnerschaftsberatung begegnet uns Coaching und oft stellt sich der eine oder die andere die Frage, was das eigentlich ist, Coaching? Wird da nur eine »weitere Sau durchs Dorf getrieben«? Ist Coaching nicht nur ein neues Modewort für Personalentwicklung oder ist das nicht schlicht Lebensberatung und damit nur alter Wein in neuen Schläuchen?

Back to the Roots

Die Wurzeln des Coachings liegen im Sport, genauer gesagt im mentalen Training und der Motivation von Leistungssportlern. Aus der Erkenntnis, dass oft nicht technische Defizite oder Trainingsrückstände, sondern mentale Blockaden die Leistung von Spitzensportlern begrenzen, entwickelte sich ein neuer Berufsstand neben dem Trainer: der Coach. Er ist zielorientierter, mentaler Begleiter und Motivator des Sportlers. Da auch Führungskräften Spitzenleistungen abverlangt werden, entwickelte sich auch hier eine entsprechende Form der Beratung, die auf mentale und emotionale Stärke abzielt.

Ein Coach ist zielorientierter Begleiter von Menschen bei der Realisierung eines Anliegens oder der Lösung eines aktuellen Problems. Beim Führungskräftecoaching geht es dabei vor allem um die Verbesserung der Lern- und Leistungsfähigkeit. Der Coach ermöglicht dem Klienten neue Wahrnehmungen und einen Wechsel seines Fokus vom Problem weg und hin zu Lösungen und zu seinen Ressourcen.

Als Coaching werden auf dem Beratungsmarkt oft auch andere Angebote, wie die Expertenberatung, Training on the Job und die Personalschulung, bezeichnet. Das ist aber irreführend. Hierbei handelt es sich um Consulting, Training oder Teaching. Coaching vermittelt weder Fachkenntnisse, noch trainiert der Coach bestimmte Fertigkeiten oder gibt Handlungsanweisungen. Auch das in der letzten Zeit immer wieder mit Coaching in einem Atemzug genannte Sparring ist kein Coaching, sondern allenfalls eine sinnvolle Ergänzung. Sparring ist eine besondere Form des Trainings. Dabei fungiert der Sparringpartner in konkreten Szenarien als simulierter Wettkampfgegner, als konfrontativer Feedbackgeber, Rollenspielpartner und Reibungsfläche für die Führungskraft. Im Verständnis vieler Personalentwickler und Manager ist der Coach als Sparringpartner allerdings nicht einmal das, sondern ist zum beratenden Unterstützer des Managers auf Augenhöhe mutiert und damit eher Kumpel und kein Veränderungsbeschleuniger.

Um nicht missverstanden zu werden: Consulting, Training und Teaching können sinnvolle Formen der Beratung sein. Wer Coaching einkaufen will, sollte aber gezielt nachfragen, was er bekommt. Nicht überall, wo Coaching draufsteht, ist auch Coaching drin.

Wie geht Coaching?

Coaching setzt Impulse, die es dem Klienten ermöglichen, seine Ziele besser und schneller zu erreichen. Dabei kommen verschiedene Interventionstechniken zum Einsatz, viele sind der Psychotherapie entlehnt, zum Beispiel der Verhaltenstherapie, der Transaktionsanalyse, der lösungsfokussierten Kurzzeittherapie, der provokativen Therapie und der Neurolinguistischen Programmierung (NLP). In der Praxis werden oft Mischformen verwendet.

Nehmen wir das Beispiel Zeitmanagement. Ein Consultant würde für Sie ein Konzept entwerfen, wie Sie Ihr Zeitmanagement konkret verbessern können. In einer Schulung würde Ihnen vom Pareto-Prinzip bis zur Prioritäten-Matrix das theoretische Rüstzeug dazu beigebracht. Ein Trainer würde mit Ihnen praktische Übungen machen. Ein Coach hingegen würde Ihnen helfen, zunächst Ihre Ziele klar zu formulieren, dann das herausarbeiten, was Sie motiviert und was Sie blockiert, diese Ziele zu erreichen. Erst durch einen unverstellten Blick auf Ihre Ziele und Werte nämlich gewinnen Sie die nötige Energie, die richtigen Prioritäten zu setzen.

Der Coach gibt gezieltes Feedback, vermeidet aber Ratschläge und Handlungsanweisungen, wie sie beim Consulting und anderen Beratungsformen üblich sind. Coaching ist meist zeitlich auf wenige Sitzungen begrenzt, kann aber auch berufsbegleitend über eine längere Periode durchgeführt werden. Grundlage des Prozesses ist ein Coachingkontrakt, in dem Ziel und Dauer des Coachings sowie das Honorar festgelegt werden. Vertraulichkeit von Seiten des Coaches sowie Freiwilligkeit und Selbstverantwortung des Klienten sind Voraussetzungen für einen erfolgreichen Coachingprozess.

Als Unterstützung für Veränderungsprozesse ist Coaching mit Hilfe der Neurolinguistischen Programmierung ein ideales Werkzeug. Es ist zielorientiert, respektiert Ihre **innere Landkarte**, stärkt Ihre Ressourcen und versucht nicht, Ihnen Lösungen anzugedeihen, die nicht zu Ihnen passen. Es stülpt Ihnen auch keine psychotherapeutische Diagnose über. Und dennoch: Der Coach wird Ihnen helfen, Entdeckungen zu machen und neue Perspektiven einzunehmen. Er wird Ihnen Wahrnehmungen ermöglichen, die Sie weg vom Problem und hin zu Lösungen führen. Coaching ist daher ein mächtiges Instrument, wenn Sie Unterstützung in Veränderungsprozessen brauchen. Es dreht nicht an Schräubchen, sondern bringt Ihren inneren Motor auf Touren. Und das nachhaltig.

Woran erkenne ich einen guten Coach?

Die verschiedenen Coachingverbände haben eigene Ausbildungsgrundsätze entwickelt und bieten entsprechende Zertifizierungen an. Voraussetzung für eine Zertifizierung als Coach ist meist eine qualifizierte Coachingausbildung, entsprechende Berufspraxis und die Teilnahme an Supervisionssitzungen. Entscheidend für die Kompetenz ist neben einer qualifizierten Coachingausbildung auch seine Berufs- und Lebenserfahrung sowie seine kommunikative Kompetenz. Ein Coach sollte vor allem gut zuhören können, empathisch sein, sich trauen, gezielt und beherzt zu intervenieren, auch zu provozieren. Er sollte sich aber vor der Übertragung eigener Lebenserfahrungen und Handlungskonzepte auf seine Klienten hüten. Ein Coach ist also nicht in dem Sinne Berater, dass er seinen Klienten rät, sondern in dem Sinne, dass er die entscheidenden Fragen stellt und seinen Klienten neue Wahrnehmungs- und Handlungsperspektiven eröffnet.

3.5 Zu guter Letzt ...

Kein Berater, Coach oder Trainer kann Sie verändern. Ihr Gehirn ist kein Computer, auf das Sie nur eine neue Software aufspielen müssten. Ihr Gehirn wurde so, wie Sie es benutzt haben, und es wird sich so verändern, wie Sie es zukünftig benutzen. Veränderung ist ein evolutionärer Prozess. Und so wie der Urwald davon lebt, ständig Neues auszuprobieren und sich weiterzuentwickeln, so können auch Sie über sich hinauswachsen. Ab und zu ist es nützlich, beim Durchschreiten von unbekanntem Terrain einen erfahrenen Begleiter mitzunehmen, der Ihnen mögliche Wege zeigt und Sie vor Abgründen warnt. Aber die Kompetenz für Ihr Leben haben nur Sie! Allein Sie können aus Trampelpfaden feste Wege oder sogar Autobahnen machen. Bahnen Sie sich Ihre Wege!

Anhang: Weiterführende Literatur

Amler, Wolfgang; Bernatzky, Patrick; Knörzer, Wolfgang: Integratives Mentaltraining im Sport. 2. Auflage, Meyer & Meyer, Aachen 2009.

Bandler, Richard; Grinder, John: The structure of magic. Science and Behavior Books, Palo Alto (Calif.) 1975.

Bär, Martina; Krumm, Rainer; Wiehle, Hartmut: Unternehmen verstehen, gestalten, verändern. Das Graves-Value-System in der Praxis. Gabler, Wiesbaden 2007.

Bauer, Joachim: Das kooperative Gen. Abschied vom Darwinismus. 1. Auflage, Hoffmann und Campe, Hamburg 2008.

Bauer, Joachim: Warum ich fühle, was du fühlst. Intuitive Kommunikation und das Geheimnis der Spiegelneurone. 13. Auflage, Heyne, München 2009.

Beck, Don Edward; Cowan, Christopher C.: Spiral dynamics. Mastering values, leadership, and change; exploring the new science of memetics. Blackwell, Malden (Mass.) 1996.

Damasio, Antonio R.: Descartes' Irrtum. Fühlen, Denken und das menschliche Gehirn. 3. Auflage, List, München 1997.

Despeghel, Michael; Nickel, Uwe: Be fit! Das Gesundheitscoaching. Vital und leistungsfähig mit dem 2 + 2 und 4-Programm – nicht nur fürs Business. BusinessVillage, Göttingen 2009.

Dilts, Robert B.: Die Veränderung von Glaubenssystemen. NLP-Glaubensarbeit. Junfermann, Paderborn 1993.

Dörner, Dietrich: Die Logik des Mißlingens. Strategisches Denken in komplexen Situationen. Rowohlt, Reinbek bei Hamburg 1993.

European Brain Council (Hrsg.): Report of the European Brain Policy Forum 2008. Brussels, 27–28 February 2008.

Frey, Bruno S.; Osterloh, Margit: Managing Motivation. Wie Sie die neue Motivationsforschung für Ihr Unternehmen nutzen können. 1. Auflage, Gabler, Wiesbaden 2000.

Galtung, Johan: Strukturelle Gewalt. Rowohlt, Reinbek bei Hamburg 1984.

Grawe, Klaus: Neuropsychotherapie. Hogrefe, Göttingen 2004.

Guggenberger, Bernd: Sein oder Design. Zur Dialektik der Abklärung. 2. Auflage, Rotbuch-Verlag, Berlin 1987.

Haubl, Rolf; Voß, G. Günter: Psychosoziale Kosten turbulenter Veränderungen. Arbeit und Leben in Organisationen 2008. Herausgegeben von R. Haubl, H. Möller und C. Schiersmann. (Positionen. Beiträge zur Beratung in der Arbeitswelt, 1/2009). Online verfügbar unter *http://www.upress.uni-kassel.de/publik/Positionen%20Heft%201_2009.pdf*, zuletzt aktualisiert am 21.07.2009.

Hüther, Gerald: Brainwash – Einführung in die Neurobiologie für Pädagogen, Therapeuten und Lehrer. Original-Aufzeichnung einer Vorlesung in St. Gallen, März 2006. DVD. auditorium netzwerk, Mühlheim, Baden 2006.

Hüther, Gerald: Bedienungsanleitung für ein menschliches Gehirn. 8. Auflage, Vandenhoeck & Ruprecht, Göttingen 2007.

Hüther, Gerald: Biologie der Angst. Wie aus Streß Gefühle werden. 9. Auflage, Vandenhoeck & Ruprecht, Göttingen 2009.

Kibéd, Matthias Varga von; Sparrer, Insa: Ganz im Gegenteil. Tetralemmaarbeit und andere Grundformen systemischer Strukturaufstellungen – für Querdenker und solche, die es werden wollen. 6. Auflage, Carl-Auer-Systeme-Verlag, Heidelberg 2009.

Mattheck, Claus: Design in der Natur. Der Baum als Lehrmeister. Rombach-Verlag, Freiburg 1992.

Schmidt-Tanger, Martina: Veränderungscoaching. Kompetent verändern; NLP im Changemanagement, im Einzel- & Teamcoaching. 3. Auflage, Junfermann, Paderborn 2005.

Senge, Peter M; Klostermann, Maren: Die fünfte Disziplin. Kunst und Praxis der lernenden Organisation. 10. Auflage, Klett-Cotta, Stuttgart 2006.

Spitzer, Manfred: Lernen. Gehirnforschung und die Schule des Lebens. Spektrum Akademischer Verlag, Berlin 2007.

Stock-Homburg, Ruth; Bauer, Eva-Maria: Abschalten unmöglich. In: Harvard Business Manager, Jg. 2008, Ausgabe Juli, Seite 10–15.

Storch, Maja: Embodiment. Die Wechselwirkung von Körper und Psyche verstehen und nutzen. 1. Auflage, Huber, Bern 2006.

Storch, Maja; Krause, Frank: Selbstmanagement – ressourcenorientiert. Grundlagen und Trainingsmanual für die Arbeit mit dem Zürcher Ressourcen Modell (ZRM). 4. Auflage, Huber, Bern 2007.

Vester, Frederic: Neuland des Denkens. Vom technokratischen zum kybernetischen Zeitalter. DTV, München 1980.

Watzlawick, Paul: Wie wirklich ist die Wirklichkeit. Wahn, Täuschung, Verstehen. Piper, München 2003.

Watzlawick, Paul: Anleitung zum Unglücklichsein. 15. Auflage, Piper, München 2008.

Bücher für Ihren Erfolg

Eva Ruppert
Ihr starker Auftritt
Knigge heute – individuell und
überzeugend

192 Seiten; 2009; 17,90 Euro
ISBN 978-3-938358-90-0; Art-Nr.: 788

So schaffen Sie die Basis für Ihren persönlichen und geschäftlichen Erfolg

Der souveräne Auftritt ist neben der fachlichen Kompetenz der entscheidende Karrierefaktor. Nur wer moderne Verhaltensstandards kennt und diese gepaart mit gesundem Menschenverstand anwendet, ebnet den Weg für ein rücksichtsvolles und sympathisches Miteinander.

Das neue Buch von Eva Ruppert verarbeitet Erfahrungen aus ihrer mehr als 15-jährigen Tätigkeit als Image- und Kommunikationstrainerin. Kritisch hinterfragt die Autorin die von dem anonymen „Council of Etiquette" vorgegebenen Regeln, macht sie transparent und prüft sie auf ihre Aktualität. Mit wertvollen, direkt in die Praxis umsetzbaren Tipps zeigt sie dem Leser, wie er sich gekonnt in Szene setzt. Die hohe Kunst besteht darin, die Regeln zu beherrschen, ohne sich dabei beherrschen zu lassen. Oftmals ist es nötig, situativ zu entscheiden und die eine oder andere Regel individuell auszulegen – denn der souveräne Umgang mit der Etikette ist der Türöffner für eine erfolgreiche Karriere.

Setzen Sie sich perfekt in Szene – Dieses Buch ist unverzichtbar für Führungskräfte, Accountmanager, Kundenberater und all jene, die ihren persönlichen Auftritt perfektionieren wollen.

Bücher für Ihren Erfolg

Oliver Groß
Spurwechsel – Jetzt mach ich es!
Mit der Notizbuchstrategie finden Sie
die Lösung

176 Seiten; 2009; 17,80 Euro
ISBN 978-3-938358-89-4; Art-Nr.: 787

Wer kennt das nicht: Man hat sich vorgenommen, etwas in seinem Leben zu ändern. Stress in der Familie, Probleme im Job – es muss sich einfach etwas ändern! Doch meistens bleibt es bei dieser Absicht: Veränderungen folgen kaum. Oliver Groß behauptet: „Unsere Bedürfnisse und Wünsche sind einfach viel zu unkonkret, entstammen unerreichbaren Klischees oder sind unsinnige Anforderungen. Erst wenn wir unsere wirklichen Wünsche und Bedürfnisse klar formulieren und uns unserer Möglichkeiten bewusst werden, finden wir Lösungen, die uns zum Ziel führen."

Dieser Karriere-Ratgeber zeigt Ihnen, wie Sie genau damit umgehen, wie Sie Wesentliches vom Unwesentlichen unterscheiden und Ihren ganz persönlichen Weg gehen. Die einzigartige NOTIZBUCHSTRATEGIE begleitet Sie bei der Veränderung. Sie hilft Ihnen, wahre Gründe zu formulieren, alternative Lösungswege zu entdecken, Handlungsoptionen realistisch zu beurteilen und erreichbare Ziele festzulegen. Wagen Sie den Spurwechsel, fallen Sie nicht immer wieder in alte Handlungsmuster zurück, stehen Sie nicht immer wieder vor den gleichen Problemen, sondern finden Sie neue, funktionierende Handlungsalternativen.

Machen Sie es jetzt! Mit der NOTIZBUCHSTRATEGIE finden Sie IHREN GANZ PERSÖNLICHEN Weg.

Bücher für Ihren Erfolg

Jan Sentürk
Positive Körpersprache
Entdecke die Sprache des Lebens

168 Seiten; 2010; 17,90 Euro
ISBN 978-3-86980-052-3; Art-Nr.: 833

Wir alle sprechen mit unserem Körper. Und unser Leben wird zu einem Großteil von dem bestimmt, was andere in uns sehen. Das Verschränken der Arme, die Art, wie wir jemanden begrüßen – diese Gesten geben viel über uns preis und eröffnen uns manchmal schon im ersten Augenblick Chancen – oder verbauen sie!

Wer lernt, die eigenen, meist unbewussten Signale gezielt zu steuern, kann viele Situationen in Alltag und Beruf positiver und erfolgreicher gestalten.

In seinem neuen Buch gibt Jan Sentürk praktische Tipps und erläutert, wie Körpersprache im jeweiligen Kontext zu deuten und anzuwenden ist. Und er zeigt, wie Sie eine positive Körpersprache entwickeln und aktiv einsetzen.